经济管理实验实训系列教材

“3S”与区域经济综合实训教程

Comprehensive Training Course for 3S and Regional Economic

主　编 骆东奇

副主编 赵　伟 石永明

西南财经大学出版社

Southwestern University of Finance & Economics Press

经济管理实验实训系列教材

编　委　会

总序

高等教育的任务是培养具有创新精神和实践能力的高级专门人才。“实践出真知”，实践是检验真理的唯一标准，也是知识的重要源泉。大学生的知识、能力、素养不仅来源于书本理论与老师的言传身教，更来源于实践感悟与体验。大学教育的各种实践教学环节对于培养学生的实践能力和创新能力尤其重要，实践对于大学生成长至为关键。

随着我国高等教育从精英教育向大众化教育转变，客观上要求高校更加重视培养学生的实践能力。以往，各高校主要通过让学生到企事业单位和政府机关实习的方式来训练学生的实践能力。但随着高校不断扩招，传统的实践教学模式受到学生人数多、岗位少、成本高等多重因素的影响，越来越无法满足实践教学的需要，学生的实践能力培养越来越得不到保障。有鉴于此，各高校开始探索通过校内实验教学和校内实训的方式来缓解上述矛盾，而实验教学也逐步成为人才培养中不可替代的途径和手段。目前，大多数高校已经普遍认识到实验教学的重要性，认为理论教学和实验教学是培养学生能力和素质的两种同等重要的手段，二者相辅相成、相得益彰。

相对于理工类实验教学而言，经济管理类专业实验教学起步较晚，发展滞后。在实验课程体系、教学内容（实验项目）、教学方法、教学手段、实验教材等诸多方面，经济管理实验教学都尚在探索之中。要充分发挥实验教学在经济管理类专业人才培养中的作用，需要进一步深化实验教学研究和推进改革。加强实验教学基本建设的任务更加紧迫。

重庆工商大学作为具有鲜明财经特色的高水平多学科大学，高度重视并积极探索经济管理实验教学建设与改革的路径。学校经济管理实验教学中心于2006年被评为“重庆市高校市级实验教学示范中心”，2007年被确定为“国家级实验教学示范中心建设单位”。经过多年的努力，我校经济管理实验教学改革取得了一系列成果，按照能力导向构建了包括学科基础实验课程、专业基础实验课程、专业综合实验课程、学科综合实验（实训）课程和创新创业课程五大层次的实验课程体系，真正体现了“实验教学与理论教学并重、实验教学相对独立”的实验教学理念，并且建立了形式多样、以过程为重心、以学生为中心、以能力为本位的实验教学方法和考核评价体系。努力做到实验教学与理论教学结合、模拟与实战结合、教学与科研结合、专业教育与创业教育结合、学校与企业结合、第一课堂与第二课堂结合，创新了开放互动的经济管理实验教学模式。

为进一步加强实验教学建设，展示我校实验教学改革成果，由学校经济管理实验教学指导委员会统筹部署和安排，计划陆续出版“经济管理实验教学系列教材”。本套丛书力求体现以下几个特点：一是系统性，该系列教材将涵盖经济学、管理学等大多数学科专业的“五大层次”实验课程体系，有力支撑分层次、模块化的经济管理实验教学体系；二是综合性，该系列教材将原来分散到若干门理论课程的课内实验项目整合成一门独立的实验课程，尽量做到知识的优化组合和综合应用；三是实用性，该系列教材所体现的课程实验项目都经过反复推敲和遴选，尽量做到仿真，甚至全真。

感谢该系列教材的撰写者。该系列教材的作者普遍具有丰富的实验教学经验和专业实践经历，个别作者甚至是来自相关行业和企业的实务专家。希望读者能从中受益。

毋庸讳言，编写经济管理实验教材是一种具有挑战性的开拓与尝试，加之实践本身还在不断地丰富与发展，因此本系列实验教材可能会存在一些不足甚至错误，恳请同行和读者批评指正。我们希望本套系列教材能够推动我国经济管理实验教学的发展，能对培养具有创新精神和实践能力的高级专门人才尽一份绵薄之力！

重庆工商大学校长、教授、博士生导师

柳佳伟

2011 年 5 月 10 日

前言

3S是"3S"技术，即遥感技术（Remote Sensing：RS）、全球定位系统（Global Positioning System：GPS）和地理信息系统（Geographical Information System：GIS）的统称。"3S"技术是空间技术、传感器技术、卫星定位与导航技术和计算机技术、通讯技术相结合，多学科高度集成的对空间信息进行采集、处理、管理、分析、表达、传播和应用的现代信息技术，是现代地球科学，以及数字地球最重要、最基本的组成部分和技术支撑；同时，也是产业布局、区域经济空间分析、产业集聚、现代社会持续发展、资源合理规划配置与利用、城乡规划与管理、自然灾害动态监测与防治等的重要技术手段，也是空间研究、区域分析走向定量化的科学方法之一。社会经济与管理是一个复杂的大系统，涉及社会系统、经济系统、人口系统、资源系统等综合性问题，如何在复杂的系统中梳理出有价值的信息，找出解决问题的办法和路径，对经济管理类本科生来说是需要一种重要的综合能力、新技术运用能力。"3S"集聚了最新的信息技术，能够实现社会经济和自然要素的采集，特别是保证表征属性与其空间、区位一一对应，同时能进行大量的统计分析。

"'3S'与区域经济综合实训"是重庆工商大学新开设的一门面向经济管理各专业、跨学科跨专业综合实训课程，其中部分实训项目也是国家级精品课程"区域经济学"的实验实训内容，是重庆市教改项目"基于'3S'技术的区域经济分析综合实训课程建设与实践"、"经济学研究生科学研究方法体系研究"部分研究成果。开设此课程，不仅可以实现经济管理类专业与地理科学技术、理论的融合，实现传统社会经济的计量分析定位化、管理空间化，真正实现各项指标、各项数据与空间对应，而且培养了学生地理信息技术运用能力，社会经济与管理定位、落地、宏观的思维。此外，"3S"信息技术应用在经济与管理实际工作中，有比较成熟的路径和技术，有不少的案例，有不同层次的重点研究内容。这些研究成果、研究方法和技术可以运用在实训教学中，能让学生在较短的时间里掌握一些基本理论知识和技术，通过案例演练，可以让学生结合不同专业和自身的兴趣，进行综合分析，解决本专业实际问题和理论问题。经过近三年建设，"3S"与区域经济综合实训已面向我校经济管理类专业的三届学生约20个班次开出。本教程正是通过在授课过程中不断积累经验，逐步修改完善而成。

本教程学校专门立项建设，学校经济管理实验教学指导委员会全程指导，课程组组织了经济贸易、旅游管理、物流、企业管理、土地管理等多专业教师进行论证，形成本书的基本框架。全书由骆东奇教授统稿，旅游与国土资源学院周启刚博士、莫申国博士、周心琴博士、罗光莲博士和经济管理实验教学中心赵伟博士、石永明实验师参与校内指导书的编撰，经过教学实践，骆东奇、赵伟、石永明对书稿又进行修改和补充，谢莹、陈月燕、黄文林、王丽轩等参与了前期的数据收集和整理工作。全书包括三个方面，入门、提高和应用篇，包含有11个实训项目。本书编写过程中，参考了众多文献、资料，在此谨向所有参考资料的作者表示衷心的感谢！本书由编委会委员邹璇教授主审并给予了许多宝贵的意见，在此表示诚挚的感谢！

限于编者的学识和经验，书中有遗漏、不当甚至错误之处，敬请专家和读者指正！

编者

2011 年 9 月 重庆

目 录

入门篇

提高篇

应用篇

入门篇

实训项目一 认识“3S”技术和 ArcView

一、 背景知识

（一）地理信息系统（GIS）

地理信息系统（Geographical Information System，GIS），一般认为是指在计算机软、硬件系统支持下，对空间数据进行采集、操作、储存与管理、分析、输出的技术系统。简而言之，地理信息系统是综合处理和分析空间数据的一种技术系统。地理信息系统（Geographic Information System 或 Geo - Information system，GIS）有时又称为“地学信息系统”或“资源与环境信息系统”，它是一种特定的十分重要的空间信息系统。

不同的部门从不同的应用目的出发，对 GIS 的认识略有不同。国外的许多学者对于 GIS 有着类似的理解，例如：DoE（1987）认为 GIS 是：“a system for capturing storing checking，manipulating analyzing and displaying data which are spatially referenced the Earth”。Aronoff（1989）认为 GIS 是“any manual or computer based set of procedures used to store and manipulate geographically referenced data”。Carter（1989）认为 GIS 是“an institutional entry，reflecting an organizational structure that integrates technology with a database，expertise and continuing，financial support over time”。国内也有许多类似的定义，如陈述彭等（1999）：地理信息系统是由计算机系统、地理数据和用户组成的，通过对地理数据的集成、存储、检索、操作和分析，生成并输出各种地理信息，从而为土地利用、资源管理、环境监测、交通运输、经济建设、城市规划以及政府部门行政管理提供新的知识，为工程设计和规划、管理决策服务。

1. 地理信息系统的组成

完整的 GIS 由四个部分组成，即计算机硬件系统、计算机软件系统、地理空间数据和系统管理操作人员。

（1）计算机硬件系统

计算机硬件是计算机系统中的实际物理装置的总称，是 GIS 的物理外壳。构成计算机硬件系统的基本组件包括：计算机主机、数据输入设备、数据储存设备、数据输出设备。

（2）计算机软件系统

计算机软件系统是指计算机运行所必须的各种程序，主要由系统软件、基础软件和 GIS 软件组成，用于执行 GIS 功能的各项操作。

表 1－1　　　　　　　　GIS 软件系统的层次结构

高水	GIS 与用户的接口、通信软件（用户界面、通信软件）
↑	GIS 应用软件（二次开发系统）
	GIS 基本功能软件（商业化的 GIS 工具或平台）
	标准软件（图形图像处理、数据库系统、系统库、程序设计等）
低水	网络管理软件、工具软件
	操作系统

在 GIS 软件系统的层次结构中（如表 1－1），最下面两层软件与系统的硬件设备密切相关，故称为系统软件。GIS 基本功能软件是由 GIS 软件商开发的，提供 GIS 基本功能和开发环境的商业软件。多数 GIS 工程应用首先是基于这个商业平台，经过二次开发来完成。目前，世界上主要的 GIS 软件生产者及产品有：

①美国环境系统研究所（ESRI）——ArcInfo、ArcView、ArcGIS，早期的 ArcGIS 称为 ArcInfo，主要运行在 UNXI 系统下，后来陆续移植到基于 Windows NT（ArcInfo，ArcView 3. X）的平台上和基于 DOS 的平台上（PC ArcInfo，ArcView 3. X）。ArcGIS 是 ESRI 在全面整合了 GIS 与数据库、软件工程、人工智能、网络技术及其他方面的计算机主流技术之后，成功推出的代表 GIS 最高技术水平的全系列产品。通过 Arc GIS，用户可以实现许多从简单到复杂的 GIS 任务，包括制图、地理分析、数据编辑、数据管理、可视化和空间处理等。

②Autodesk 公司（AutoCAD Map），AutoCAD Map 是一个灵活的开发平台，面向专业地图绘制、土地规划和技术设施管理应用。可以通过 AutoCAD Map 3D 平台，充分利用行业标准开发工具和技术来开发应用。它支持直接访问来自各类资源的 CAD、GIS 和光栅数据格式，无需数据拷贝和转换。

③MapInfo 公司（MapInfo），MapInfo 是美国 MapInfo 公司的桌面地理信息系统软件，第一版本于 1986 年面市，是一种数据可视化、信息地图化的桌面解决方案。它依据地图及其应用的概念、采用办公自动化的操作、集成多种数据库数据、融合计算机地图方法、使用地理数据库技术、加入了地理信息系统分析功能，形成了极具实用价值的、可以为各行各业所用的大众化小型软件系统。MapInfo 含义是"Mapping + Information（地图 + 信息）"即：地图对象 + 属性数据。

④北京超图软件股份有限公司（SuperMap GIS），SuperMap GIS 是北京超图软件股份有限公司开发的具有完全自主知识产权的大型地理信息系统软件平台，包括组件式 GIS 开发平台、服务式 GIS 开发平台、嵌入式 GIS 开发平台、桌面 GIS 平台、导航应用开发平台以及相关的空间数据生产、加工管理工具。

⑤中地数码科技集团公司（MapGIS），系统采用面向服务的设计思想、多层体系结构，实现了面向空间实体及其关系的数据组织、高效海量空间数据的存储与索引、大

尺度多维动态空间信息数据库、三维实体建模和分析，具有 TB 级空间数据处理能力、可以支持局域和广域网络环境下空间数据的分布式计算，支持分布式空间信息分发与共享、网络化空间信息服务，支持海量、分布式的国家空间基础设施建设。

（3）地理空间数据

地理数据也称空间数据，是 GIS 的操作对象和管理内容。地理数据以地球表面空间位置为参照，描述各种自然和社会经济现象。它可以采用点、线、面等抽象方式，利用编码技术对空间对象进行特征描述，也可以采用栅格阵列来描述空间对象的位置及属性信息。地理数据可以是数字、文字、表格等，也可以是图形、图像等。

（4）系统管理操作人员

GIS 是一个动态的地理模型，是一个复杂的人机系统，所以需要专门的人员进行系统组织、管理、维护和数据更新、系统扩充等工作。GIS 人员既包括从事 GIS 开发的专业人员，也包括采用 GIS 完成日常工作的终端用户。

2. 地理信息系统的相关学科

地理信息系统是一门介于信息科学、空间科学、管理科学之间的一门新兴交叉学科，是传统科学与现代技术相结合的产物。GIS 是现代科学技术发展和社会需求的产物。人口、资源、环境、灾害是影响人类生存与发展的四大基本问题。为了解决这些问题必须要自然科学、工程技术、社会科学等多学科、多手段联合。于是，许多不同的学科，包括地理学、测量学、地图制图学、摄影测量与遥感学、计算机科学、数学、统计学以及一切与处理和分析空间数据有关的学科，都在寻找一种能采集、存储、检索、变换、处理和显示输出从自然界和人类社会获取的各式各样数据、信息的强有力工具，其归宿就是地理信息系统，或称空间信息系统、资源与环境信息系统。因此，GIS 明显地具有多学科交叉的特征，它既要吸取诸多相关学科的精华和营养，并逐步形成独立的边缘学科，又将被多个相关学科所运用，并推动它们的发展。

3. 地理信息系统的发展简史

（1）地理信息系统的起步阶段（20 世纪 60 年代）

起步阶段的地理信息系统仅注重空间数据的地学处理。1963 年，加拿大测量学家 R. T. Tomlinson 首先提出 GIS 这一术语，建立加拿大地理信息系统（CGIS），用于自然资源的管理和规划；1969 年，环境系统研究所（ESRI）建立；1969 年，Intergraph 公司建立。

（2）地理信息系统的发展阶段（20 世纪 70 年代）

20 世纪 70 年代空间地理信息的管理，受到了政府部门、商业公司和大学的普遍重视。计算机硬件和软件技术飞速发展，尤其是大容量存取设备——硬盘的使用，为空间数据的录入、存储、检索和输出提供了强有力的手段。用户屏幕和图形、图像卡的发展增强了人机对话和高质量图形显示功能，促使 GIS 朝着使用方向迅速发展。1978 年，ERDAS 公司成立。

（3）地理信息系统的推广应用阶段（20 世纪 80 年代）

20 世纪 80 年代是地理信息系统发展的重要时期，注重空间决策的支持分析，并将地理信息系统技术全面推向应用，国际合作日益加强。地理信息系统从比较简单的、单一功能的、分散的系统发展到多功能的、共享的综合性信息系统，并向智能化发展。

1981 年，ESRI ARC/INFO GIS 发布。

1985 年，GPS 成为可运行系统。

1986 年，MapInfo 建立。

1986 年，SPOT 卫星首次发射。

1987 年，地理信息系统的国际杂志出版。

1988 年，美国人口调查局第一次公开发布 TIGER。

1988 年，GIS World 首次发行。

1989 年，Intergraph 发布 MGE。

（4）地理信息系统的用户时代

进入 20 世纪 90 年代，随着地理信息产业的建立和数字化信息产品在全世界的普及，地理信息系统深入各行各业乃至各家各户，成为人们生产、生活、学习和工作中不可缺少的工具和助手。地理信息系统已成为许多机构必备的工作系统，尤其是政府决策部门在一定程度上由于受地理信息系统影响而改变了现有机构的运行方式、设置与工作计划等。而且，社会对地理信息系统认识普遍提高，需求大幅度增加，从而导致地理信息系统应用的扩大与深化。国家级乃至全球性的地理信息系统已成为公众关注的问题。

自 20 世纪 90 年代起，中国地理信息系统步入快速发展阶段，从初步发展时期的实训、局部应用走向实用化和生产化，为国民经济重大问题提供分析和决策依据。同时地理信息系统的研究和应用正逐步形成行业，具备了走向产业化的条件。

表 1－2　　3S 的研究和应用

年份	事件
1960	美国空军 CIA 首次成功地发射 CORONA
1963	Roger Tomlinson 开始了加拿大地理信息系统的开发
1963	Dr. Edgar Horwood 建立了城市与区域信息系统联合会（URISA）
1964	Howard Fisher 建立了计算机图形和空间分析的哈佛实训室
1966	SYMAP 系统在西北技术学院研制并在哈佛实训室完成
1967	DIME（双重独立制图编码）为美国人口普查局所研制
1969	Jack 和 Laura Dangermond 建立了环境系统研究所（ESRI）
1969	Jim Meadlock 建立了 Integraph 公司
1969	在英国诞生了激光扫描仪
1969	Ian McHarg 很有影响的书"自然设计"（Design With Nature）出版
1971	加拿大地理信息（CGIS）建立
1972	IBM 的 GFIS 发布
1972	GISP（General Information System for Planning）开发

表1－2(续)

年份	事件
1972	Landsat 卫星首次发射成功
1973	USGS 研制了地理信息提取和分析系统
1973	马里兰自动地理信息（MAGI，Maryland Automatic Geographic Information）开发
1974	在伦敦的皇家艺术学院建立试验制图单元（ECU，Experimental Cartography Unit）
1974	首次自动制图会议在 Reston，弗吉尼亚召开
1976	明尼苏达研制了明尼苏达土地管理信息系统
1977	USGS 研制了数字化线图（DLG）空间数据模式
1978	ERDAS 成立
1978	地图叠加复合与统计系统开发
1979	哈佛图形实训室研制了 ODYSSEY GIS
1981	ESRI ARC/ INFO GIS 发布
1982	NASA 发射了 Landsat TM4
1983	ETAK 数字制图公司成立
1984	Marble，Calkins & Peuquet 出版了“地理信息系统的基本读物”（Basic Readings in Geographic Information Systems）
1984	第一届国际空间数据处理会议召开
1984	Landsat 商业化
1984	NASA 发射 Landsat TM5
1985	GPS 成为可运行系统
1985	美国军队建筑工程实训室开始研制 GRASS（Geographic Resources Analysis Support Systems，地理资源分析支持系统）
1986	MapInfo 建立
1986	Peter Burrough 出版了“土地资源评估的地理信息系统原理”（Principles of Geographic Information Systems for Land Resources Assessment）
1986	SPOT 卫星首次发射
1987	“地理信息系统的国际杂志”出版
1987	Tydac SPANS GIS 发布
1987	科拉克大学开始 Idrisi 项目
1988	美国人口调查局第一次公开发布 TIGER
1988	纽约州立大学开始研制 GIS－L Internet list－server
1988	GIS World 首次发行
1988	首次 GIS/ LIS 会议举行
1988	英国的区域研究实训室成立

表1－2(续)

年份	事件
1988	Small World 公司成立
1989	在英国成立了地理信息系统联合会（AGI）
1989	Stan Arnoff 出版了"地理信息系统：一个管理透视"（Geographic Information Systems：a Management Perspective）
1989	Intergraph 发布 MGE
1991	Maguire，Goodchild 和 Rhind 出版了"地理信息系统：原理和应用"
1992	MAPS ALIVE 发行
1993	Digital Matrix Systems 发布了 InFoCAD for Windows NT 第一个版本，它是第一个基于 Win NT 的 GIS 软件
1994	OGC 形成（David Schell，Ken Gardells，Kurt Buehler，et al）
1995	MapInfo 专业版发布
1999	NASA 发射了 Landsat TM7

4. 地理信息系统的应用

（1）用于全球环境变化动态监测

①1987 年联合国开始实施一项环境计划（UNEP），其中包括建立一个庞大的全球环境变化监测系统（GEMS）；

②全球森林监测和森林生态变化有关项目（1990 年对亚马逊地区原始森林的砍伐状况进行了调绘、1991 年编制了全球热带雨林分布图）；

③海岸线及海岸带资源与环境动态变化的监测；

④全球性大气环流形势和海况预报等。

（2）用于自然资源调查与管理

①在资源调查中，提供区域多条件下的资源统计和数据快速再现，为资源的合理利用、开发和科学管理提供依据；

②可应用于不同层次和不同领域的资源调查与管理（如农业资源、林业资源、渔业资源）。

（3）用于监测、预测

①借助于遥感（RS）和航测等数据，利用 GIS 对森林火灾、洪水灾情、环境污染等进行监视，例如，1998 年长江流域发生特大洪水灾害期间，制作洪水淹没动态变化趋势影像图，为管理部门提供了有效的决策依据；

②利用数字统计方法，通过定量分析进行预测。如加拿大金矿带的调查，分析不宜再开采的存在储量危机的矿山，优选出新的开采矿区，并作出了综合预测图。

（4）用于城市、区域规划和地籍管理

①GIS 技术能进行多要素的分析和管理，可以实施城市和区域的多目标开发和规划，包括总体规划、建设用地适宜性评价、环境质量评价、道路交通规划、公共设施配置等；

②城市和区域规划研究（研究城市地理信息系统的标准化、城市与区域动态扩展过程中的数据实时获取、城市空间结构的真三维显示、数字城市等）；

③地籍管理（土地调查、登记、统计、评价和使用）。

（5）军事应用

反映战场地理环境的空间结构，完成态势图标绘、选择进攻路线、合理配置兵力，选择最佳瞄准点和打击核心，分析爆炸等级、范围、破坏程度、射击诸元等。如海湾战争中，美国利用 GIS 模拟部队和车辆机动性、估算了化学武器扩散范围、模拟烟雾遮蔽战场的效果、提供水源探测所需点位、评定地形对武器性能的影响，为军事行动提供决策依据；美国陆军测绘工程中心还在工作站上建立了 GIS 和 RS 的集成系统，及时地（不超过 4 小时）将反映战场现状的正射影像图叠加到数字地图上，数据直接送到前线指挥部和五角大楼，为军事决策提供 24 小时服务；科索沃战争中，利用“3S”高度集成技术，使打击目标更精准有效。

（6）其他领域

随着信息化的加剧，GIS 在信息革命的大浪潮中，日益彰显其巨大优势，应用范围日益扩大，渗透到各行各业。例如 GIS 在金融业、保险业、公共事业、社会治安、运输导航、考古、医疗救护等领域都得到了广泛的应用。所有的商业与经济活动都与空间信息密切相关，例如，在商务圈分析、投资环境评价、市场分析、物流模拟等方面，都要求对空间与属性信息进行综合分析。GIS 在辅助决策、医疗公共卫生、交通领域、烟草领域、石油领域、警用、政府综合应急管理、人文历史研究等诸多方面都发挥着巨大作用。总之，地理信息系统愈来愈成为国民经济各有关领域不可缺少的应用工具。

5. 地理信息系统的发展趋势

（1）多维化发展

地理信息系统（GIS）是一种空间信息系统，它的主要功能是对自然界和人类社会的各种空间和非空间的复杂现象进行处理、表示和分析。当前的 GIS 一般只能处理地球表面的信息，或者通过建立数字地面（高程）模型的方法来处理和表示地形的起伏，即所谓的 2D 和 2. 5DGIS 技术。而在许多地学应用中，因为很多仿真三维的自然和人工现象需要处理、分析和表达，因此地学工作者们迫切希望把更加真实和交互的可视化技术引入自身领域，所以，3DGIS 成为当今的研究热点。

可视化技术是指运用计算机图形图像处理技术，将复杂的科学现象、自然景观以及十分抽象的概念图形化，以便理解现象、发现规律和传播知识。它自十多年前产生以来，以其惊人的速度发展。可视化理论和技术应用于 GIS 开始于 20 世纪 90 年代初。对于 GIS 来说，空间信息可视化更重要的是一种空间认知行为，在提高空间数据的复杂过程分析的洞察能力、多维多时相数据和过程的显示等方面，将有效地改善和增强空间地理环境信息的传输能力，有助于理解、发现自然界存在的现象相关关系和启发形象思维的能力。当前的可视化技术已经远远超出了传统的符号化及视觉变量表示法的水平，进入了在动态、时空变化、多维的可交互的 GIS 条件下探索视觉效果和提高视觉功能的阶段。其重点是将那些难于设想和接近的环境与事物，以动态直观的方式表示出来。

（2）网络化发展

地理信息系统的网络化也成为当今社会的一大发展趋势，如建库、数据传输、应用服务等均在网上进行。加之空间信息应用技术的开发，如智能化系统、空间决策支持系统、虚拟现实技术的开发与应用，使基础地理数据的应用深入到各行各业乃至家庭、社会的各个角落。

（3）趋于综合性发展

GIS、遥感（RS）和全球定位系统（GPS）集成技术的发展在世界各国引起了普遍重视。RS 主要侧重于信息获取和动态监测，GIS 主要是空间信息的管理、分析，GPS 是空间定位、导航。GIS 的综合性发展趋势还体现在与 OA、Internet、多媒体、虚拟现实等技术的集成。

（4）开放式 GIS

GIS 数据共享和交互式操作促进 GIS 社会化发展。开放式 GIS 协会（OGC）打破了当前 GIS 业各地区、各单位、各企业各自为营的局面，促进了 GIS 社会化发展。

（5）产业化发展

GIS 产业对象主要包括：硬件、软件、数据采集与数据转换、电子数据、遥感信息获取与处理、系统开发与集成、咨询与技术服务。

（6）组件式发展

面向对象的技术开发组件式 GIS 是 GIS 软件发展的必然趋势，GIS 软件的可配置性、可扩展性和开放性将更强，进行二次开发将更方便。

（二）全球定位系统（GPS）

1. 概述

GPS 是英文 global positioning system（全球定位系统）的简称，而其中文简称为"球位系"。GPS 是 20 世纪 70 年代由美国陆海空三军联合研制的新一代空间卫星导航定位系统 。其主要目的是为陆、海、空三大领域提供实时、全天候和全球性的导航服务，并用于情报收集、核爆监测和应急通讯等一些军事目的，经过二十余年的研究实验，耗资 300 亿美元，到 1994 年 3 月，全球覆盖率高达 98% 的 24 颗 GPS 卫星已布设完成。

GPS 系统的前身为美军研制的一种子午仪卫星定位系统（Transit），于 1958 年研制，1964 年正式投入使用。该系统用 5 到 6 颗卫星组成的星网工作，每天最多绕地球 13 次，并且无法给出高度信息，在定位精度方面也不尽如人意。然而，子午仪系统使得研发部门对卫星定位取得了初步的经验，并验证了由卫星系统进行定位的可行性，为 GPS 系统的研制埋下了铺垫。由于卫星定位导航方面显示出在的巨大优越性及子午仪系统在潜艇和舰船导航方面存在的巨大缺陷，美国海陆空三军及民用部门都迫切感到需要一种新的卫星导航系统。

2. GPS 导航系统的基本原理

GPS 导航系统的基本原理是测量出已知位置的卫星到用户接收机之间的距离，然后综合多颗卫星的数据就可知道接收机的具体位置。要达到这一目的，卫星的位置可以根据星载时钟所记录的时间在卫星星历中查出。而用户到卫星的距离则通过记录卫星信号传播到用户所经历的时间，再将其乘以光速得到由于大气电离层的干扰，这一距离并不是用户与卫星之间的真实距离，而是伪距（PR）：当 GPS 卫星正常工作时，会不断地用二进制码元 1 和 0 组成的伪随机码（简称伪码）发射导航电文。GPS 系统使用的伪码一共有两种，分别是民用的 C/A 码和军用的 P（Y）码。C/A 码频率 1.023 兆赫，重复周期一毫秒，码间距 1 微秒，相当于 300 米；P 码频率 10.23 兆赫，重复周期 266.4 天，码间距 0.1 微秒，相当于 30 米。而 Y 码是在 P 码的基础上形成，保密性能更佳。导航电文包括卫星星历、工作状况、时钟改正、电离层时延修正、大气折射修正等信息，它是从卫星信号中解调制出来的，以 50 波特/秒调制在载频上发射。导航电文每个主帧中包含 5 个子帧每帧长 6 秒。前三帧各 10 个字码；每三十秒重复一次，每小时更新一次。后两帧共 15 000b。导航电文中的内容主要有遥测码、转换码、第 1、2、3 数据块，其中最重要的则为星历数据。当用户接受到导航电文时，提取出卫星时间并将其与自己的时钟做对比便可得知卫星与用户的距离，再利用导航电文中的卫星星历数据推算出卫星发射电文时所处位置，用户在 WGS－84 大地坐标系中的位置速度等信息便可得知。

GPS 导航系统卫星部分的作用就是不断地发射导航电文。然而，由于用户接受机使用的时钟与卫星星载时钟不可能总是同步，所以除了用户的三维坐标 x、y、z 外，还要引进一个 Δt 即卫星与接收机之间的时间差作为未知数，然后用 4 个方程将这 4 个未知数解出来。所以如果想知道接收机所处的位置，至少要能接收到 4 个卫星的信号。

GPS 接收机可接收到纳秒级的时间信息，用于预报未来几个月内卫星所处概略位置的预报星历；用于计算定位时所需卫星坐标的广播星历，精度为几米至几十米（各个卫星不同，随时变化），以及 GPS 系统信息，如卫星状况等。

GPS 接收机对码的量测就可得到卫星到接收机的距离，由于得到的距离含有接收机卫星钟的误差及大气传播误差，故称为伪距。对 0A 码测得的伪距称为 UA 码伪距，精度约为 20 米左右，对 P 码测得的伪距称为 P 码伪距，精度约为 2 米左右。

GPS 接收机对收到的卫星信号，进行解码或采用其他技术，将调制在载波上的信息去掉后，就可以恢复载波。严格而言，载波相位应被称为载波拍频相位，它是收到的受多普勒频移影响的卫星信号载波相位与接收机本机振荡产生信号相位之差。一般在接收机时钟确定的历元时刻量测，保持对卫星信号的跟踪，就可记录下相位的变化值，但开始观测时的接收机和卫星振荡器的相位初值是不知道的，起始历元的相位整数也是不知道的，即整周模糊度，只能在数据处理中作为参数解算。相位观测值的精度高至毫米，但前提是解出整周模糊度，因此只有在相对定位、并有一段连续观测值时才能使用相位观测值，而要达到优于米级的定位精度也只能采用相位观测值。

按定位方式，GPS 定位分为单点定位和相对定位（差分定位）。单点定位就是根据一台接收机的观测数据来确定接收机位置的方式，它只能采用伪距观测量，可用于车船等的概略导航定位。相对定位（差分定位）是根据两台以上接收机的观测数据来确定观测点之间的相对位置的方法，它既可采用伪距观测量也可采用相位观测量，大地测量或工程测量均应采用相位观测值进行相对定位。

在 GPS 观测量中包含了卫星和接收机的钟差、大气传播延迟、多路径效应等误差，在定位计算时还要受到卫星广播星历误差的影响，在进行相对定位时大部分公共误差被抵消或削弱，因此定位精度将大大提高，双频接收机可以根据两个频率的观测量抵消大气中电离层误差的主要部分，在精度要求高，接收机距离较远时（大气有明显差别），应选用双频接收机。

3. GPS 定位原理

GPS 定位的基本原理是根据高速运动的卫星瞬间位置作为已知的起算数据，采用空间距离后方交会的方法，确定待测点的位置。

4. 设备组成

（1）空间部分

GPS 的空间部分是由 24 颗卫星组成（21 颗工作卫星；3 颗备用卫星），它们位于距地表 20 200 千米的上空，均匀分布在 6 个轨道面上（每个轨道面 4 颗），轨道倾角为 55°。卫星的分布使得全球任何地方、在任何时间都可观测到 4 颗以上的卫星，并能在卫星中预存导航信息，GPS 的卫星因为大气摩擦等问题；随着时间的推移，导航精度会逐渐降低。

（2）地面控制系统

地面控制系统由监测站（Monitor Station）、主控制站（Master Monitor Station）、地面天线（Ground Antenna）所组成，主控制站位于美国科罗拉多州春田市（Colorado Spring）。地面控制站负责收集由卫星传回的讯息，并计算卫星星历、相对距离、大气校正等数据。

（3）用户设备部分

用户设备部分即 GPS 信号接收机。其主要功能是能够捕获到按一定卫星截止角所选择的待测卫星，并跟踪这些卫星的运行。当接收机捕获到跟踪的卫星信号后，就可测量出接收天线至卫星的伪距离和距离的变化率，解调出卫星轨道参数等数据。根据这些数据，接收机中的微处理计算机就可按定位解算方法进行定位计算，计算出用户所在地理位置的经纬度、高度、速度、时间等信息。接收机硬件和机内软件以及 GPS 数据的后处理软件包构成完整的 GPS 用户设备。GPS 接收机的结构分为天线单元和接收单元两部分。接收机一般采用机内和机外两种直流电源。设置机内电源的目的在于更换机外电源时不中断连续观测。在用机外电源时机内电池自动充电。关机后机内电池为 RAM 存储器供电，以防止数据丢失。目前各种类型的接收机体积越来越小，重量越来越轻，便于野外观测使用。现有单频与双频两种，但由于价格因素，一般使用者所购买的多为单频接收器。

（三）遥感系统（RS）

1. 遥感概述

遥感技术是从远距离感知目标反射或自身辐射的电磁波、可见光、红外线对目标进行探测和识别的技术，例如航空摄影就是一种遥感技术。人造地球卫星发射成功，大大推动了遥感技术的发展。现代遥感技术主要包括信息的获取、传输、存储和处理等环节，完成上述功能的全套系统称为遥感系统，其核心组成部分是获取信息的遥感器。遥感器的种类很多，主要有照相机、电视摄像机、多光谱扫描仪、成像光谱仪、微波辐射计、合成孔径雷达等。传输设备用于将遥感信息从远距离平台（如卫星）传回地面站。信息处理设备包括彩色合成仪、图像判读仪和数字图像处理机等。

遥感技术是从人造卫星、飞机或其他飞行器上收集地物目标的电磁辐射信息，判认地球环境和资源的技术。它是20世纪60年代在航空摄影和判读的基础上随航天技术和电子计算机技术的发展而逐渐形成的综合性感测技术。任何物体都有不同的电磁波反射或辐射特征。航空航天遥感就是利用安装在飞行器上的遥感器感测地物目标的电磁辐射特征，并将特征记录下来，供识别和判断。把遥感器放在高空气球、飞机等航空器上进行遥感，称为航空遥感。把遥感器装在航天器上进行遥感，称为航天遥感。完成遥感任务的整套仪器设备称为遥感系统。航空和航天遥感能从不同高度、大范围、快速和多谱段地进行感测，获取大量信息。航天遥感还能周期性地得到实时地物信息。因此航空和航天遥感技术在国民经济和军事的很多方面获得了广泛的应用，例如应用于气象观测 、资源考察、地图测绘和军事侦察等。

2. 基本原理

任何物体都具有光谱特性，具体地说，它们都具有不同的吸收、反射、辐射光谱的性能。在同一光谱区各种物体反映的情况不同，同一物体对不同光谱的反映也有明显差别。即使是同一物体，在不同的时间和地点，由于太阳光照射角度不同，它们反射和吸收的光谱也各不相同。遥感技术就是根据这些原理，对物体作出判断。遥感技术通常是使用绿光、红光和红外光三种光谱波段进行探测。绿光段一般用来探测地下水、岩石和土壤的特性；红光段探测植物生长、变化及水污染等；红外光段探测土地、矿产及资源。此外，还有微波段，用来探测气象云层及海底鱼群的游弋。

3. 遥感系统组成

由遥感器、遥感平台、信息传输设备、接收装置以及图像处理设备等组成。遥感器装在遥感平台上，它是遥感系统的重要设备，它可以是照相机、多光谱扫描仪、微波辐射计或合成孔径雷达等。信息传输设备是飞行器和地面间传递信息的工具。图像处理设备对地面接收到的遥感图像信息进行处理（几何校正、滤波等）以获取反映地物性质和状态的信息。图像处理设备可分为模拟图像处理设备和数字图像处理设备两类，现代常用的是后一类。判读和成图设备是把经过处理的图像信息提供给判释人员直接判释，或进一步用光学仪器或计算机进行分析，找出特征，与典型地物特征进行比较，以识别目标。地面目标特征测试设备测试典型地物的波谱特征，为判释目标提供依据。

4. 遥感系统应用

遥感技术广泛用于军事侦察、导弹预警、军事测绘、海洋监视和气象观测等。在民用方面，遥感技术广泛用于地球资源普查、植被分类、土地利用规划、农作物病虫害和作物产量调查、环境污染监测、海洋研制、地震监测等方面。遥感技术总的发展趋势是：提高遥感器的分辨率和综合利用信息的能力，研制先进遥感器、信息传输和处理设备以实现遥感系统全天候工作和实时获取信息，增强遥感系统的抗干扰能力。遥感按常用的电磁谱段不同分为可见光遥感、红外遥感、多谱段遥感、紫外遥感和微波遥感。

二、 实训目的和任务

通过本实训，熟悉 GIS 软件 ArcView 的基本功能，了解矢量数据和栅格数据，懂得 ArcView 的简单操作。

三、 实训内容

熟悉操作界面的 ArcView、空间要素和属性要素的简单查询。

四、 实训要求

实训分组；在教师带领下学习实训前准备知识；根据实训指导书和教师的讲解，了解 3S 技术的内涵，通过实训丰富对 GIS 基础知识的了解。

五、 实训步骤

ArcView 是世界上使用最为广泛的 GIS 桌面软件，因为它给用户提供了一个容易使用地理数据的方法。利用其大量的符号和强大的地图功能，用户能够方便地创建高质量地图。ArcView 使得数据的管理和编辑更简单，任何人都可胜任。实际上，任何地理数据都可以在 ArcView 兼容格式下使用。由于可以从任何地方整合数据，为了让数据在本地或网络上可以使用，数据投影应及时设定。

ArcView 通过在逻辑工作流中设置可视化的任务模型来简化复杂的分析和数据管理任务。非技术性用户也可容易地操作 ArcView，经验丰富的用户可利用复杂的工具进行高级的地图设计、数据整合及空间分析。程序开发者可利用行业编程语言定制 ArcView。ArcView 是一款独特的、独立的 GIS 桌面软件，也是 ArcGIS 桌面软件核心产品之一。

(一) ArcView GIS 产品简介

ArcView GIS 是美国环境系统研究所公司（Environment System Research Institute Inc.，ESRI）开发的地理信息系统（Geographic Information System，GIS）系列软件中的一种。该软件的主要功能有：

（1）地图显示。以点、线、面、栅格为地理要素，用不同的符号显示地图，根据要素的属性，分类表达。不同的专题信息可以一层层地组合在一起，地图可以任意放大、缩小、平移，还可用圆饼图、直方图表达多重属性在空间上的分布，可将属性以文字方式注记到地图上。

（2）属性表查询。对表状数据的属性进行选择、查找、排序、统计汇总等操作，建立表与表的连接，以趋势线、直方图、圆饼图等形式表达属性数据的查询结果。

（3）空间查询。在地图上选择地理要素，同时显示其对应的属性，也可在表中选择记录，在图上显示对应的地理要素。除上述最基本的图文互访功能外，还可做一些比较复杂的空间查询，如：

邻近查询。在某些点状、线状、面状设施的一定服务半径内，有哪些地理要素。

包含查询。在指定的多边形边界内，有哪些地理要素。

相交查询。某些线状、面状的地理要素在空间上和哪些其他要素相交。

最近距离查询。为某些地理要素找出离它（们）最近的另一类地理要素。

（4）打印输出。将上述空间查询、属性查询而得到的地图、表格、统计图组合起来，打印输出。

（5）数据输入与编辑。可按 ArcView 专用的空间数据格式（Shapefile）输入、编辑地图，也可对标准的表状数据（DBF 文件）进行编辑，可将 ARC/INFO、MapInfo、AutoCAD 的空间或图形数据转换成 Shape 文件。

（6）空间分析。ArcView 有若干扩展模块：如栅格分析用的 Spatial Analyst，网络分析用的 Network Analyst，三维地形生成、显示用的 3D Analyst 等等。

（7）进行二次开发。ArcView 3. x 内含面向对象的编程语言 Avenue 供用户进行二次开发。8. x 版本的内部编程语言改为 VBA（Visual Basic for Applicaticn），还可以用符合 Microsoft 开放式标准的其他语言。

目前，ArcView GIS 的主要版本是 3. x，8. x，9. x，三者的功能相似，8. x 和 3. x 在操作界面上有明显差异，前者的功能比后者详细、复杂，9. x 在 8. x 基础上又有改进（目前尚无网络分析扩展模块），本教程的所有练习均针对 3. x 版本，书中出现的显示窗口为 Microsoft Windows 2000（简体中文）。

(二) ArcView 的操作界面

1. 打开 Project

在 Windows 中，用鼠标选择（因软件安装的差异，具体路径会有一定差异）：开始/程序/Esri/ArcView GIS Version 3. x/ArcView GIS 3. x 首先出现的可能是 ArcView 的欢

迎对话框 "Welcome to ArcView GIS"。用户可有三种选择：

(1) with a new view (建立一个新的地图显示窗口);

(2) as a blank project (进入一个空的项目);

(3) Open an existing project (打开并进入一个已有的项目)。

对用户还有一项提示：

√ Show this window when ArcView GIS starts

如果取消前面的打钩号，表示取消欢迎对话框，以后就不会再出现。对上述菜单，初学者可以选(2)：as a blank project (进入一个空的项目)，这时就进入项目窗口 (Project Window，见图 1-1)，系统默认的项目名称为 Untitled。

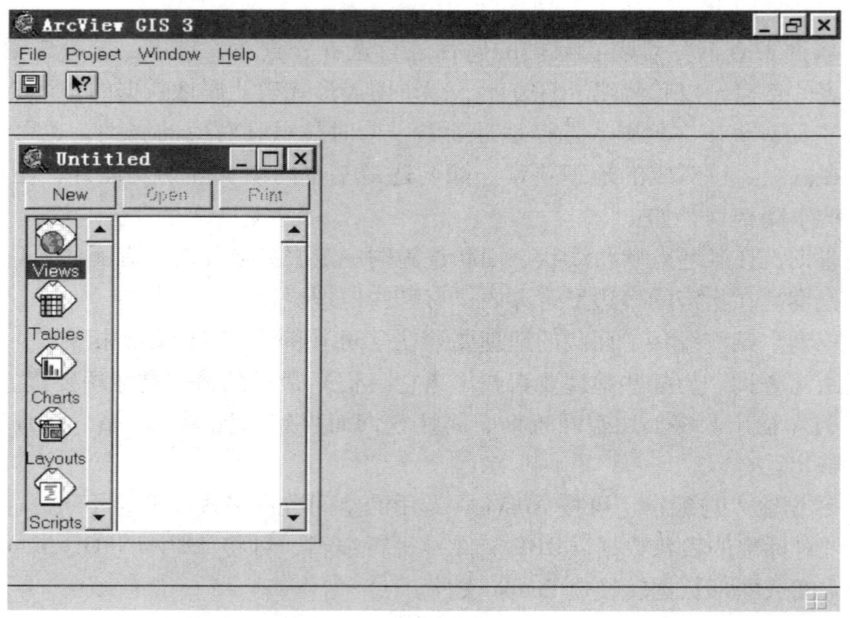

图 1-1 Project Window (项目窗口)

在 File 菜单中选择 Open Project (打开一个 Project)，根据对话框的提示，在 \ gis_ ex \ student \ 子目录下 (本书假定练习数据的实际安装路径为 d：\ gis_ ex) 选择 ex01. apr，点击 OK 按钮，如果默认的项目 Untitled 未关闭，系统会提示是否要保存项目 (Project) Untitled，应回答 No，以 ex01 命名的 Project 文件就会被打开，用鼠标单击 Views，则在 Project Window (项目窗口) 中出现名为 View1，View2 两个视图的名字，用鼠标选择 View1，再点击 Open 按钮则进入视图 View1，即 Views Document (地图显示、空间查询子系统，见图 1-2)。

2. Views 子系统的操作界面

ArcView 5 种 Document 的窗口界面风格一致，都由菜单条 (Menu Bar)、按钮条 (Button Bar)、工具条 (Tool Bar) 组成，用鼠标 (Mouse) 来驱动。以图 1-2 为例，第一行为菜单条，用鼠标点一下菜单条中的任一选项，就会出现一个下拉式的子菜单，供用户进一步选择。第二行为按钮条，用鼠标点一下任何一个按钮图标 (Icon)，Arc-

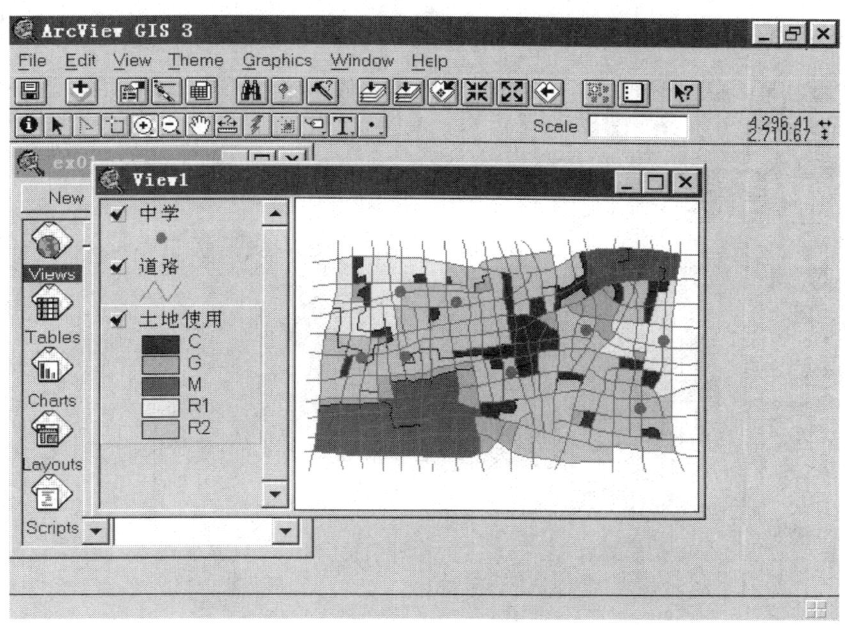

图 1－2　进入 View1

View 就立刻执行一个动作。第三行为工具条，用鼠标点工具条中的任何一个工具图标（Icon），ArcView 就进入某种特定的等待状态，或出现一个对话框，等待用户进一步操作。用户将鼠标移到按钮条或工具条的图标上，屏幕会出现该图标的名称和简要提示。

Views Document（视图子系统）的窗口就是 View Window，右侧是地图窗口，左侧是目录窗口（Table of Contents），在目录窗口中有每个 Theme（专题）的名称，要素的表达符号及其说明，名称、符号、说明这三项加起来称为图例（Legend）。本视图有三个专题图例：①点状专题“中学”，②线状专题“道路”，③面状专题“土地使用”。

3. 专题显示控制

每个专题名称的左边有一个小方格（Check Box），用鼠标点一下 Check Box，可使一个打钩号“√”出现或消失，这表示该专题处于打开显示状态、还是关闭隐藏状态。目录表中专题名称的上下排列代表了图形显示的先后顺序。各专题的显示次序按它们在目录表中的上下次序决定，排在下面的专题先显示，排在上面的专题后显示，如果用鼠标将专题“土地使用”拖动到“道路”的上方，松开鼠标，用户会发现，线状的道路设施大部分看不见了，这是因为面状人口多边形的填充色盖住了线状的道路线条。因此，在多数情况下，应将点状专题放在最上，线状专题其次，面状专题放在最下。

4. 地图缩放、平移

选择图形放大工具——Zoom In（样子像一个放大镜），在地图上点击一下，地图按默认的系数放大。选择 Zoom In 工具后，将鼠标放在地图上的某个位置按住左键不放，拖动后出现一个矩形，再松开左键（见图 1－3），则刚才所定义的矩形将充满地图窗口。缩小工具 Zoom Out 和放大工具的使用方法一样，得到的效果相反。选择平移工具（Pan），用鼠标左键按住地图窗口中的某一点，可以向任意方向拖动地图，松开左

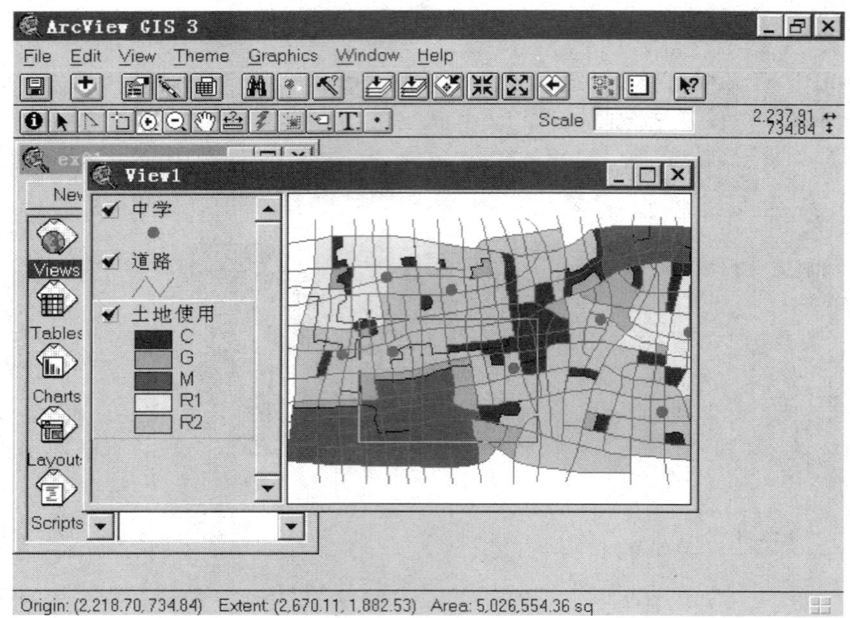

图 1－3　Zoom In 的拖动窗口

键后，地图将重新显示平移后的效果。

比较常用的图形缩放按钮有：

 Zoom to All Extent。专题中所有的要素充满地图窗口。

 Zoom to Active Theme。将当前激活的专题按要素充满地图窗口。

Zoom to Selected Features。将被选中的要素充满地图窗口。

什么是要素，什么是被激活的专题，将在下文介绍。选用菜单 File/Close View，当前的视图被关闭，返回到项目窗口（Project Window）。

（三）简单查询

1. 单个要素、记录查询

在项目窗口中打开视图 View2，该视图有两个专题：线状专题“道路”和面状专题“乡镇（人口密度）”。用鼠标在目录表中单击专题名称“道路”，该图例看上去呈突出状，表示该专题被激活（Active Theme），选择属性查询工具（Identify）到某条 A 类道路（深色）上点击鼠标，即出现该段道路的属性记录（见图 1－4）。激活专题“乡镇（人口密度）”，再用属性查询工具点击任一多边形，即出现该乡镇的属性记录（见图 1－5）。

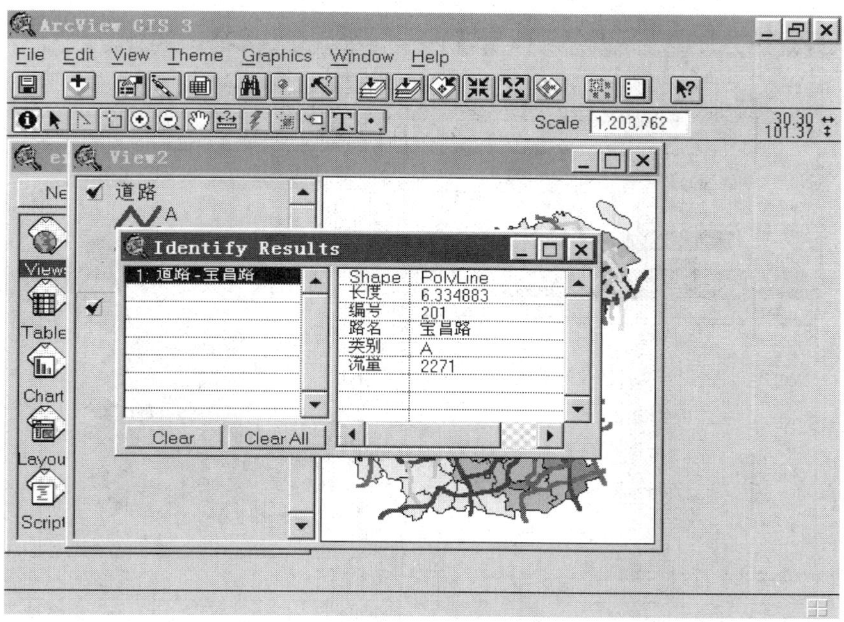

图 1 - 4　View2 窗口中显示的道路属性

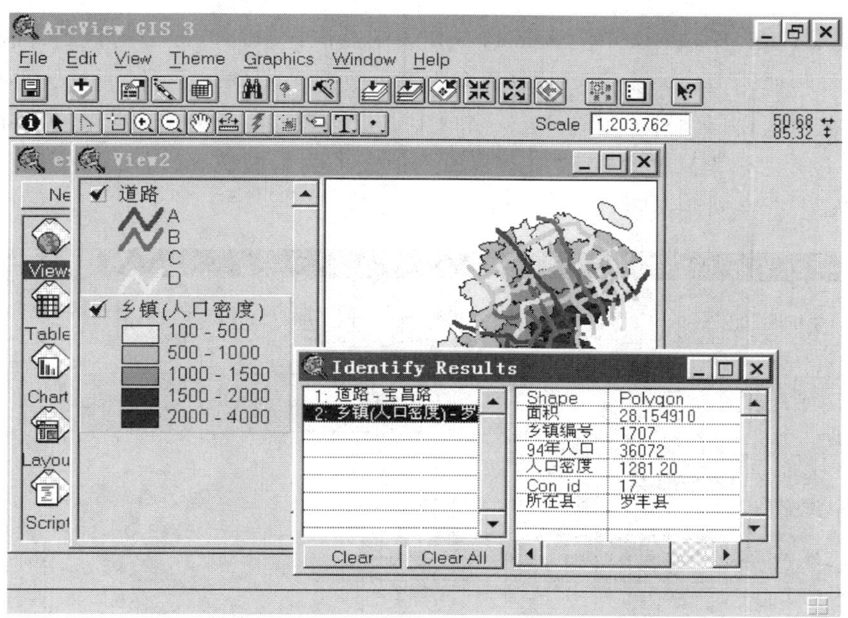

图 1 - 5　View2 窗口中显示的乡镇属性

2. 点击记录查询

激活专题“乡镇（人口密度）”，点击按钮（Open Theme Table），被激活专题的属性表“Attribute of 乡镇（人口密度）”被打开，用户界面变成 Table 窗口（即进入了 Tables 子系统）。如果 Table 窗口充满屏幕，可用 Windows 的工具，使其缩小（见图 1 - 6）。

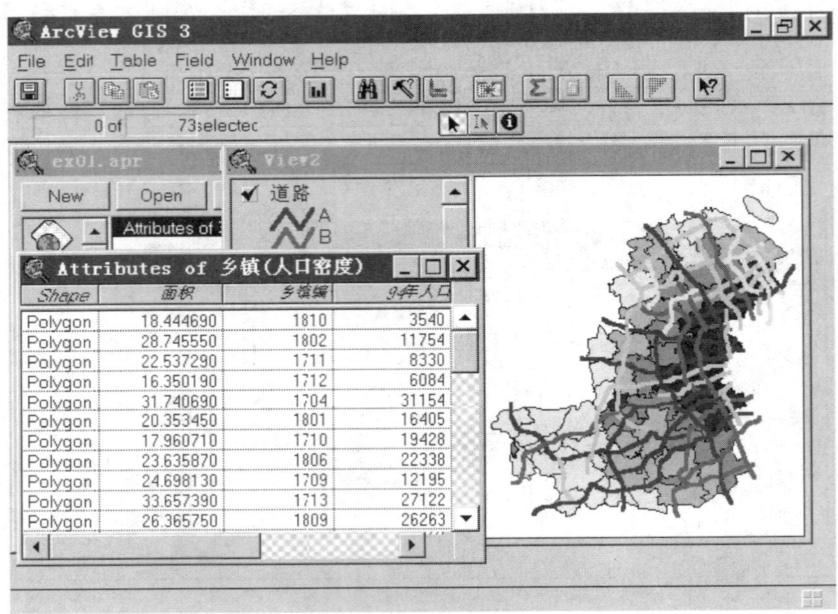

图 1-6　Table 窗口和 View 同时显示

在 Tables 窗口中选择工具（Select），在表中点击记录，被选中的记录，颜色改变，同时观察专题地图窗口，记录所对应的多边形也改变了颜色（见图 1-7），如果被选择的多边形在地图窗口之外，可在 View 窗口中点击按钮（Zoom to Selected Features），被选中的多边形（要素）就会充满地图窗口。记录、要素被选择，同时改变颜色，表示他们在逻辑上存在对应关系。

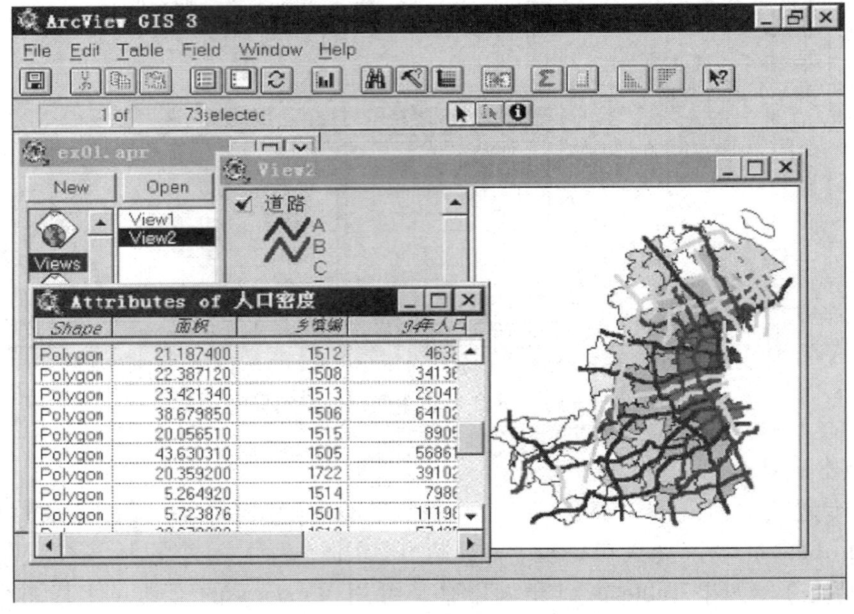

图 1-7　Table 中有一条记录被选中

3. 选择要素、查询记录

从表的记录查多边形（要素）的方法也可以在 View 窗口中使用，其效果就是反过来，在专题图上选择要素同时也查到了记录。在 View 窗口中选用要素选择工具 (Select Feature)，在地图窗口中单击被激活专题的要素，多边形和属性表中的记录也会同时改变颜色。如果 View 窗口太大挡住了 Table 窗口，可选用菜单 Window/Attribute of 乡镇（人口密度），专题属性表的窗口弹出，也可在 Table 窗口中选用菜单 Window/View2，则 View2 窗口弹出。缩小 View 窗口、Table 窗口，使两个窗口同时显示在屏幕上，可以更灵活地来回切换。

（四）若干专用术语

（1）Feature。Feature 可解释成“要素”，是空间数据最基本的、不可分割的单位，有点、线、面三种，可以根据应用的需要，用点状符号、线型、面状填充图案表达。每一个 Feature 可有自己的属性，属性数据存放在表（Table）的记录（Record）里。

（2）Theme。Theme 可解释成“专题”，是空间数据的图形表示。每一个 Theme（专题）都是由同一类型的 Feature（要素）组成的，如点状专题中都是点要素，线状专题中都是线要素，面状专题中都是面要素。一个专题一般和一个表（Table）相对应，可称专题要素属性表，Theme 中的每个要素（Feature）则和要素属性表中的某条记录在逻辑上对应。

（3）View。View 可解释成“视图”，它将多种空间数据汇集起来，用专题地图的形式表达，用户感觉到的 View 往往是由许多“层”叠起来的，这种层就是 Theme（专题）。View 中的左侧是专题目录表，其中有每个 Theme 的名称、图例、说明和当前显示状态。

（4）Table。Table 可解释成“表”、“属性表”。表由若干列和若干行组成，每列代表一种属性，称字段（Field，属性项），字段有自己的名称，每一行代表一条记录（Record），在行和列的交叉处是属性单元（Cell，也可称元素）。一般情况下，表中的每一条记录和 Theme 中的一个空间要素（Feature）相对应。但也可存在和专题的要素不直接对应、相对独立的表，在需要的时候和要素的属性表建立起连接，实现对专题属性表的扩展。

（5）Data Source。Data Source 可解释成“数据源”，不经转换而直接被 ArcView 使用的数据均可称数据源。数据源中的空间数据决定了每一个 Feature 的空间位置以及它和表中记录的对应关系。Table 和 Theme 是从数据源中取得数据后，用表格、专题地图的形式表达（可以是子集也可以是全集）。栅格图像、CAD 图形产生的要素属性表是特殊的。

（6）Project。Project 可解释成“项目”，是 ArcView 的应用单元，将一个应用单元的有关信息存放在一个以“. apr”为后缀的文件里（Project 文件），每个 Project 都有 5 种 Document（文档），这 5 种 Document 可理解成 ArcView 的 5 个子系统：

Views：地图显示、空间查询子系统。

Tables：属性查询，表状数据管理子系统。

Charts：属性查询结果的统计图表达子系统。

Layouts：制图布局，打印输出子系统。

Scripts：编程语言（Avenue）运行、维护、开发子系统。

（五）ArcView 的退出、进入

1. 退出 ArcView

按 Windows 操作系统常规，在不同窗口的菜单 File 中依次关闭 View，Table，Project。选 File/Exit，返回到 Windows 操作系统，在关闭 Project 时，ArcView 会提示是否要保存对 Project 做过的改动，为了本次练习完成后，不影响他人的练习，应选 No 回答。

2. ArcView 的再次启动

按 Windows 的常规，有三种启动途径：

（1）从 Windows 的"开始/程序/…"菜单中启动。

（2）直接进入项目文件。根据项目文件的存储路径，在 Windows 的资源管理窗口中，用鼠标双击项目文件名，如进入本章练习的项目窗口可直接启动 \ gis_ ex \ student \ ex01. apr。

（3）在 Windows 的桌面窗口中设置 ArcView 的图标或项目文件的图标，在桌面上直接启动 ArcView 或项目文件。

（六）ArcView 使用的数据

ArcView 的主要处理数据有矢量型空间数据、关系型（表状）属性数据、栅格型空间数据、不规则三角网数据，本章定义为 Data Source。ArcView 可直接使用的 Data Source 主要有：

（1）Shape File。Shape 文件是矢量图形，除了查询，还可用 ArcView 编辑，也可和很多数据格式相互转换。Shape 文件没有拓扑关系，内部结构简单，显示速度较快。

（2）ARC/INFO，PC ARC/INFO 的 Coverage。其点、线、面、组合面（Region）结点、注记等要素及其属性均可直接使用，但不能用 ArcView 编辑。加载 Coverage 时，所显示的图标符号是立体状的，需进一步打开选择，和 Shape File 不同。

（3）表状属性数据。ArcView 默认的表状数据是 DBF 文件和 INFO 数据库的 Table（表）。也可通过要素属性表（DBF 文件，INFO 表）和典型的关系型数据库连接（如 Access，Oracle，SQL Server 等）。

（4）ARC/INFO 的栅格（格网）数据 Grid 可用扩展模块 Spatial Analyst 进行分析。

（5）ARC/INFO 的不规则三角网（TIN）。上述五种数据是 ArcView 用得最多、最频繁，也是本书练习主要使用的数据类型。

（6）ESRI 的 GeoDatabase 数据（服务器端有 ArcSDE）可用 ArcView 3. x 通过计算机网络查询、显示。

（7）AutoCAD 的图形数据（DWG、DXF 文件）Intergraph/Microstation 的图形数据（DGN 文件）均可直接显示。

（8）常用的扫描、图像数据，可作为背景图、示意图显示。

（9）AutoCAD 的图形交换 DXF 文件，MapInfo 的数据交换文件（MIF/MID）可以

转换成 Shape 文件使用。

（七）小结

实训项目一主要介绍了 ArcView GIS 的基本操作、基础概念，该产品的专用术语，使用的主要数据，初学者第一次接触时会感到内容较多，经过后续的练习，再阅读本项目知识，就会很快熟悉。通过本项目的练习，读者应掌握的内容如下：

（1）点、线、面（多边形）是最常用的空间要素，点状要素没有大小（虽然显示时符号有 大小），线状要素没有宽度（虽然显示时线型有宽度 ），面状要素由线围合而成（虽然显示时用颜色填充）。

（2）专题地图是表达空间事物的基本途径。专题地图的一般控制方法有：打开、关闭、放大、缩小、平移、相互调整先后次序、使被选择的要素充满窗口。

（3）要素和属性的简单查询：单击要素查询属性、选择记录查询要素、选择要素查询记录。

（4）要素和记录之间在逻辑上有对应关系（见图 1 －8），要素或记录一旦被选择，显示颜色的变化是同步的。

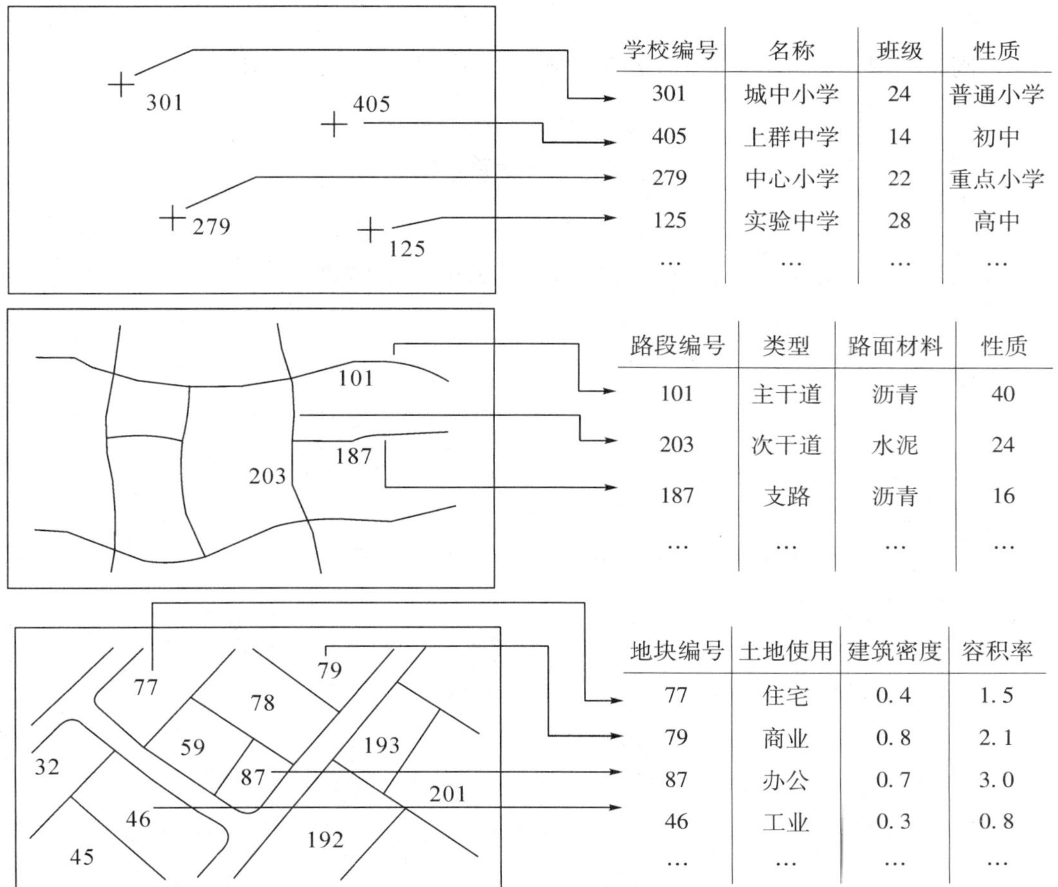

学校编号	名称	班级	性质
301	城中小学	24	普通小学
405	上群中学	14	初中
279	中心小学	22	重点小学
125	实验中学	28	高中
…	…	…	…

路段编号	类型	路面材料	性质
101	主干道	沥青	40
203	次干道	水泥	24
187	支路	沥青	16
…	…	…	…

地块编号	土地使用	建筑密度	容积率
77	住宅	0.4	1.5
79	商业	0.8	2.1
87	办公	0.7	3.0
46	工业	0.3	0.8
…	…	…	…

图 1 －8　点、线、面三种空间要素和属性记录之间的逻辑关系示意

（5）ArcView 的操作主要靠菜单、按钮、工具三种方式。

（6）专题地图的显示、操作窗口称 Views Document 或 View 窗口，属性表的显示、操作窗口称 Tables Document 或 Table 窗口。

（7）进入、退出 ArcView，不同子系统之间切换，通过项目窗口（Project Window）实现。

（8）栅格（Grid）和不规则三角网（TIN）的使用将在后面练习。本书假定练习数据和程序的安装路径为 C：\ gis_ ex，在实际练习时应按真实的安装路径进行操作。

六、 注意事项

注意 APR 类型文件和 THEME 文件（. shp 文件、. cov 文件等）的打开方式的区别。

七、 实训预习与准备要求

请同学们课前参考 3S 相关书籍或网站，初步了解 3S 技术和 ArcView 软件。

八、 思考题

什么是地理信息系统，它与一般的计算机应用系统有哪些异同点？

实训项目二　理解地图投影和坐标

一、背景知识

（一）地球空间基准

1. 地球的形状

地球是一个两极略扁的不规则椭球体。地球自西向东自转，同时又围绕太阳公转。地球自转与公转运动的结合使其产生了地球上的昼夜交替和四季变化（地球自转和公转的速度是不均匀的）。同时，由于受到太阳、月球、附近行星的引力作用以及地球大气、海洋和地球内部物质等各种因素的影响，地球自转轴在空间和地球本体内的方向都要产生变化。地球自转产生的惯性离心力使得球形的地球由两极向赤道逐渐膨胀，成为目前略扁的旋转椭球体，极半径比赤道半径短约 21 千米。地球表面的总面积达 510 083 024 平方千米，其中大部分是海洋，海洋面积约占地球表面积的 71%，而陆地面积约占表面积的 29%。

2. 地球的大小

卡文迪许认为地球的质量约为 5.96×10^{24} 千克，地球的赤道半径 $r_a=6\ 378\ 137$ 米≈6378 千米，极半径 $r_b=6\ 356\ 752$ 米≈6357 千米，扁率 f=1/298.257，忽略地球非球形对称，平均半径 r=6371 千米。在赤道某海平面处重力加速度的值 $g_a=9.780\text{m/s}$，在北极某海平面处的重力加速度的值 $g_b=9.832\text{m/s}$，全球通用的重力加速度标准值 g=9.807m/s，地球自转周期为 23 小时 56 分 4 秒（恒星日），即 T=8.616×10s。

中国在 1952 年以前采用海福特（Hayford）椭球体，1953—1980 年采用克拉索夫斯基椭球体。随着人造地球卫星的发射，测算地球形体有了更精密的条件。1975 年第十六届国际大地测量及地球物理联合会上通过国际大地测量协会第一号决议中公布的地球椭球体，称为 GRS（1975），中国自 1980 年开始采用 GRS（1975）新参考椭球体系。由于地球椭球长半径与短半径的差值很小，所以当制作小比例尺地图时，往往把它当做球体看待，这个球体的半径为 6371 千米。国务院批准自 2008 年 7 月 1 日启用我国的地心坐标系——2000 国家大地坐标系，英文名称为 China Geodetic Coordinate System 2000，英文缩写为 CGCS2000。2000 国家大地坐标系采用的地球椭球参数的数值为：

长半轴 a=6 378 137 米

扁率 f=1/298.257 222 101

地心引力常数：$GM = 3.986\ 004\ 418 \times 1014 m^{3} \cdot s^{-2}$

自转角速度 $\omega = 7.292\ 115 \times 10 - 5 rad \cdot s^{-1}$

表 2－1　　地球物理特征

项目	特征值
椭圆率	0.003 352 9
平均半径	6372.797 km
赤道半径	6378.137 km
两极半径	6356.752 km
纵横比	0.996 647 1
赤道圆周长	40 075.13 km
子午圈圆周长	40 007.86 km
平均圆周长	40 041.47 km
表面积	$510\ 065\ 600 km^2$
陆地面积	$148\ 939\ 100 km^2$（29.2 %）
水域面积	$361\ 126\ 400 km^2$（70.8 %）
体积	$1.083\ 207\ 3 \times 10^{12} km^3$
质量	$5.9742 \times 10^{24} kg$
平均密度	$5515.3\ kg/m^3$
赤道表面重力加速度	9.7801 m/s^2（0.997 32 g）
宇宙速度	11.186 km/s（39 600 km/h）
恒星日	0.997 258 d（23.934 h）
赤道旋转速率	465.11 m/s
轴倾斜	23.439 281°
北极赤经	未定义
赤纬	+90°
反照率	0.367
平均表面温度	287 K（14 ℃）
最大表面温度	331 K（57.7 ℃）
最小表面温度	184 K（－89.2 ℃）

表 2-2　　世界各国常用的地球椭球体的数据

椭球体名称	年份	长半轴（米）	短半轴（米）	扁率
埃维尔斯特（Everest）	1830	6 377 276	6 356 075	1：300.8
白塞尔（Bessel）	1841	6 377 397	6 356 079	1：299.15
克拉克（Clarke）	1866	6 378 206	6 356 584	1：295.0
克拉克（Clarke）	1880	6 378 249	6 356 515	1：293.5
海福特（Hayford）	1910	6 378 388	6 356 912	1：297
克拉索夫斯基	1940	6 378 245	6 356 863	1：298.3
IUGG	1967	6 378 160	6 356 775	1：298.25
GRS（1975）	1975	6 378 140	6 356 755.3	1：298.257
WGS 84	1984	6 378 137	—	1：298.257 223 563
2000 国家大地坐标系	2008	6 378 137	6 356 752.314 14	1：298.257 222 101

（二）地球坐标系

1. 地理坐标系

地理坐标系，也可称为真实世界的坐标系，是用于确定地物在地球上位置的坐标系。一个特定的地理坐标系是由一个特定的椭球体和一种特定的地图投影构成，最常用的地理坐标系是经纬度坐标系。按坐标系基本线和基本面的不同地理坐标可分为天文地理坐标和大地地理坐标。

2. 高斯平面直角坐标系

高斯平面直角坐标系是通过高斯投影，将中央子午线的投影作为纵坐标轴，用 x 表示，将赤道的投影作横坐标轴，用 y 表示，两轴的交点作为坐标原点，由此构成的平面直角坐标系称为高斯平面直角坐标系，每一个投影带都有一个独立的高斯平面直角坐标系，区分各带坐标系则利用相应投影带的带号。在每一个投影带内，y 坐标值都有正有负，这对于计算和使用都不方便，为了使 y 坐标都为正值，故将纵坐标轴向西平移 500 km，并在 y 坐标前加上投影带的带号。

3. 平面直角坐标系

画两条互相垂直，并且有公共原点的数轴，简称直角坐标系。平面直角坐标系有两个坐标轴，其中横轴为 X 轴（x-axis），取向右方向为正方向；纵轴为 Y（y-axis）轴，取向上为正方向。坐标系所在平面叫做坐标平面，两坐标轴的公共原点叫做平面直角坐标系的原点。X 轴和 Y 轴把坐标平面分成四个象限，右上面的叫做第一象限，其他三个部分按逆时针方向依次叫做第二象限、第三象限和第四象限。象限以数轴为界，横轴、纵轴上的点及原点不属于任何象限。一般情况下，X 轴和 Y 轴取相同的单位长度。

4. 地心空间直角坐标系

地心空间直角坐标系定义为原点 O 与地球质心重合，Z 轴指向地球北极，X 轴指向格林尼治子午面与地球赤道的交点，Y 轴垂直于 XOZ 平面构成右手坐标系。

（三）我国常用的坐标系

1. 北京 54 坐标系

北京 54 坐标系为参心大地坐标系，大地上的一点可用经度 L54、纬度 M54 和大地高 H54 定位，它是以克拉索夫斯基椭球为基础，经局部平差后产生的坐标系。

新中国成立以后，我国采用了苏联的克拉索夫斯基椭球参数，并与苏联 1942 年坐标系进行联测，通过计算建立了我国大地坐标系，定名为 1954 年北京坐标系。因此，1954 年北京坐标系可以认为是苏联 1942 年坐标系的延伸。它的原点不在北京而是在苏联的普尔科沃。它是将我国一等锁与苏联远东一等锁相连接，然后以连接处呼玛、吉拉宁、东宁基线网扩大边端点的苏联 1942 年普尔科沃坐标系的坐标为起算数据，平差我国东北及东部区一等锁，这样传算过来的坐标系就定名为 1954 年北京坐标系。

因此，北京 54 坐标系可归结为：

（1）属参心大地坐标系；

（2）采用克拉索夫斯基椭球的两个几何参数；

（3）大地原点在苏联的普尔科沃；

（4）采用多点定位法进行椭球定位；

（5）高程基准为 1956 年青岛验潮站求出的黄海平均海水面；

（6）高程异常以苏联 1955 年大地水准面重新平差结果为起算数据，按我国天文水准路线推算而得。

2. 1980 西安坐标系

1978 年 4 月在西安召开全国天文大地网平差会议，确定重新定位，建立我国新的坐标系。为此有了 1980 年国家大地坐标系。1980 年国家大地坐标系采用的地球椭球基本参数为 1975 年国际大地测量与地球物理联合会第十六届大会推荐的数据。该坐标系的大地原点设在我国中部的陕西省泾阳县永乐镇，位于西安市西北方向约 60 千米，故称 1980 年西安坐标系，又简称西安大地原点。基准面采用青岛大港验潮站 1952—1979 年确定的黄海平均海水面（即 1985 国家高程基准）。

西安 80 坐标系是为了进行全国天文大地网整体平差而建立。根据椭球定位的基本原理，在建立西安 80 坐标系时有以下先决条件：

①原点在我国中部，具体地点是陕西省径阳县永乐镇；

②西安 80 坐标系是参心坐标系，椭球短轴 Z 轴平行于地球质心指向地极原点方向，大地起始子午面平行于格林尼治平均天文台子午面；X 轴在大地起始子午面内与 Z 轴垂直指向经度 0 方向；Y 轴与 Z、X 轴成右手坐标系；

③参数采用 IUG 1975 年大会推荐的参数，因而可得西安 80 坐标系椭球两个最常用的几何参数为：

长半轴 $a = 6\ 378\ 140 \pm 5$ 米

短半轴 $b = 6\ 356\ 755.2882$ 米

扁率 $f = 1/298.257$

第一偏心率平方 =0.006 694 384 999 59

第二偏心率平方 =0.006 739 501 819 47

④椭球定位时按我国范围内高程异常值平方和最小为原则求解参数；

⑤高程以 1956 年青岛验潮站求出的黄海平均水面为基准。

3. WGS－84 坐标系

WGS－84 坐标系是一种国际上采用的地心坐标系。坐标原点为地球质心，其地心空间直角坐标系的 Z 轴指向国际时间（BIH）1984.0 定义的协议地极（CTP）方向，X 轴指向（BIH）1984.0 的零度子午面和 CTP 赤道的交点，Y 轴与 Z 轴、X 轴垂直构成右手坐标系，称为 1984 年世界大地坐标系。这是一个国际协议地球参考系统（ITRS），是目前国际上统一采用的大地坐标系。公式参数：

长半径：a =6 378 137 ±2 米；

地球引力和地球质量的乘积：$GM = 3\,986\,005 \times 108 m^3 s^{-2} \pm 0.6 \times 108 m^3 \cdot s^{-2}$；

正常化二阶带谐系数：$C20 = -484.166\,85 \times 10^{-6} \pm 1.3 \times 10^{-9}$；

地球重力场二阶带球谐系数：$J2 = 108\,263 \times 10^{-8}$；

地球自转角速度：$\omega = 7\,292\,115 \times 10^{-11} rads^{-1} \pm 0.150 \times 10^{-11} rad \cdot s^{-1}$

（四）地图投影

1. 地图投影分类

（1）按变形性质分类。地图投影按变形性质可以分为三类：等角投影、等积投影和任意投影。

①等角投影。定义为任何点上二微分线段组成的角度投影前后保持不变，亦即投影前后对应的微分面积保持图形相似，故可称为正形投影。投影面上某点的任意两方向线夹角与椭球面上相应两线段夹角相等，即角度变形为零。等角投影在一点上任意方向的长度比都相等，但在不同地点长度比不同，即不同地点上的变形椭圆大小不同。

②等积投影。定义为某一微分面积投影前后保持相等，亦即其面积比为 1，即在投影平面上任意一块面积与椭球面上相应的面积相等，即面积变形等于零。

③任意投影。在任意投影上，长度、面积和角度都有变形，它既不等角又不等积。但是在任意投影中，有一种比较常见的等距投影，定义为沿某一特定方向的距离，投影前后保持不变，即沿着该特定方向长度比为 1。在这种投影图上并不是不存在长度变形，它只是在特定方向上没有长度变形。等距投影的面积变形小于等角投影，角度变形小于等积投影。任意投影多用于要求面积变形不大、角度变形也不大的地图，如一般参考用图和教学地图。经过投影后地图上所产生的长度变形、面积变形和角度变形，是相互联系相互影响的。它们之间的关系是：在等积投影上不能保持等角特性，在等角投影上不能保持等积特性；在任意投影上不能保持等角和等积的特性；等积投影的形状变形比较大，等角投影的面积变形比较大。

（2）按构成方法分类。地图投影最初建立在透视的几何原理上，它是把椭球面直接透视到平面上，或透视到可展开的曲面上，如圆柱面和圆锥面。圆柱面和圆锥面虽然不是平面，但可以展为平面。这样就得到具有几何意义的方位、圆柱和圆锥投影。随着科学的发展，为了使地图上变形尽量减小，或者为了使地图满足某些特定要求，地图投影就逐渐跳出了原来借助于几何面构成投影的框子，而产生了一系列按照数学条件构成的投影。因此，按照构成方法，可以把地图投影分为两大类：几何投影和非几何投影。

①几何投影。几何投影是把椭球面上的经纬线网投影到几何面上，然后将几何面展为平面而得到。根据几何面的形状，可以进一步分为下述几类（如表2－3）：

方位投影。以平面作为投影面，使平面与球面相切或相割，将球面上的经纬线投影到平面上而成。

圆柱投影。以圆柱面作为投影面，使圆柱面与球面相切或相割，将球面上的经纬线投影到圆柱面上，然后将圆柱面展为平面而成。

圆锥投影。以圆锥面作为投影面，使圆锥面与球面相切或相割，将球面上的经纬线投影到圆锥面上，然后将圆锥面展为平面而成。这里，我们可将方位投影看作圆锥投影的一种特殊情况，假设当圆锥顶角扩大到180°时，这圆锥面就成为一个平面，再将地球椭球体上的经纬线投影到此平面上。圆柱投影，从几何定义上讲，也是圆锥投影的一个特殊情况，设想圆锥顶点延伸到无穷远时，即成为一个圆柱。

表2－3　　不同角度的地球投影

	正轴	斜轴	横轴
圆锥	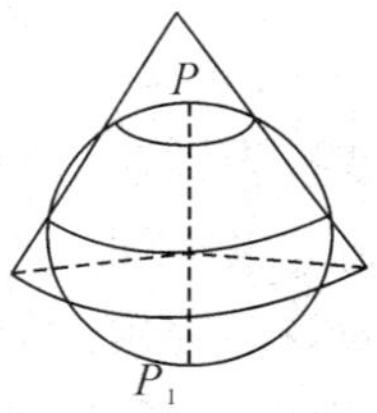	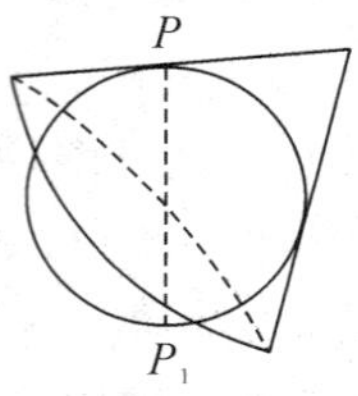	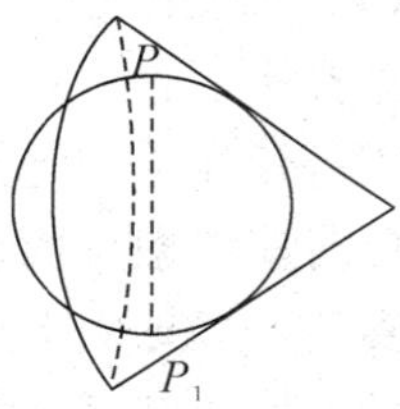
圆柱	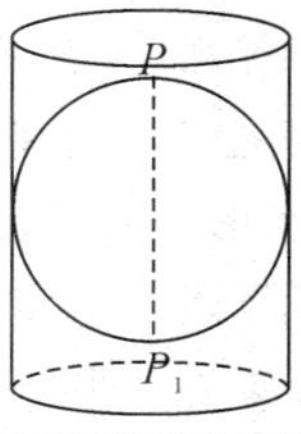	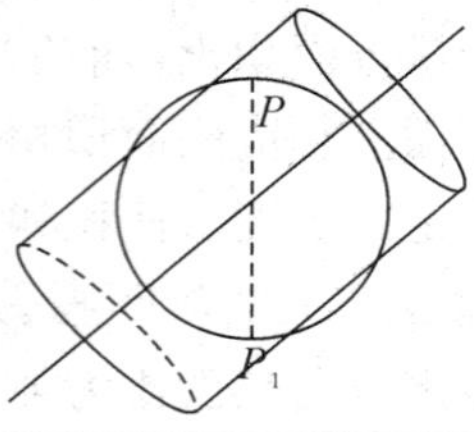	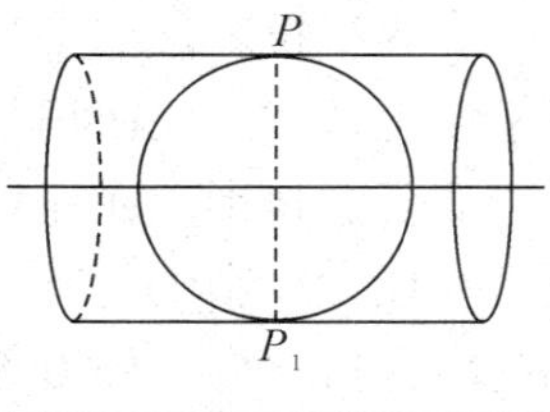
方位	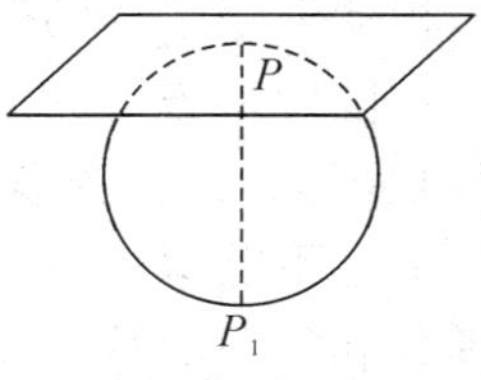	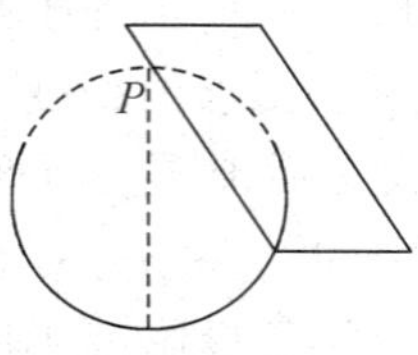	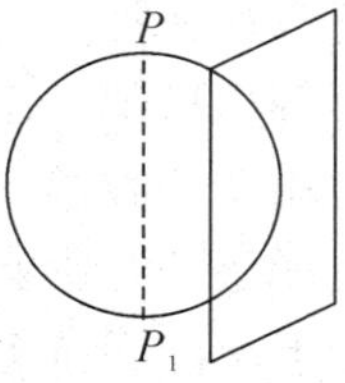

②非几何投影。不借助几何面，根据某些条件用数学解析方法确定球面与平面之间点与点的函数关系，在这类投影中，一般按经伟形状又分为伪方位投影、伪圆柱投

影、伪圆锥投影和多圆锥投影。

（3）按照投影面积与地球相割或相切分类。

①割投影。以平面、圆柱面或圆锥面作为投影面，使投影面与球面相割，将球面上的经纬线投影到平面上、圆柱面上或圆锥面上，然后将该投影面展为平面而成。

②切投影。以平面、圆柱面或圆锥面作为投影面，使投影面与球面相切，将球面上的经纬线投影到平面上、圆柱面上或圆锥面上，然后将该投影面展为平面而成。

2. 地图投影变形

（1）变形的种类。地图投影的方法很多，用不同的投影方法得到的经纬线网形式不同。用地图投影的方法将球面展为平面，虽然可以保持图形的完整和连续，但它们与球面上的经纬线网形状并不完全相似。这表明投影之后，地图上的经纬线网发生了变形，因而根据地理坐标展绘在地图上的各种地面事物，也必然随之发生变形。这种变形使地面事物的几何特性（长度、方向、面积）受到破坏。把地图上的经纬线网与地球仪上的经纬线网进行比较，可以发现变形表现在长度、面积和角度三个方面，分别用长度比、面积比的变化显示投影中长度变形和面积变形。如果长度变形或面积变形为零，则没有长度变形或没有面积变形。角度变形即某一角度投影后角值与它在地球表面上固有角值之差。

①长度变形。地图上的经纬线长度与地球仪上的经纬线长度特点并不完全相同，地图上的经纬线长度并非都是按照同一比例缩小，这表明地图上具有长度变形。在地球仪上经纬线的长度具有下列特点：第一，纬线长度不等，其中赤道最长，纬度越高，纬线越短，极地的纬线长度为零；第二，在同一条纬线上，经差相同的纬线弧长相等；第三，所有的经线长度都相等。长度变形的情况因投影而异。在同一投影上，长度变形不仅随地点而改变，在同一点上还因方向不同而不同。

②面积变形。由于地图上经纬线网格面积与地球仪经纬线网格面积的特点不同，在地图上经纬线网格面积不是按照同一比例缩小，这表明地图上具有面积变形。在地球仪上经纬线网格的面积具有下列特点：第一，在同一纬度带内，经差相同的网络面积相等。第二，在同一经度带内，纬线越高，网络面积越小。然而地图上却并非完全如此。同一纬度带内，纬差相等的网格面积相等，这些面积不是按照同一比例缩小。纬度越高，面积比例越大。同一纬度带内，经差相同的网格面积不等，这表明面积比例随经度的变化而变化。由于地图上经纬线网格面积与地球仪上经纬线网格面积的特点不同，在地图上经纬线网格面积不是按照同一比例缩小，这表明地图上具有面积变形。面积变形的情况因投影而异。在同一投影上，面积变形因地点的不同而不同。

③角度变形。角度变形是指地图上两条所夹的角度不等于球面上相应的角度，只有中央经线和各纬线相交成直角，其余的经线和纬线均不呈直角相交，而在地球仪上经线和纬线处处都呈直角相交，这表明地图上有了角度变形。角度变形的情况因投影而异。在同一投影图上，角度变形因地点而变。

地图投影的变形随地点的改变而改变，因此在一幅地图上，就很难笼统地说它有什么变形，变形有多大。

（2）变形椭圆。变形椭圆是显示变形的几何图形，实地上同样大小的经纬线在投影面上变成形状和大小都不相同的图形。实际中每种投影的变形各不相同，通过考察地球表面上一个微小的圆形（称为微分圆）在投影中的表象——变形椭圆的形状和大小，就可以反映出投影中变形的差异如图 2－1。

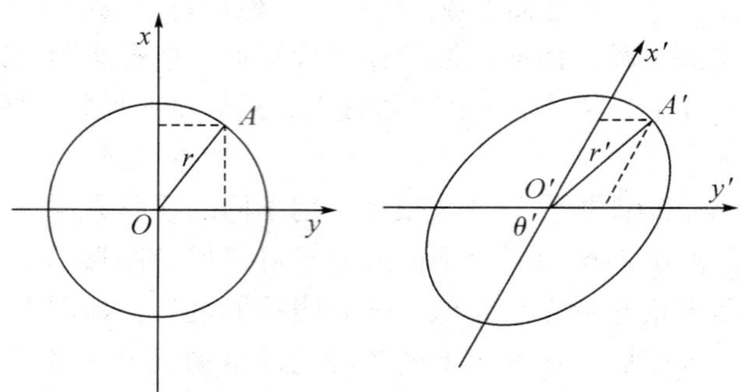

图 2－1　变形椭圆

3. 地图投影的选择

地图投影选择得是否恰当，直接影响地图的精度和使用价值。这里所讲的地图投影选择，主要指中、小比例尺地图，不包括国家基本比例尺地形图。因为国家基本比例尺地形图的投影、分幅等是由国家测绘主管部门研究制订，不容许任意改变，另外编制小区域大比例尺地图，无论采用什么投影，变形都是很小。

选择制图投影时，主要要考虑以下因素：制图区域的范围、形状和地理位置，地图的用途、出版方式及其他特殊要求等，其中制图区域的范围、形状和地理位置是主要因素。

对于世界地图，常用的投影主要是正圆柱、伪圆柱和多圆锥投影。在世界地图中常用墨卡托投影绘制世界航线图、世界交通图与世界时区图；我国出版的世界地图多采用等差分纬线多圆锥投影，选用这个投影，对于表现中国形状以及与四邻的对比关系较好，但投影的边缘地区变形较大。

对于半球地图，东、西半球图常选用横轴方位投影；南、北半球图常选用正轴方位投影；水、陆半球图一般选用斜轴方位投影。对于其他的中、小范围的投影选择，需考虑到它的轮廓形状和地理位置，最好是使等变形线与制图区域的轮廓形状基本一致，以便减少图上变形。因此，圆形地区一般适于采用方位投影，在两极附近则采用正轴方位投影，以赤道为中心的地区采用横轴方位投影，在中纬度地区采用斜轴方位投影。在东西延伸的中纬度地区，一般多采用正轴圆锥投影，如中国与美国。在赤道两侧东西延伸的地区，则宜采用正轴圆柱投影，如印度尼西亚。在南北方向延伸的地区，一般采用横轴圆柱投影和多圆锥投影，如智利与阿根廷。

4. 常用地图投影

（1）高斯—克吕格投影。由于这个投影是由德国数学家、物理学家、天文学家高斯于 19 世纪 20 年代拟定，后经德国大地测量学家克吕格于 1912 年对投影公式加以补充，故称为高斯—克吕格投影（图 2－2）。

高斯—克吕格投影的中央经线和赤道为互相垂直的直线，其他经线均为凹向并对称于中央经线的曲线，其他纬线均为以赤道为对称轴的向两极弯曲的曲线，经纬线成直角相交。在这个投影上，角度没有变形。中央经线长度比等于1，没有长度变形，其余经线长度比均大于1，长度变形为正，距中央经线愈远变形愈大，最大变形在边缘经线与赤道的交点上；面积变形也是距中央经线愈远，变形愈大。为了保证地图的精度，采用分带投影方法，即将投影范围的东西界加以限制，使其变形不超过一定的限度，这样把许多带结合起来，可成为整个区域的投影。高斯—克吕格投影的变形特征是：在同一条经线上，长度变形随纬度的降低而增大，在赤道处为最大；在同一条纬线上，长度变形随经差的增加而增大，且增大速度较快。在6°带范围内，长度最大变形不超过0.14%。

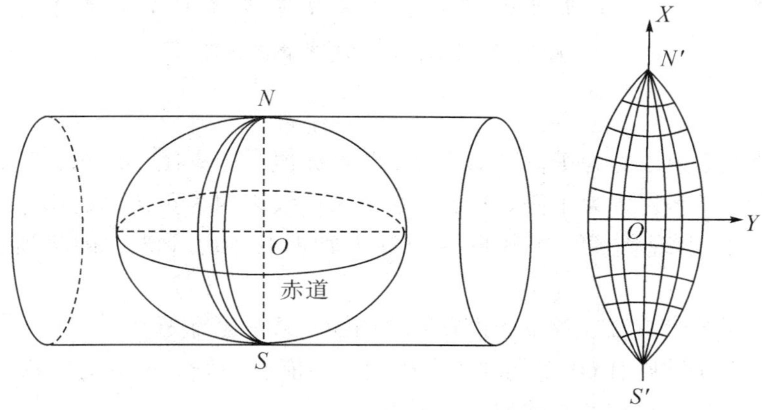

图2－2　高斯—克吕格投影示意

我国规定1∶1万、1∶2.5万、1∶5万、1∶10万、1∶25万、1∶50万比例尺地形图，均采用高斯—克吕格投影。1∶2.5万至1∶50万比例尺地形图采用经差6°分带，1∶1万比例尺地形图采用经差3°分带。

6°带是从0°子午线起，自西向东每隔经差6为一投影带，全球分为60带，各带的带号用自然序数1，2，3，…60表示。即以东经0～6为第1带，其中央经线为3E，东经6～12为第2带，其中央经线为9E。3°带是从东经1°30″的经线开始，每隔3°为一带，全球划分为120个投影带。图2－3表示6°带与3°带的中央经线与带号的关系。6°带中央经线经度的计算：

当地中央经线经度＝6°×当地带号－3°

当地带号＝当地中央经线经度/6°＋1

例如：地形图上的横坐标为20 345，其所处的六度带的中央经线经度为：6°×20－3°＝117°（适用于1∶2.5万和1∶5万地形图）。

3°带中央经线经度的计算：

中央经线经度＝3°×当地带号

当地带号＝（360°－当地中央经线经度/6°）＋1（适用于1∶1万地形图）。

在高斯—克吕格投影上，规定以中央经线为X轴，赤道为Y轴，两轴的交点为坐

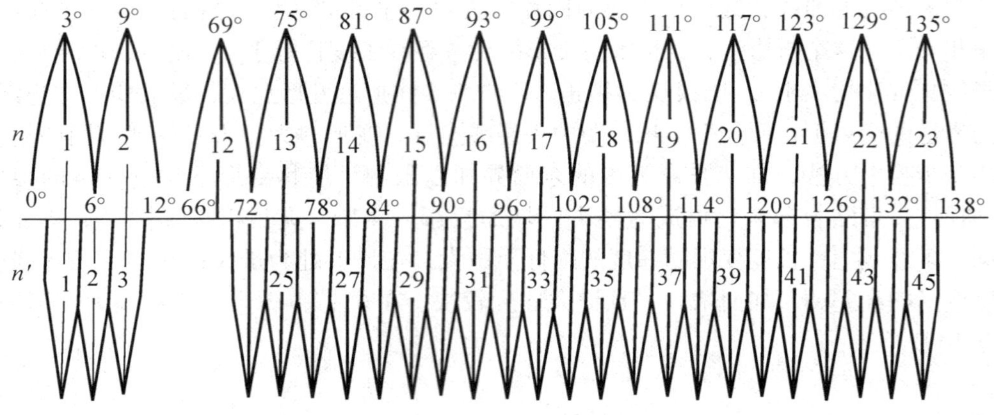

图 2-3　高斯—克吕格投影的分带

标原点。

X 坐标值在赤道以北为正，以南为负；Y 坐标值在中央经线以东为正，以西为负。我国在北半球，X 坐标皆为正值。Y 坐标在中央经线以西为负值，运用起来很不方便。为了避免 Y 坐标出现负值，将各带的坐标纵轴西移 500 千米，即将所有 Y 值都加 500 千米。

由于采用了分带方法，各带的投影完全相同，某一坐标值（x，y），在每一投影带中均有一个，在全球则有 60 个同样的坐标值，不能确切表示该点的位置。因此，在 Y 值前，需冠以带号，这样的坐标称为通用坐标。

高斯—克吕格投影各带是按相同经差划分的，只要计算出一带各点的坐标，其余各带都是适用的。这个投影的坐标值由国家测绘部门根据地形图比例尺系列，事先计算制成坐标表，供作业单位使用。

（2）墨卡托投影。墨卡托（Mercator）投影，是一种"等角正切圆柱投影"，德国制图学家墨卡托（Gerhardus Mercator 1512—1594）在 1569 年拟定。假设地球被围在一个中空的圆柱里，其标准纬线与圆柱相切接触，然后再假想地球中心有一盏灯，把球面上的图形投影到圆柱体上，再把圆柱体展开，这就是一幅选定标准纬线上的"墨卡托投影"绘制出的地图。墨卡托投影没有角度变形，由每一点向各方向的长度都相等，它的经纬线都是平行直线，且相交成直角，经线间隔相等，纬线间隔从标准纬线向两极逐渐增大。墨卡托投影的地图上长度和面积变形明显，但标准纬线无变形，从标准纬线向两极变形逐渐增大，但因为它具有各个方向均等扩大的特性，保持了方向和相互位置关系的正确。在地图上保持方向和角度的正确是墨卡托投影的优点，墨卡托投影地图常用作航海图和航空图，如果循着墨卡托投影图上两点间的直线航行，方向不变可以一直到达目的地，因此它对船舰在航行中定位、确定航向都具有有利条件，给航海者带来很大方便。"海底地形图编绘规范"（GB/T 17834 - 1999，美国海军航保部起草）中规定 1∶25 万及更小比例尺的海图采用墨卡托投影，其中基本比例尺海底地形图（1∶5 万，1∶25 万，1∶100 万）采用统一基准纬线 30°，非基本比例尺图以制图区域中纬为基准纬线。基准纬线取至整度或整分。墨卡托投影坐标系取零子午线或自定义原点经线（L0）与赤道交点的投影为原点，零子午线或自定义原点经线的投影为纵坐标 X 轴，赤道的投影为横坐标 Y 轴，构成墨卡托平面直角坐标系。

（3）横轴墨卡托投影（UTM）

UTM 投影全称为"通用横轴墨卡托投影"，是等角横轴割圆柱投影（高斯—克吕格为等角横轴切圆柱投影），圆柱割地球于南纬 80°、北纬 84°两条等高圈，该投影将地球划分为 60 个投影带，每带经差为 6°，已被许多国家作为地形图的数学基础。UTM 投影与高斯投影的主要区别在南北格网线的比例系数上，高斯—克吕格投影的中央经线投影后保持长度不变，即比例系数为 1，而 UTM 投影的比例系数为 0.9996。UTM 投影沿每一条南北格网线比例系数为常数，在东西方向则为变数，中心格网线的比例系数为 0.9996，在南北纵行最宽部分的边缘上距离中心点大约 363 千米，比例系数为 1.001 58。高斯—克吕格投影与 UTM 投影可近似采用 $Xutm = 0.9996 \times X_{高斯}$，$Yutm = 0.9996 \times Y_{高斯}$ 进行坐标转换。UTM 投影自西经 180°起每隔经差 6°自西向东分带，第 1 带的中央经度为 -177°，因此高斯—克吕格投影的第 1 带是 UTM 的第 31 带。投影的东伪偏移是 500 千米，UTM 北半球投影北伪偏移为零，南半球为10 000千米。

（4）兰伯特等角投影

一种等角圆锥投影，我国的基本比例尺地形图（1∶5000，1∶1 万，1∶2.5 万，1∶5 万，1∶10 万，1∶25 万，1∶50 万，1∶100 万）中，大于等于 50 万的均采用高斯—克吕格投影（Gauss - Kruger），又叫横轴墨卡托投影（Transverse Mercator）；小于 50 万的地形图采用正轴等角割圆锥投影，又叫兰伯特投影（Lambert Conformal Conic），我国的 GIS 系统中应该采用与我国基本比例尺地形图系列一致的地图投影系统。

我国的全国地图及分省地图和小于 1∶50 万的地图一般使用 lambert 投影，全国地图的标准纬线现在是使用 25°和 47°（之前使用过 25°，45°）。而我国 1∶100 万地图的投影是按百万分之一地图的纬度划分原则分带投影的。即从 0°开始，每隔纬差 4°为一个投影带，每个投影带单独计算坐标，建立数学基础。同一投影带内再按经差 6°分幅，各图幅的大小完全相同，故只需计算经差 6°、纬差 4°的一幅图的投影坐标即可。每幅图的直角坐标，是以图幅的中央经线作为 X 轴，中央经线与图幅南纬线的交点为原点，过原点的切线为 Y 轴，组成直角坐标系。

该投影的变形分布规律：没有角度变形；两条标准纬线上没有任何变形；由于采用了分带投影，每带纬差较小，因此我国范围内的变形几乎相等，最大长度变形不超过 ±0.03%（南北图廓和中间纬线），最大面积变形不超过 ±0.06%。

二、实训目的和任务

掌握地图投影变换的基本原理与方法。

三、 实训内容

利用 ArcView 对地图投影进行变换。

四、 实训要求

1. 熟悉 ArcView、Arc Info 中投影的应用及投影变换的方法、技术。
2. 了解地图投影及其变换在实际中的应用。

五、 实训步骤

对于地面上的任何事物，其空间位置是非常重要的信息。地理信息数据中一个重要部分就是地物的空间位置，包括空间相对位置和绝对位置。空间的相对位置用空间拓扑关系来描述，而空间绝对位置则用空间某一坐标系中的坐标来表示，即（x，y，z）或是（λ，φ，r）。我们知道，地球是一个近似于椭球的星体。在地理信息系统中，我们通常把地球看作一个旋转椭球体，而研究球面或椭球面上的空间位置往往比较复杂，于是我们采用一定的数学法则将地球表面的事物的空间位置表示到平面上，这就是所谓的投影。

实际上，投影这门学科原本是地图学的一个重要的分支。对地理信息系统来讲，它也是地理信息系统的数学基础之一。常用的投影有方位、圆锥、圆柱、高斯—克吕格投影等。下面以 ArcView 为例，讲述投影在实际工作中的应用（以下内容适用于 ArcView3.0 及以上版本）。

（1）运行 ArcView，打开一个视图（view），并向视图中添加数据。（数据可以从 ArcView 的安装目录如 d：\ Esri \ esridata 中找到，比如我们打开一幅美国地图见图 2 -4）。

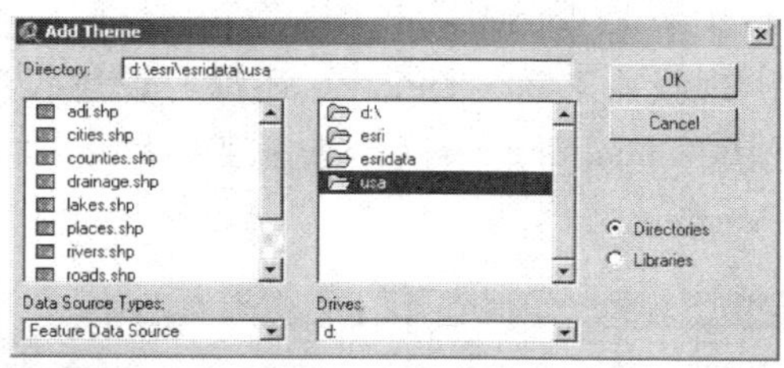

图 2 - 4　运行 ArcView 界面图

（2）从 View 菜单选择 Properties 菜单项（见图 2 - 5）。

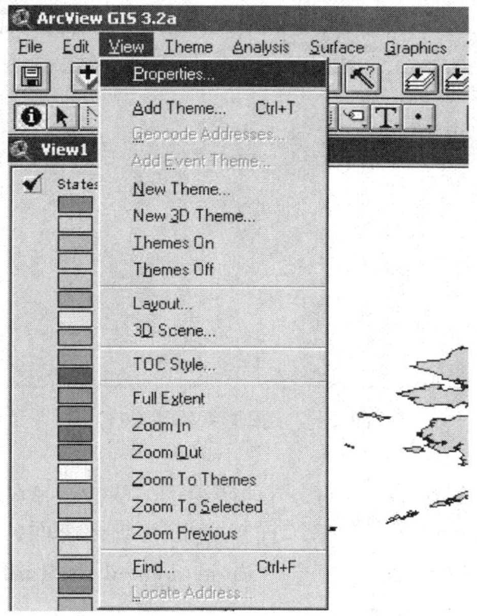

图 2 - 5　Properties 菜单项

(3) 在出现的对话框中看是否已经为视图指定了投影(图 2-6 中方框标记的地方,如果有投影,则会出现投影名称,图 2-6 还没有设置投影)。如没有设置投影,注意要将 MapUnits 设置为 decimal degrees(十进制度小数)。如已设置投影,就不要将 MapUnits 设置为 decimal degrees。

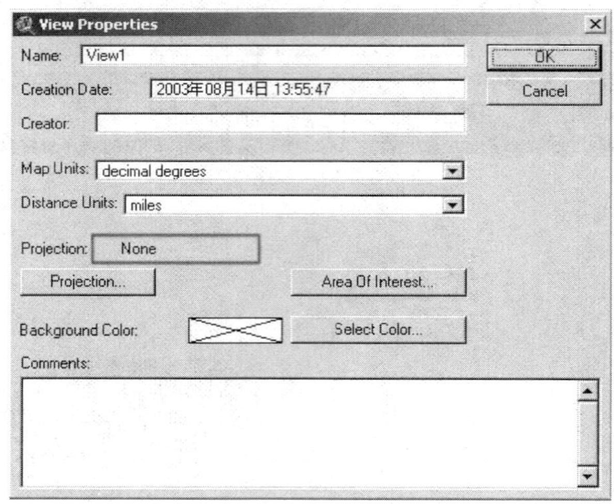

图 2-6　View 属性菜单

单击图 2-6 中的 Projection 按钮,将出现如图 2-7 的对话框。

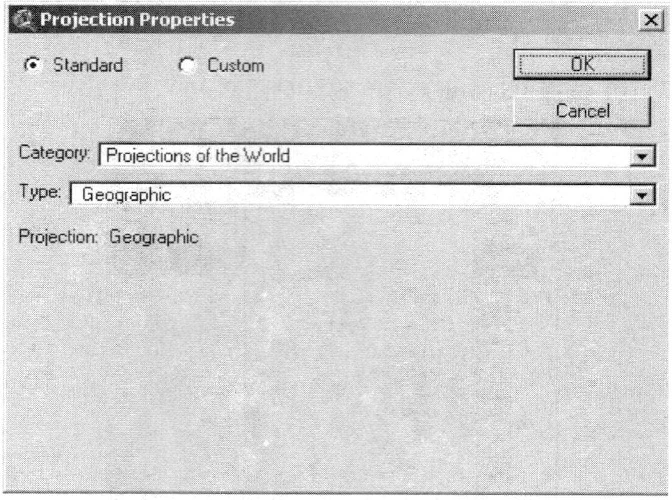

图 2-7　投影编辑菜单①

图 2-7 中上部有两个单选按钮,默认选择是 Standard。这是 ArcView 预设的一些标准投影。可以在 Categeory 下拉框中选择投影区域或投影面,在 Type 下拉框中选择相应的投影类型。例如:在 Categeoy 中选择 Projections of the Unites States(美国区域的投影),而在 Type 中选择 Lambert Conformal Conic(North America),(适于北美地区的兰

伯特等角圆锥投影）如图 2 -8，就可以得到图 2 -9 的结果。

Projection Properties

Standard　　Custom　　OK　　Cancel

Category: Projections of the United States

Type: Lambert Conformal Conic (North America)

Projection: Lambert Conformal Conic

Spheroid: Clarke 1866

Central Meridian: -96

Reference Latitude: 40

Standard Parallel 1: 20

Standard Parallel 2: 60

False Easting: 0

False Northing: 0

图 2 -8　投影编辑菜单②

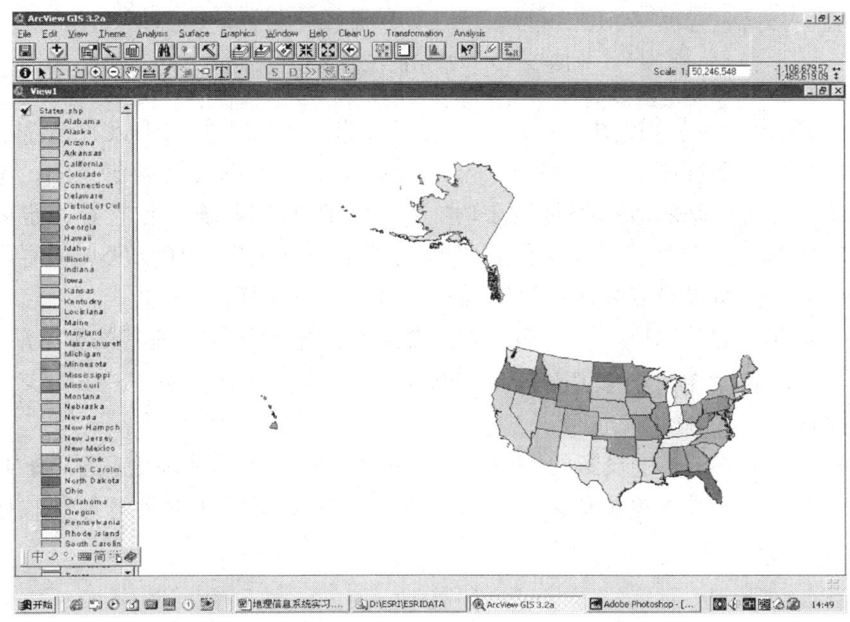

图 2 -9　投影添加完毕

我们也可以选择自定义投影参数，这时我们要选择 Custom 单选按钮，对话框就变成图 2 -10 所示。此时我们就可以在 Projection 下拉框中指定投影类型，在 Spheroid 下拉框中指定椭球，并根据所选的投影修改投影参数。需要指出的是，这样的自定义投影只是在 ArcView 提供的投影类型中修改相应的参数，而不是定义新的投影方式。尽管 ArcView 提供了许多投影方式和椭球，但并不是所有的投影类型和椭球都有，像我国常用的高斯—克吕格投影及西安 80 坐标系所使用的 IAG-75 椭球就没有。

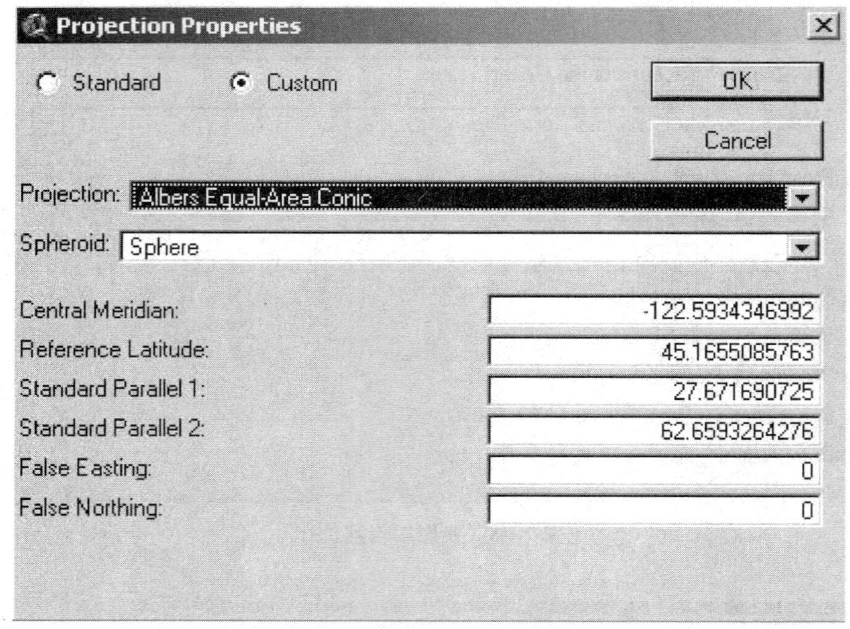

图 2-10　常用的投影选项

（4）上述做法只是为视图（View）指定了投影，而数据并没有发生改变。也就是说数据是在被添加到视图时才被投影，显示在屏幕上，当你关掉当前视图，重新建立一个新视图，并将原来的数据添加进来时，你会发现它们并没有被投影，也就是说刚才的操作对数据并没有影响。如果你要将数据真正进行投影变换，就必须将数据重新存储，使新数据保留投影变换后的投影信息。这时可以这样做：

①选中要存储的数据层（单击窗口左边数据目录中的该层，使其处于激活状态）；

②单击 Theme 菜单，选取 Convert to ShapeFile（图 2-11，图 2-12）菜单项，将数据重新保存。

以上就是在 ArcView 中投影的简单应用。对于各种不同的地理信息系统软件，上述的过程略有差异，但基本上相同。对于投影而言，最重要的并不是对各种软件的熟练掌握，而是如何在实际应用中将投影的原理加以灵活应用。

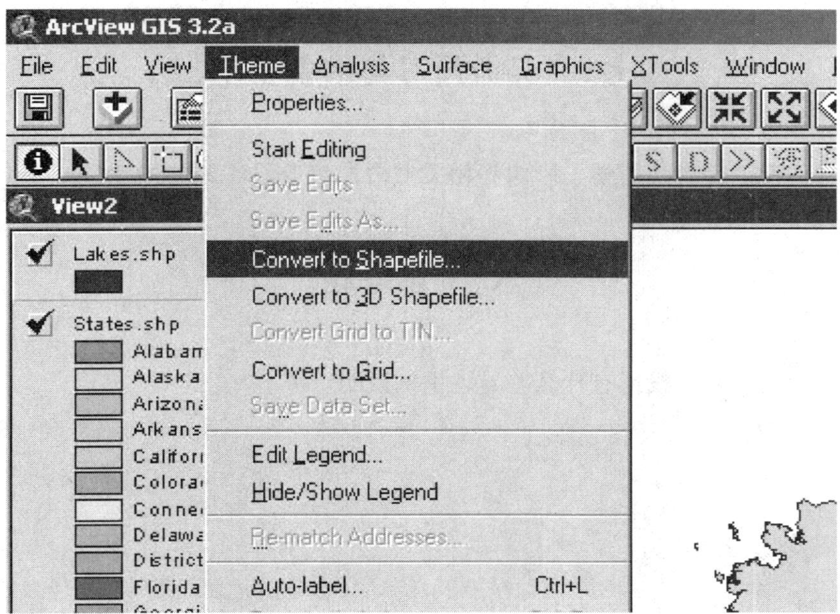

图 2－11　数据存储

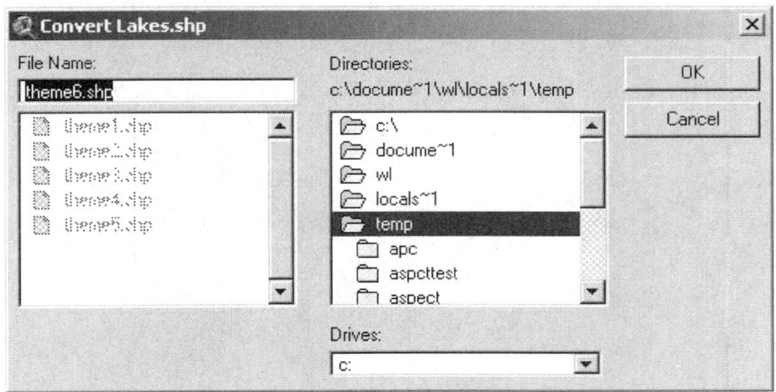

图 2－12　数据命名

六、 注意事项

不同地图投影的选择，会直接影响空间分析结果。

七、 实训预习与准备要求

请同学们课前参考地图学、影像等相关书籍，初步了解 3S 技术和 ArcView 软件。

八、 思考题

地图投影与平常的投影有什么差异，举例说明。

实训项目三 空间要素的输入和编辑

一、 背景知识

空间数据是GIS的核心，也有人称它是GIS的血液。因为GIS的操作对象是空间数据，因此设计和使用GIS的第一步工作就是根据系统的功能，获取所需要的空间数据，并创建空间数据库。

(一) 空间数据的基本概念

空间数据是指用来表示空间实体的位置、形状、大小及其分布特征等诸多方面信息的数据，它可以用来描述来自现实世界的目标，它具有定位、定性、时间和空间关系等特性。空间数据是一种用点、线、面以及实体等基本空间数据结构来表示人们赖以生存的自然世界的数据。

(二) 空间数据的基本特征

要完整地描述空间实体或现象的状态，一般需要同时有空间数据和属性数据。如果要描述空间、实体或现象的变化，则还需记录空间实体或现象在某一个时间的状态如图3-1。所以，一般认为空间数据具有三个基本特征：

(1) 空间特征（定位数据）。表示现象的空间位置或现在所处的地理位置。空间特征又称为几何特征或定位特征，一般以坐标数据表示，例如笛卡尔坐标等。

(2) 属性特征（非定位数据）。指地理现象和过程所具有的专属性质，通常包括名称、数量、质量、性质等，成为属性数据。

(3) 时间特征（时间尺度）。指一定区域内的地理现象和过程随着时间的变化情况，成为时态数据。

(三) 空间数据的分类

1. 按数据来源分类

(1) 地图数据：地图数据来源于各种类型的普通地图和专题地图。

(2) 影像数据：影像数据主要来源于卫星遥感和航空遥感，是GIS最有效数据源之一。

(3) 文本数据：文本数据主要来源各类调查报告、实测数据、文献资料、解译信息等。

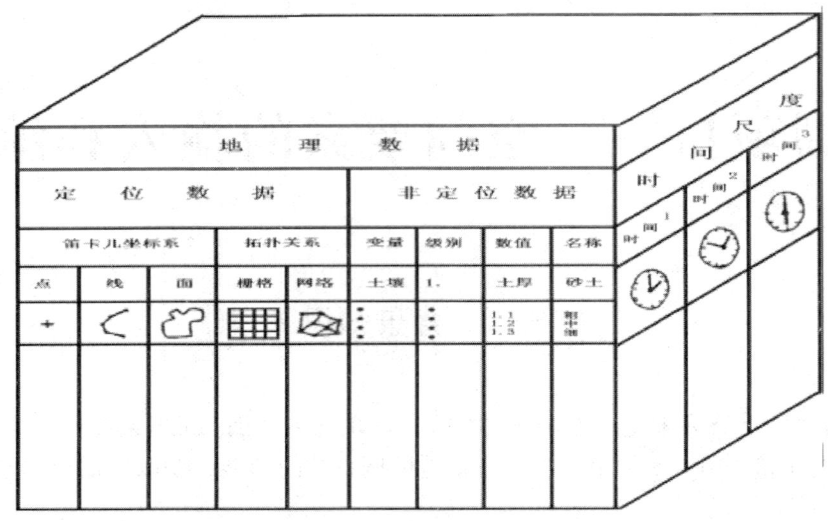

图 3－1　空间数据的基本特征

2. 按数据结构分类

（1）矢量数据：矢量数据是用欧式空间的点、线、面等几何元素来表达空间实体的几何特征的数据。

（2）栅格数据：栅格数据是将空间分割成有规则的网格，在各个网络上给出相应的属性值来表示空间实体的一种数据组织形式。

3. 按数据特征分类

（1）空间定位数据：空间定位数据是表达空间实体在地球上位置的坐标数据。

（2）非空间定位数据：非空间定位数据是有关空间实体自身的名称、种类、质量、数量等特征的数据。

4. 按数据发布形式分类

（1）数字线（DLG）画图数据：DLG 数据是现有地形图要素的矢量数据，保存各要素间的空间关系和相关的属性关系，全面的描述地表目标。

（2）数字栅格图（DRG）数据：DRG 数据是现有纸质地图经计算及处理后得到的栅格数据文件。

（3）数字高程模型（DEM）数据：DEM 数据是以数字形式表达的地形起伏数据。

（4）数字正射影像（DOM）数据：DOM 数据是对遥感数字影像，经逐像元进行投影差改正、镶嵌，按国家基本比例尺地形图图幅范围剪裁生成的数字正射影像数据。

（四）空间数据模型

空间数据模型是对现实世界中的空间实体及其相互联系的一种描述，它为空间数据的组织和空间数据库的设计提供了基本思想和方法。在地理信息系统中，主要有矢量数据模型、栅格数据模型及不规则三角网模型等几种基本的数据模型。

1. 矢量数据模型

矢量数据模型（如图3－2）是一种通过记录空间“坐标对”的方式，以点、线、面等形式来描述空间目标对象位置，以标示符表达对象属性的一种属性模型。例如，用点来表达一个城市、用线来表达一条公路、用面来表达一个湖泊，这些点、线、面的属性通过标识符来记录和连接。矢量数据模型能够直观的表达地理空间，也能精确地表示地理实体的空间位置及其属性，还能够方便地进行比例尺变换、投影变化以及图形的输入和输出。

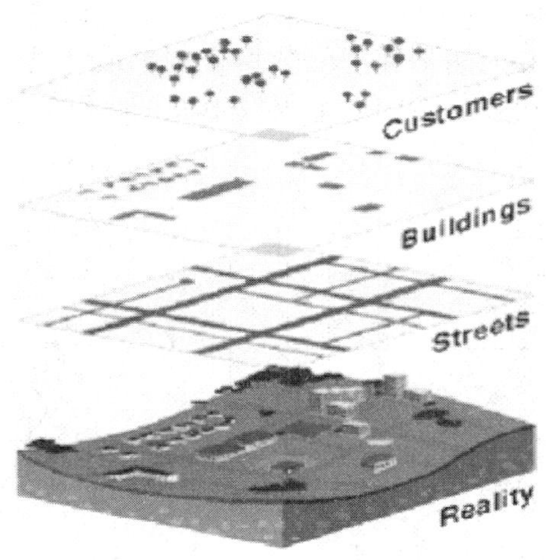

图3－2　空间数据集合

矢量数据模型将现象看作原型实体的集合，且组成空间实体。在二维模型内，原型实体是点、线和面；而在三维中，原型也包括表面和体。观察的尺度或者概括的程度，决定了使用的原型的种类。在一个小比例尺表现中，诸如城镇这一现象可以由个别的点组成，而路和河流由线来表示。当表现的比例尺增大时，必然要考虑到现象的尺度；在一个中等比例尺上，一个城镇可以由特定的原型，如线，来表示用以记录其边界。在较大的比例尺中，城镇将被表现为特定的原型的复杂的集合，包括建筑物的边界、道路、公园以及所包含的其他的自然与管理现象。

矢量模型的表达源于原型空间实体本身，通常以坐标来定义。一个点的位置可以由二维或者三维中的坐标的单一集合来描述。一条线通常由有序的两个或者多个坐标对集合来表示。特定坐标之间线的路径可以是一个线性函数或者一个较高次的数学函数，而线本身可以由中间点的集合来确定。一个面通常由一个边界来定义，而边界是由形成一个封闭的环状的一条或多条线所组成。如果区域有个洞在其中，那么可以采用多个环来描述它。

矢量数据模型定位可根据坐标直接存储，而属性则一般隐含于文件夹或者数据结构中的某些特定的位置上。这种特点使其图形运算的算法总体上比栅格数据结构复杂得多，有时甚至难以执行。在矢量数据模型中，用点、线、面、体来描述控件对象，易于被人理解和接受，因而形象直观。并且矢量数据模型特别适合模拟离散的空间数据。由于矢量数据模型模拟空间对象时通过记录坐标对表达其空间位置，因此其表达数据的精度较高。

2. 栅格数据模型

栅格数据模型是一种用规则排列的像元阵列来描述空间目标对象的数据模型。它是将连续空间离散化，即用二维铺盖或划分覆盖整个连续空间；铺盖可以分为规则的和不规则的，后者可当做拓扑多边形处理，如社会经济分区、城市街区；铺盖的特征参数有尺寸、形状、方位和间距。对同一现象，也可能有若干不同尺度、不同聚分性（Aggregation or Subdivisions）的铺盖。在边数从 3 到 N 的规则铺盖（Regular Tessellations）中，方格、三角形和六角形在空间数据处理中最常用。三角形是最基本的不可再分的单元，根据角度和边长的不同，可以取不同的形状，方格、三角形和六角形完整地铺满一个平面（如图 3－3）。

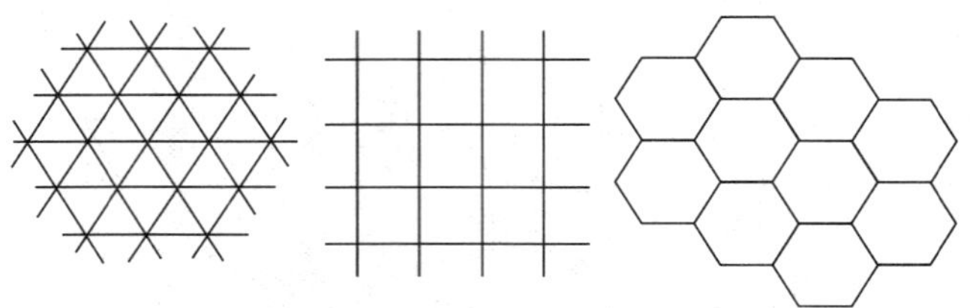

图 3－3　三角形、方格和六角形划分

基于栅格的空间模型把空间看作像元（Pixel）的划分（Tessellation），每个像元都与分类或者标识所包含的现象的一个记录有关。像元与"栅格"都是来自图像处理的内容，其中单个的图像可以通过扫描每个栅格产生。GIS 中栅格数据经常是来自人工和卫星遥感扫描设备中，以及用于数字化文件的设备中。采用栅格模型的信息系统，通常应用了前面所述的分层的方法。在每个图层中栅格像元记录了特殊的现象的存在。每个像元的值表明了在已知类中现象的分类情况（图 3－4）。

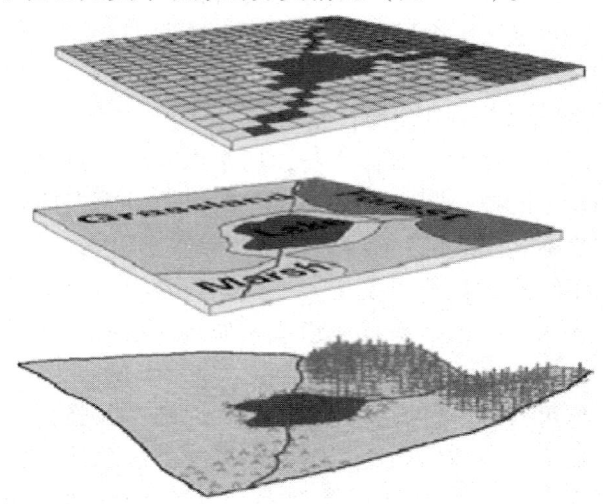

图 3－4　栅格数据模型

由于像元具有固定的尺寸和位置，所以栅格趋向于表现在一个“栅格块”中的自然及人工现象。因此分类的界限被迫采用沿着栅格像元的边界线。一个栅格图层中每个像元通常被分为一个单一的类型。这可能造成对现象分布的误解，其程度则取决于所研究的相关像元的大小。如果像元针对特征而言非常小，栅格可以是一个表现自然现象的边界随机分布的特别有效的方式，该现象趋于逐渐地彼此结合，而不是简单地划分。如果每个像元限定为一个类，栅格模型就不能充分地表现一些自然现象的转换属性。除非抽样被降低到一个微观的水平，否则许多数据类事实上都是混合类。模糊的特征通过混合像元，在一个栅格内可以被有效地表达，其中组成分类通过像元所有组成度量的或者预测的百分比来表示。尽管如此，也应该强调一个栅格的像元仅仅被赋予一个单一的值。

为了 GIS 数据处理，栅格模型的一个重要的特征就是每个栅格中的像元的位置被预先确定，所以很容易进行重叠运算以比较不同图层中所存储的特征。由于像元位置预先确定，且相同，在一个具体应用的不同图层中，每个属性可以从逻辑上或者从算法上与其他图层中像元的属性相结合，以产生相应重叠中一个的属性值。其不同于基于图层的矢量模型之处，在于图层中的面单元彼此独立，直接地比较图层必须作进一步处理以识别重叠的属性。

体元（Vowels）：GIS 中基于的栅格表示可以被扩展到三维以产生一个体元（Vowel）模型，其中像元是由长方形，典型是立方体、立体元素所组成。地理数据的一些类型，并不总是由边界表示，因为数据值可能与一个属性相关，而该属性随着位置的变化而变化，而且并不是清楚地理解边界。这类模型的数据的一个比较合适的模型就是体元模型。该模型被广泛地应用于媒体成像，其中它们源于计算机辅助断层（CT）及核磁反应扫描仪。它们很好地表现渐进的、特殊的位置变化，并适于产生这种变化的剖面图。

栅格数据模型直接记录控件对象的属性本身，而所在位置则根据像元的行列号转换为坐标得到。而且像元的大小直接影响空间数据表达的精度以及数据的处理时间和存储空间。其中像元大小对精度的影响主要表现为位置的移动、形状的畸变以及属性的偏差。

3. 不规则三角网模型

不规则三角网（triangular irregular network，TIN）模型，是由不规则空间取样点和断线要素得到的一个对表面的近似表示，包括点和与其相邻的三角形之间的拓扑关系。TIN 采用一系列相连接的三角形拟合地表或其他不规则表面，常用来构造 DTM，特别是 DEM。

在 TIN 模型中，采样点的位置控制着三角形的顶点，这些三角形尽可能的接近等边三角形。TIN 的一个优点是其三角形大小随点的密度变化而变化，当数据点密集时生成的三角形小，对不规则表面的拟合精度高。

TIN 地形模型在表达三维地形时具有以下优点：①当地形包含有大量特征线，如断裂线、构造线等时，TIN 模型能很好地顾及这些特征，从而能更精确合理地表达地表形态；②区域为任意形状，适合表达非矩形的区域，也适合表示不同属性的区域，如海陆交界处、湖泊等；③在某一特定分辨率下能用更少的空间更精确地表示各种复杂的表面；因此，常用 TIN 表达地形模型，Delaunay 三角网在地形表达方面表现最为出色。

TIN 的数据存储方式比格网（DEM）复杂，它不仅要存储每个点的高程，还要存储其平面坐标、结点连接的拓扑关系，三角形及邻接三角形等关系。TIN 模型在概念上类似于多边形网络的矢量拓扑结构，只是 TIN 模型不需要定义"岛"和"洞"的拓扑关系。

有许多种表达 TIN 拓扑结构的存储方式，一个简单的记录方式是：对于每一个三角形、边和结点都对应一个记录，三角形的记录包括三个指向它三个边的记录的指针；边的记录有四个指针字段，包括两个指向相邻三角形记录的指针和它的两个顶点的记录的指针；也可以直接对每个三角形记录其顶点和相邻三角形。每个节点包括三个坐标值的字段，分别存储 X，X，Z 坐标值。这种拓扑网络结构的特点是对于给定一个三角形查询其三个顶点高程和相邻三角形所用的时间是定长的，在沿直线计算地形剖面线时具有较高的效率。当然可以在此结构的基础上增加其他变化，以提高某些特殊运算的效率，例如在顶点的记录里增加指向其关联的边的指针。

（五）栅格数据模型与矢量数据模型的比较

栅格数据用一个规则格网来描述与每一个格网单元位置相对应的空间现象特征的位置和取值。在概念上，空间现象的变化由格网单元值的变化来反映。地理信息系统中许多数据都用栅格格式来表示。栅格数据在许多方面是矢量数据的补充，将两种数据相结合是 GIS 项目的一个普遍特征。栅格数据模型在 GIS 中也被称为格网（Grid）、栅格地图、表面覆盖（Surface Cover）或影像。格网由行、列、格网单元组成。行、列由格网左上角起始。在二维坐标系统中，行作为 y 坐标、列作为 x 坐标。在这点上与纬度作为 y 坐标、经度作为 x 坐标有点类似。栅格数据用单个格网单元代表点、用一系列相邻格网单元代表线、邻接格网的集合代表面。格网中的每一个格网单元有一个值，整型或浮点型。整型格网单元值通常代表类别数据。比如，土地类型常用 1 代表城市用地、2 代表林地等。浮点型格网单元值常表示连续数据，比如，降水量模型可能有 20、15、12、23 等降水量值。浮点型格网比整型格网需要更多的计算机存储资源，这是涉及大范围的 GIS 项目必须考虑的一个重要因素。而且，浮点型网络的数据查询与显示应该基于 12.0 ~ 19.0 这样的值域，而非单个值。由于栅格数据模型的分辨率受其格网单元大小的影响，因此在表示空间要素的精确位置上存在缺点。在算法上，格网可视为行与列的矩阵，其单元值为二维数组，对数据进行操作、集合和分析较矢量数据容易。

矢量数据模型是利用边界或表面来表达空间目标对象的面或体要素，通过记录目标的边界，同时采用标识符（Idetifier）表达它的属性来描述空间对象实体。矢量数据模型能够方便地进行比例尺变换、投影变换以及图形的输入和输出。矢量模型处理的空间图形实体是点（point）、线（line）、面（erea）。矢量数据模型的基本类型起源于"Spaghetti"模型。在 Spaghetti 模型中，点用空间坐标对表示，线由一串坐标对表示，面是由线形成的闭合多边形。CDA 等绘图系统大多采用 Spaghetti 模型。它可以通过对结点、弧、多边形拓扑关系的描述，相邻弧段的公用结点，相邻多边形的公用弧段在计算机中只需记录一次，它是空间图形实体的拓扑关系，如拓扑邻接、拓扑关联、拓扑包含不会随着诸如移动、缩放、旋转等变换而变化。它一般情况下，通过矢量数据模型所表达的空间图形实体数据文件占用的存储空间比栅格模型小，它能够精确地表达图形目标，精确地计算空间目标的参数（如周长、面积）。

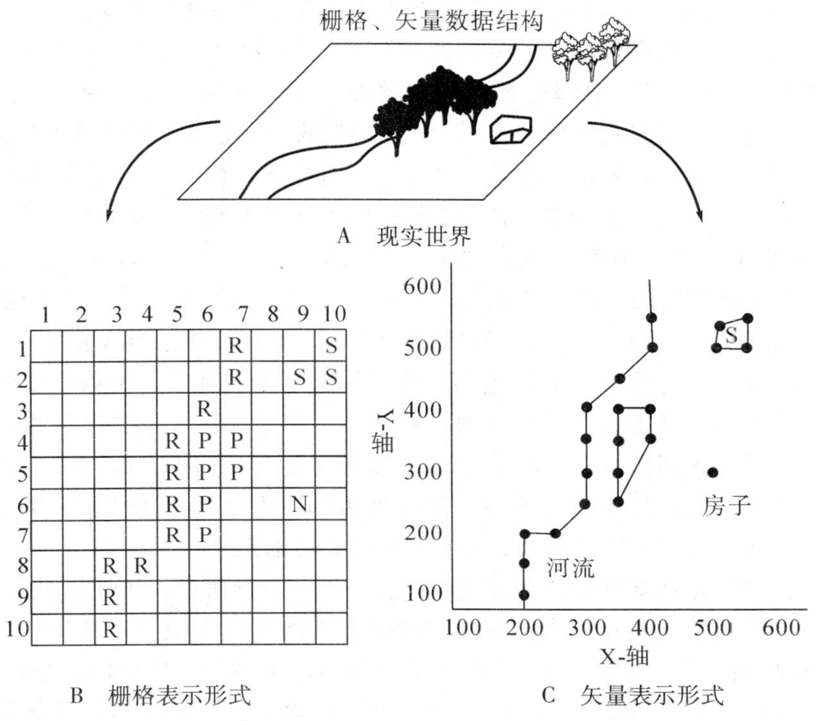

图 3－5

表 3－1　　　　栅格数据模型与矢量数据模型的比较

比较项目	矢量数据模型	栅格数据模型
数据结构	严密	简单
数据量	小	大
图形精度	高	低
图形运算	复杂	简单
与遥感影像格式匹配性	不一致	一致
输出表示	抽象、昂贵	直观、便宜
数据共享	不易实现	容易实现
拓扑与网络分析	容易实现	不易实现
叠加与组合	不容易	容易
技术	复杂、高费用	简单、低费用
数字模拟	不方便	方便
投影变换	快	慢

（六）空间数据的拓扑关系

1. 拓扑的基本概念

拓扑学的英文名是 Topology，直译是地质学，也就是和研究地形、地貌相类似的有关学科。我国早期曾经翻译成“形式几何学”、“连续几何学”、“一对一的连续变换群下的几何学”，但是，这几种译名都不大好理解，1956 年统一的《数学名词》把它确定为拓扑学，这是按音译过来的。拓扑学是几何学的一个分支，但是这种几何学又和通常的平面几何、立体几何不同。拓扑一词来自于希腊文，意思是“形状的研究”。拓扑学是几何学的一个分支，它研究在拓扑变换下能够保持不变的几何属性——拓扑属性。

拓扑数据结构包括 DIME（对偶独立地图编码法）、POLYVRT（多边形转换器）、TICER（地理编码和参照系统的拓扑集成）等。它们共同的特点是：点是相互独立的，点连成线，线构成面。每条线始于起始结点（FN），止于终止结点（TN），并与左右多边形（LP 和 RP）相邻接。构成多边形的线又称为链段或弧段，两条以上的弧段相交的点称为结点，由一条弧段组成的多边形称为岛，多边形图中不含岛的多边形称为简单多边形，表示单连通区域；含岛区的多边形称为复合多边形，表示复连通区域。在复连通区域中，包括外边界和内边界，岛区多边形看作是复连通区域的内边界，复连通区域的内边界多边形对应的区域含有平面上的无穷远点。

一幅地图要传输地理要素的有关区域信息，包括位置信息、属性信息和空间信息。表示要素之间的邻接关系和包含关系，在地图上借助图形来识别和解释，在计算机中按拓扑结构加以定义。拓扑结构是明确定义空间结构关系的一种数学方法；在 GIS 中，用于空间数据的组织、分析和应用中，为了真实反映地物，不仅包括实体的大小、形状及属性，而且要反映出实体之间的相互关系。例如：自然与行政的分区，各种空间类型的分布及交通网等，都存在结点、弧段和多边形之间的拓扑关系。

在这种数据结构中，弧段或链段是数据组织的基本对象。弧段文件由弧段记录组成，每个弧段记录包括弧段标识码、FN、TN、LP 和 RP。结点文件由结点记录组成，包括每个结点的结点号、结点坐标及与该结点连接的弧段标识码等。多边形文件由多边形记录组成，包括多边形标识码、组成该多边形的弧段标识码以及相关属性等。

2. 空间数据的拓扑关系

空间数据拓扑关系的表示方法主要有下述几种：

（1）拓扑关联性。表示空间图形中不同类元素之间的拓扑关系，如结点、弧段及多边形之间的拓扑关系。如图 3－6 所示的图形，具有多边形和弧段之间的关联性：$P_1/a_1, a_5, a_6$；$P_2/a_2, a_4, a_5$ 等；也有弧段和结点之间的关联性：$N_1/a_1, a_3, a_6$；$N_2/a_1, a_5, a_2$ 等。即从图形的关联性出发，图 3－6 可用表 3－2 所示的关联表来表示。用关联表来表示图的优点是每条弧段所包含的坐标点只需存储一次，如果不考虑它们之间的关联性而以每个多边形的全部封闭弧段的坐标点来存储数据，不仅数据量大，还无法反应空间关系。

（2）拓扑邻接性。拓扑邻接性表示图形中同类元素之间的拓扑关系，如多边形之间的邻接性、弧段之间的邻接性以及结点之间的邻接性（连通性）。由于弧段的走向是有方向的，因此，通常用弧段的左右多边形来表示并求出多边形的邻接性。

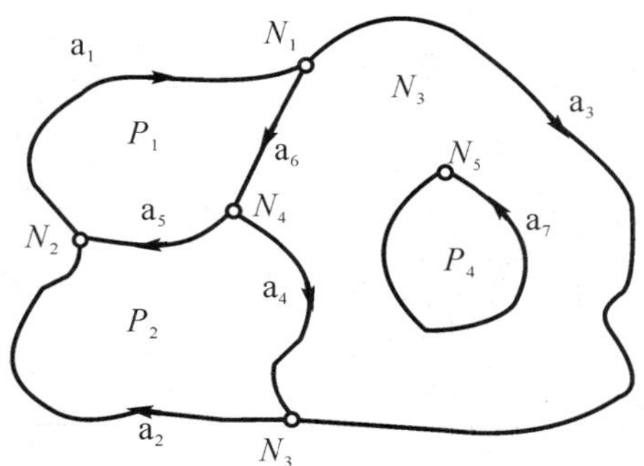

图 3－6　拓扑图形示例

同理，从图 3－6 可以得到如下表所示的弧段和结点之间的关系表（见表 3－3、表 3－4）。由于同一弧段上两个结点必相通，同一结点上的各弧段必相邻，所以分别得弧段之间邻接矩阵和结点之间连通性矩阵如下所示。

表 3－2　　弧段和结点之间的关系表

弧段	起点	终点
a_1	N_2	N_1
a_2	N_3	N_2
a_3	N_1	N_3
a_4	N_4	N_3
a_5	N_4	N_2
a_6	N_1	N_4
a_7	N_5	N_5

（a）

结点	弧段
N_1	a_1，a_3，a_6
N_2	a_1，a_2，a_5
N_3	a_2，a_3，a_4
N_4	a_4，a_5，a_6
N_5	a_7

（b）

表 3－3　　弧段之间的邻接性

弧段	a_1	a_2	a_3	a_4	a_5	a_6	a_7
a_1	–	1	1	0	1	1	0
a_2	1	–	1	1	1	0	0
a_3	1	1	–	1	0	1	0
a_4	0	1	1	–	1	1	0
a_5	1	1	0	1	–	1	0
a_6	1	0	1	1	1	–	0
a_7	0	0	0	0	0	0	–

表 3-4　　结点之间的连通性

结点	N_1	N_2	N_3	N_4	N_5
N_1	-	1	1	1	0
N_2	1	-	1	1	0
N_3	1	1	-	1	0
N_4	1	1	1	—	0
N_5	0	0	0	0	-

（3）拓扑包含性。拓扑包含性是表示空间图形中，面状实体所包含的其他面状实体或线状、点状实体的关系。面状实体中包含面状实体的情况又分三种，即简单包含、多层包含和等价包含。如图 3-7 所示。

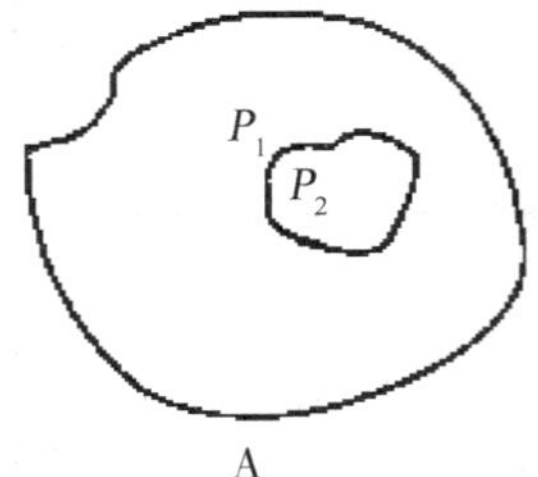

A

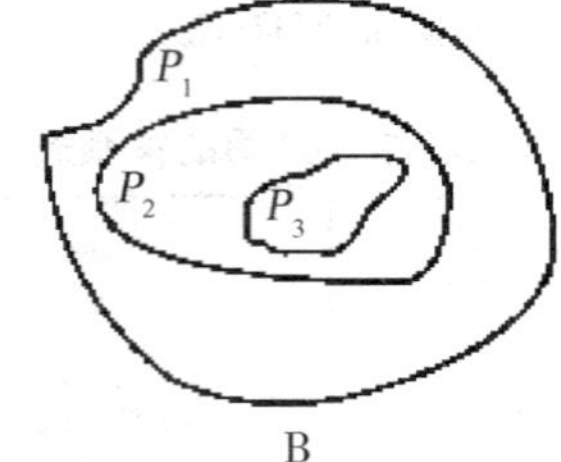

B

C

图 3-7　面状实体之间的包含关系

图 A 中多边形 P_1 包含多边形 P_2；图 B 中多边形 P_3 包含在多边形 P_2 中，而多边形 P_2、P_3 又包含在多边形 P_1 中；图 C 中多边形 P_2、P_3 都包含在多边形 P_1 中，多边形 P_2、P_3 对 P_1 而言是等价包含。

3. 拓扑关系的意义

空间数据的拓扑关系，对地理信息系统的数据处理和空间分析，具有重要的意义。因为：

（1）根据拓扑关系，不需要利用坐标或距离，可以确定一种地理实体相对于另一种地理实体的空间位置关系。因为拓扑数据已经清楚地反映出地理实体之间的逻辑结构关系，而且这种拓扑数据较之几何数据有更大的稳定性，即它不随地图投影而变化。

（2）利用拓扑数据有利于空间要素的查询。例如应答某区域与哪些区域邻接；某条河流能为哪些政区的居民提供水源；与某一湖泊邻接的土地利用类型有哪些；特别是野生生物学家希望确定一块与湖泊相邻的土地覆盖区，用于对生物栖息环境作出评价等，都需要利用拓扑数据。

（3）可以利用拓扑数据作为工具，重建地理实体。例如建立封闭多边形，实现道路的选取，进行最佳路径的计算，等等。

（七）空间数据基本操作

1. 数据采集、监测与编辑

主要用于获取数据，保证地理信息系统数据库中的数据在内容与空间上的完整性、数值逻辑一致性与正确性等。一般而论，地理信息系统数据库的建设占整个系统建设投资的70%或更多，并且这种比例在近期内不会有明显的改变，因此，信息共享与自动化数据输入成为地理信息系统研究的重要内容。目前可用于地理信息系统数据采集的方法与技术很多，有些仅用于地理信息系统，如手扶跟踪数字化仪；自动化扫描输入与遥感数据集成最为人们所关注，扫描技术的应用与改进，实现扫描数据的自动化编辑与处理仍是地理信息系统数据获取研究的主要技术关键。

2. 空间数据处理

空间数据处理是指对数据本身的操作，不涉及数据内容的分析。由于空间数据源的复杂性，加上面临问题的多样性，使 GIS 中数据源种类繁多、表达方式各不相同，很容易使形成的数据投影不一致、比例尺不同、格式不一致、分类标准不一、精度不同，导致数据难以使用。为使数据规范化，也为净化数据，必须进行空间数据处理。

（1）图形坐标变换。在地图录入完毕后，经常需要进行投影变换，得到经纬度参照系下的地图。对各种投影进行坐标变换的原因主要是输入时地图是一种投影，而输出的地图产物是另外一种投影。进行投影变换有两种方式，一种是利用多项式拟合，类似于图像几何纠正；另一种是直接应用投影变换公式进行变换。

（2）图形拼接。在对底图进行数字化以后，由于图幅比较大或者使用小型数字化仪时，难以将研究区域的底图以整幅的形式来完成，这是需要将整个图幅划分成几部分分别输入。在所有部分都输入完毕并进行拼接时，常常会有边界不一致的情况，需要进行边缘匹配处理。边缘匹配处理，类似于下面提及的悬挂节点处理，可以由计算机自动完成，或者辅助以手工半自动完成。

除了图幅尺寸的原因，在 GIS 实际应用中，由于经常要输入标准分幅的地形图，也需要在输入后进行拼接处理，这时，一般需要先进行投影变换，通常的做法是从地形图使用的高斯—克吕格投影转换到经纬度坐标系中，然后再进行拼接。

（3）拓扑生成。在图形数字化（无论是手扶跟踪数字化还是扫描矢量化）完成后，对于大多数地图需要建立拓扑，以正确判别地物之间的拓扑关系。在 GIS 数据管理中，拓扑关系可以定义以下内容：

区域：如果多边形数据 DIME 数据模型，每个多边形可以用一组封闭的线来表示，而不需要记录封闭线上的所有点，避免两次记录相邻多边形的公共边界，这样减少了数据冗余。

邻接性：另一种可以用拓扑描述的属性是多边形之间的相互邻接性。

连通性：连通性是指对弧段连接的判别，连通性的建立和表现是网络分析的基础。

3. 数据存储与组织

这是建立地理信息系统数据库的关键步骤，涉及空间数据和属性数据的组织。栅格模型、矢量模型或栅格/矢量混合模型是常用的空间数据组织方法。空间数据结构的选择在一定程度上决定了系统所能执行的数据与分析的功能；在地理数据组织与管理中，最为关键的是如何将空间数据与属性数据融合为一体。目前大多数系统都是将二者分开存储，通过公共项（一般定义为地物标识码）来连接。这种组织方式的缺点是数据的定义与数据操作相分离，无法有效记录地物在时间域上的变化属性。

（八）地理信息系统空间数据库

1. 空间数据库的基本概念

地理信息系统空间数据库是地理信息系统在计算机物理存储介质上存储和应用的相关的地理空间数据的总合。空间数据库具有数据量特别大、数据种类多且复杂和数据应用面广等特点。在建立地理空间数据库时，一方面应遵循和应用通用的数据库的原理和方法；另一方面又必须采取一些特殊的技术和方法来解决其他数据库所没有的问题。

2. 空间数据库管理系统

空间数据库管理系统是指能够对物理介质上存储的地理空间数据进行语义和逻辑上的定义，提供必需的空间数据查询、检索和存取功能，并且能够对空间数据进行有效的维护和更新的一套软件系统。

3. 空间数据库应用系统

空间数据库应用系统提供给用户访问和操作空间数据库的用户界面，是应用户数据处理需求而建立的具有数据库访问功能的应用软件，一般需要进行二次开发。

4. 空间数据库设计的原则、步骤和技术方法

（1）设计原则。

①尽量减少空间数据存储冗余；

②提供稳定的空间数据结构，在用户的需要改变时，数据结构能够做出相应的变化；

③满足用户对空间数据及时访问的需求，高效提供用户所需的空间数据查询结果；

④在空间元素间维持复杂的联系，反映空间数据的复杂性；

⑤支持多种决策需要，具有较强的应用适应性。

（2）设计步骤。

第一步，用户需求分析。

GIS 数据库开发应该主要了解即将开发的 GIS 所支持的各种功能，了解系统要求的数据内容及行为和数据之间的关系和优先次序，这些信息有利于制定数据库的开发实施计划，同时要明确了解数据库和 GIS 的整体要求和蓝图。

用户需求分析方法：首先要进行现状调查，通过实际调查了解用户的现状及要求。其次要进行调查内容的组织分析，对调查的结果进行整理、分析和组织，并提交报告及图件。包括现有机构的组织结构图、软件、硬件资源表、专业人员清单、部门功能清单、数据来源清单。

第二步，概念化设计。

概念化设计要对用户的需求加以解释，用概念模型表达出来。具体任务包括：首

先进行数据库的宏观定义，即对数据库比例尺、地图投影和坐标系统的定义；其次进行数据库的特征设计，对于各种地理特征有关的属性数据中以什么几何形式表达进行设计；随后进行数据库表格及其关系的设计表达、对与地理特征有关的属性数据在数据库中表达方式的设计，以及对数据库总体设计的评定。最后要根据数据库的应用目的和数据内容及使用方式来评价前面三步的设计结果，并要完成对数据库概念模型的起草，将 GIS 数据库的概念设计起草成正式的文件，作为后面详细设计时参考。

第三步，逻辑设计。

逻辑设计应该选择最适于描述与表达相应概念结构的数据模型，然后选择最合适的空间数据库管理系统。设计逻辑结构时一般要分三步进行：第一，将概念结构转换为一般的关系、网状、层次模型 。第二，将转化来的关系、网状、层次模型向特定空间数据库系统支持下的数据模型转换。第三，对数据模型进行优化。

第四步，物理设计。

数据库最终是要存储在物理设备上，为一个给定的逻辑数据模型选取一个最适合应用环境的物理结构（存储结构与存取方法）的过程，就是数据库的物理设计。

第五步，空间数据库的实施和维护。

数据库的实现，要根据逻辑设计和物理设计的结果，在计算机上建立实际的空间数据库系统，装入空间数据，并调试和运行。建立实际的空间数据库结构，并装入试验性的空间数据对应用程序进行测试，以确认其功能和性能是否满足设计要求。最后装入实际的空间数据，即数据库加载，建立起实际运行的数据库，试运行数据库。

5. 空间数据库的建立

在完成空间数据库的设计之后，就可以建立空间数据库了。一般来讲，空间数据库的建立包括三个过程。

（1）建立数据库结构。利用空间数据库管理系统中提供的描述语言，描述逻辑设计和物理设计的结果，从而得到概念模型和外模型，再通过建模，经编译、运行后就可以形成目标模式，建立起需要的空间数据库结构。

（2）输入数据。输入数据是建立数据库过程中的重要一步。在输入数据之前需要做许多准备工作，如对数据进行整理、分类、编码及格式和类型的转换等。要确保装入数据的准确性、完整性和一致性。

（3）调试运行。数据输入后，数据库的一些基本功能就可以实现了，但这时的数据库还不够稳定，某些功能可能还无法实现，因此需要对数据库进行必要的调试。调试包括执行各种功能模块的操作、对数据库的各种功能进行全面的检查和调试，并且还要检查数据的完整性、安全性以及数据库的稳定性，待达到要求后，数据库就可以使用了。

二、 实训目的和任务

通过本项目实训，了解如何在 ArcView 中进行输入和编辑，掌握属性的输入编辑、空间要素的检查和修改等基本操作。

三、 实训内容

线状地物的输入编辑和面状（多边形）地物的输入编辑。

四、 实训要求

实训结束后，要求学生能够制作完整的空间矢量地图，可选择学习 CAD 数据的读取和使用。

五、 实训步骤

（一） 输入、编辑线状专题

1. 输入线状要素的基本操作

启动项目 \ gis_ ex \ student \ ex07. apr，进入 View1，其中已经有了一个经扫描的简单道路图。选择菜单 View/New Theme，表示新建一个专题，根据系统提示，在点（Point）线（Line）面（Polygon）三种要素中选择线（Line），再将新建的数据称为 theme1. shp，存放在 \ gis_ ex \ ex07 \ temp 路径下，按 OK 键返回。可以看到在图例框内增加了一个专题 theme1，在 Check Box 周围出现一圈虚线，表示该专题正处于编辑状态。

点击绘图（Drawing）工具板中的线状要素图标，表示开始输入线要素，在专题显示框内，光标变成了小十字，第一次单击鼠标就输入了一条线段的起结点（Start Node），再单击鼠标，就输入该线的中间拐点（Vertex），双击鼠标就输入了终结点（End Node）。注意：ESRI 产品的软件中每条线段都是由起结点、终结点和若干中间拐点组成。

ArcView 3. x 的鼠标右键和 Windows 的常规不同，单击右键，表示撤销最近一次编辑操作（Undo Feature Edit）。如果按下右键不松手，就根据当前的状态，弹出一个常用菜单让用户进一步选择，例如，可以删除最近输入的一个拐点（Delete Last Vertex）。

输入道路图时，如果未将道路交叉口作为结点，即使两条道路在几何图形上是交叉的，但在数据库中仍表示他们互不相交，不存在交叉口。如果要求处理成交叉口，须采用分解式输入（Line Split），在绘图板中点击线状要素工具，选择图标（Line Split）后，用该工具输入线状要素，凡是和该线相交的线段，在交叉点上双方都会自动打断，产生结点，有关的线段都成为相互独立的要素。

被分解的线段也可以合并。先点击要素选择按钮，配合 Shift 键，选择要合并的线段，再选择菜单 Edit/Union Featues，就可以将分解的线段合为一体，如果选中的线段实际上并不相连，合并操作也起作用，他们成为空间上互不相连的线簇。

当要素被选择后，按键盘上的 Delete 键，它（们）就被删除，用鼠标右键执行 Undo Feature Edit，可以马上恢复。

为了保证线和线交在一起，一般需要采用捕捉输入方式。按住鼠标右键，弹出常用菜单后，选择 Enable General Snapping，表示以通用的捕捉方式编辑要素，在工具条上会出现捕捉图标（Snap）。在输入要素时，如果光标附近（一个小圆内）有其他要素，新输入的坐标会自动定位在已有要素的坐标位置上。点击捕捉图标并按住鼠标左键不放，在 View 窗口内拖动光标，可以调整捕捉范围的大小。

2. 要素和属性记录的关系

ArcView 自动保持一个要素对应一条属性记录的规则，任何要素有效的输入、分解、合并、删除都导致对应属性记录的添加或删除。线段合并、分解后如何处理属性值可以选择菜单 Theme/Properties…，点击其中的 Editing 图标，进行必要的设置。

对于新创建的专题，自动产生的属性表只有两个字段：Shape 和 ID，前者说明要素的几何类型，点状、线状、面状要素的默认取值分别为 Point、Polyline、Polygon，这一值不应修改，后者用于要素的编号，默认为 0，一般由用户交互式地修改。对于线状要素，往往需要每一线段的长度。为此，打开线状专题的要素属性表（如果该专题或属性表未进入编辑状态，须选择菜单 Table/Start Editing），选用菜单 Edit/Add Field…，为表增加一个字段，取名为 Length，数据类型为 Number，字段长度和保留的小数点位数根据实际需要确定，激活字段 Length，选择菜单 Field/Calculate …，根据“［Length］＝”的提示在文本框内键入：

［Shape］. ReturnLength

系统会自动量算每条线段的长度，并将数值储存在字段 Length 中。

在 Views 子系统下选择菜单 Theme/Stop Editing 或在 Tables 子系统下选择 Table/Stop Editing，均表示结束对专题和对应的要素属性表的编辑，系统执行前将提示是否保存编辑，选择 Yes 或 No 后，专题和要素属性表的编辑状态将同时结束。

3. 线段几何形状的编辑

如果专题未进入编辑状态，激活要编辑的专题，选择菜单 Theme/Start Editing。

（1）线段的整体调整。点击要素选择工具（Pointer ），用鼠标点击要素，选中的要素周边出现 8 个黑点，用鼠标拖动其中一个点，均可实现线段整体形状的变化。如果按键盘中的 Delete 键，该线段被整体删除。

（2）线段的局部调整。先参考上述操作选择要编辑的线段，再点击拐点编辑工具（Vertex），被选择线段周边的 8 个黑点消失，每个拐点上出现空心的小方框，将光标移动到要调整的拐点，如果光标变为“十”字形，可以将该拐点拖动到要调整的位置，并松开鼠标键，实现拐点位置的移动。

编辑拐点时，光标移动到某拐点，光标变成“十”字形，按键盘中的 Delete 键，该拐点被删除。增加拐点时，将光标移动到线段的某部分，单击鼠标，就为线段插入一个拐点。借助捕捉功能，利用拐点编辑工具，选择多条线段相交的共同结点或共享的中间拐点，可以实现对多条线段坐标共享部分的位置调整。

按本节的介绍，以扫描的图形为参照，实现一个道路系统图的输入、调整，并计算线段的长度，存放在要素属性表中。

（二）输入、编辑面状（多边形）专题

1. 捕捉方式的设置

ArcView 除了提供通用捕捉方式（General Snapping）外，还提供交互式捕捉方式（Interactive Snapping），对于多边形（面状要素），交互式捕捉方式可进一步作如下选择：

Snap to Vertex：捕捉已有多边形边界上的最近拐点、结点；

Snap to Boundary：捕捉已有多边形边界上的最近线段；

Snap to Intersection：捕捉两个或多个多边形的相交点；

调整捕捉方式的操作步骤为：先按住鼠标右键，出现常用菜单后选择 Enable Interactive Snapping，在 Views 的工具条中出现捕捉图标，用鼠标按住该图标，就可进一步选择捕捉方式。线段编辑时也可使用交互式捕捉，操作步骤和多边形一样，功能上稍有差异。

2. 输入多边形的基本操作

启动项目 \ gis_ ex \ student \ ex07. apr，进入 View2，这里有一个经扫描的简单多边形地块图，选择菜单 View/New Theme，表示新建一个专题，根据系统提示，在点（Point）线（Line）多边形（Polygon）三种要素中选择多边形，将新建的数据称为 theme2. shp，存放在 \ gis_ ex \ ex07 \ temp 路径下，按 OK 键返回。可以看到在图例框内增加了一个专题 theme2，在 Check Box 周围出现一圈虚线，表示该专题正处于编辑状态。在绘图工具板中点击输入多边形图标，用鼠标依次输入多边形的各个拐点，双击表示完成最后一点，多边形自动封闭。如果要输入规则多边形，如圆形或矩形，可以用 Circle tool（图标为）或 Rectangle tool（图标为）来代替。调整多边形输入方式和线段一样，将光标移到工具条中的绘图图标，按住鼠标，就可以在下拉的菜单中进一步选择。当相邻多边形的边界已经输入，应使用自动闭合方式（Auto Complete tool ），仅输入非共享的那部分边界，实现多边形的输入。使用要素选择工具选择多边形，用键盘的 Delete 键可以实现对多边形的删除。

3. 多边形的分解、合并、组合

（1）分解。使用多边形分解方式（Polygon Split Tool ），在一个或多个多边形内部用输入线段的类似方法输入一条分界线，就可实现一个或多个多边形的分解。

（2）合并。用要素选择工具，选择多个多边形，点击菜单 Edit/Union Features，可实现多边形的合并。如果被选择的多边形没有共享的公共边界，合并的结果是产生几

何上分离的组合多边形。

（3）输入内部岛屿。在已有的多边形内部再输入一个小的多边形，点击菜单 Edit/Combine Features，内部多边形就变成了岛屿，外部多边形和内部多边形不是重叠关系，而是嵌套关系。

（4）消除重叠。选择多个相互重叠的多边形，点击菜单 Edit/Subtract Features，下层多边形的重叠部分被删除，上层不变。

（5）仅保留交叉重叠部分。选择多个相互重叠的多边形，点击菜单 Edit/Intersect Features，相互交叉、重叠部分被保留，其他部分被删除。

4. 多边形要素属性的处理

和点状、线状要素一样，ArcView 自动保持一个要素对应一条属性记录的规则，任何要素有效的输入、分解、合并、删除操作都导致对应属性记录的添加或删除。在多边形合并、分解后如何处理属性值的时候，我们也可以选择 Theme/Properties…菜单，点击其中的 Editing 图标，进行必要的设置。

对于新创建的多边形专题，自动产生的属性表也只有二个字段：Shape 和 ID，对于面状要素，往往需要每一个多边形的周长、面积。为此，可为多边形专题的要素属性表增加一个或两个字段，一般取名为 Area，数据类型为 Number，字段长度和保留的小数点位数根据实际需要确定，激活字段 Area，选择菜单 Field/Calculate …，在 [Area] = 的提示下，在文本框内键入：

[Shape].ReturnArea　　　　OK

系统会计算每个多边形的面积，并将数值储存在字段 Area 中。如果要计算多边形的周长，可以参照上述步骤，定义一个字段（如 Perimeter），因 Shape 文件中的多边形是环状结构，计算的命令和计算长度一样：[Shape].ReturnLength。

在 Views 子系统下选择菜单 Theme/Stop Editing 或在 Tables 子系统下选择 Table/Stop Editing，均表示结束对专题和对应的要素属性表的编辑，系统执行前将提示是否保存编辑，选择 Yes 或 No 后，专题和要素属性表的编辑状态将同时结束。同样，在 Views 子系统下选择菜单 Theme/Start Editing 或在 Tables 子系统下选择 Table/Start Editing，均表示当前被激活的专题、对应的要素属性表同时进入了编辑状态。

5. 修改多边形的几何形状

多边形的几何形状调整和线段的调整相似，用 Vertex Edit 工具可以实现多边形边界拐点的移动（Moving）、添加（Adding）和删除（Deleting）。

当选择单个多边形时，对于拐点的修改仅针对该多边形。当选择两个多边形的公共边界时，任何修改将同时影响这两个多边形。当选择两个或几个多边形边界的公共拐点，任何对于该拐点的修改将影响拥有该拐点的所有多边形，具体的操作方法和线段拐点的调整方法基本一致。

以扫描的图形为参照，实现一个地块多边形的输入、调整，并计算多边形的面积、周长，存放在要素属性表中。

在初步掌握了线状要素输入、编辑后，再输入、编辑多边形就会容易些，输入、编辑点状要素将更容易。每组 Shape 文件，每个专题只能有点（Point）线（Line）面

(Polygon) 中的一类要素，不能在同一个专题中输入不同几何类型的图形。

(三) AutoCAD 数据读取和使用

在项目 Project 窗口中，选择 View 图标，单击 new，新建一个 View，系统自动将其命名为 View3。进入 View3 后，选用菜单 File/Extension，在 Extension 对话框中，单击 Cad Reader 前的复选框，框中出现"√"后，选择 OK 确认 (图 3-8)，Cad Reader 扩展模块被加载。

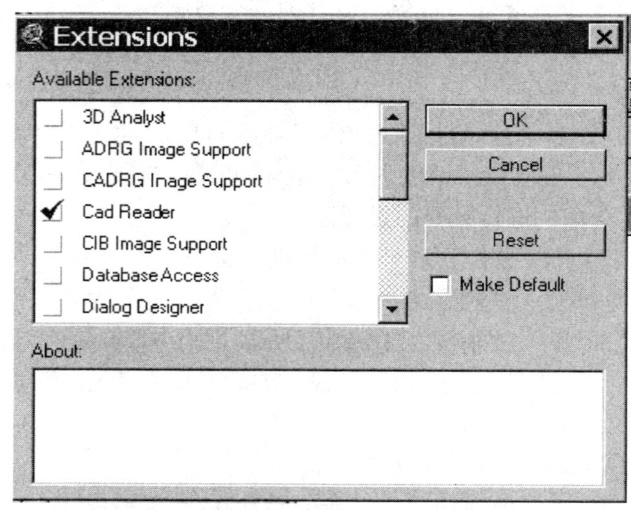

图 3-8 加载 Cad Reader 扩展模块

选用菜单 View/Add Theme…，在 \ gis_ ex \ ex07 \ 目录下，有一个 CAD 数据源 landuse. dwg (AutoCAD 的图形文件)。CAD 数据源的图标是立体形状的，单击图标，会进一步展开，出现选择哪类要素的提示 (如图 3-9)。一般每个 AutoCAD 文件 (dwg 或 dxf)，包括点 (Point) 线 (Line) 面 (Polygon) 注记 (Annotation) 四种要素类型。

双击 Polygon，就可以将其中的多边形要素读入 View3，系统将自动建立一个新的专题，自动取名"Landuse. dwg"。打开专题 Landuse 的显示状态，可以看到 Landuse. dwg 中的所有多边形要素均已读入 (图 3-10)。

一般来讲，需要在 ArcView 中进一步对一个专题进行编辑、查询或分析，就需要将其转换为 shape 文件格式。激活 Landuse. dwg 专题为当前专题，选择菜单 Theme/Convert to Shape file…，系统提示生成 Shape file 的文件名和路径，将生成的 Shapefile Name 命名为"landshp"，默认的路径为 \ gis_ ex \ ex07 \ temp \ ，按 OK 键后系统继续提示"Add shapefile as themes to the View?"，选 Yes，随即在 View3 中就有了一个新的专题"landshp"，Shape 文件中的要素 (Feature) 和 AutoCAD 的 dwg 文件中的实体 (Entity) 对应。激活专题"landshp"，打开该专题的要素属性表"Attribute of landshp"，可以看到在该属性表中有许多字段，在属性表中保留了许多 dwg 文件中特有的属性

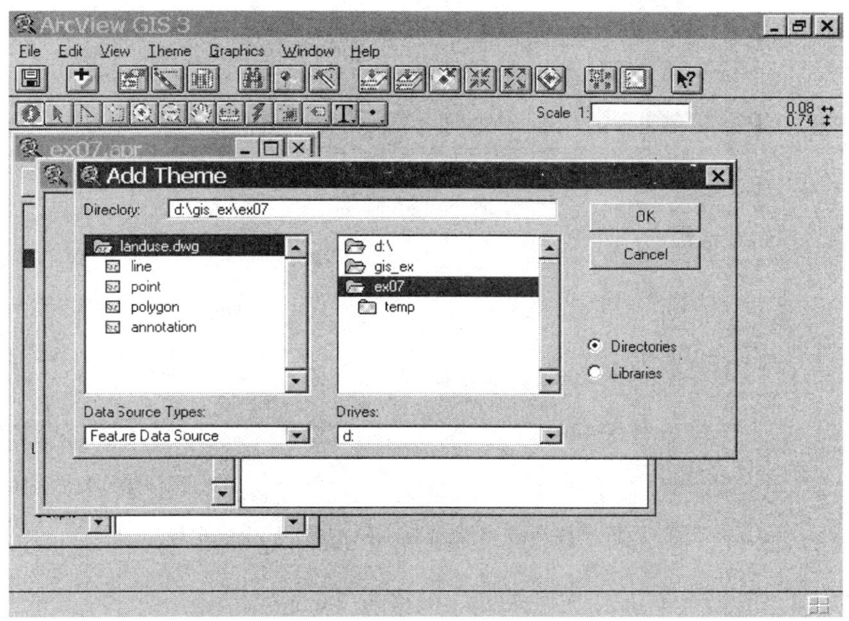

图 3-9　每一个 CAD 数据源包括四类要素

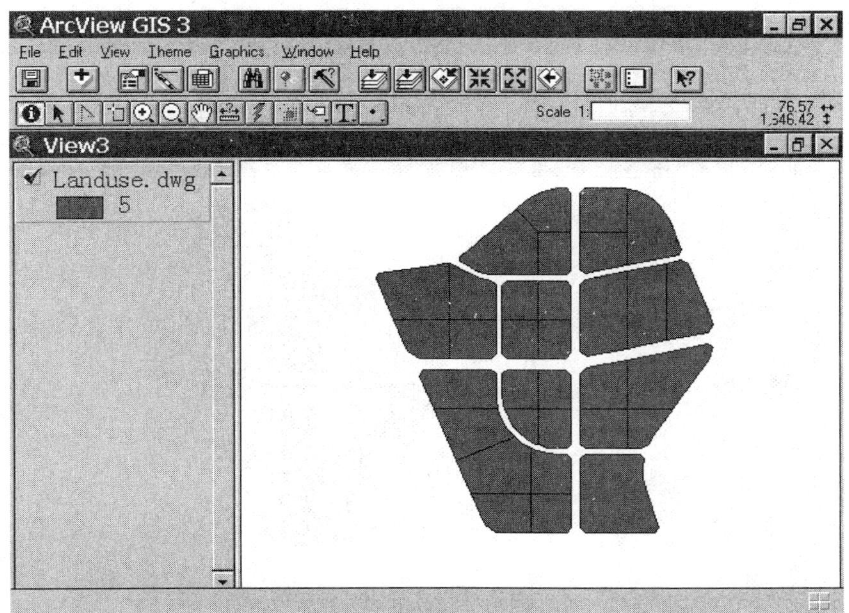

图 3-10　Landuse. dwg 中的所有多边形要素读入 View3

（图 3-11）。其中主要几个字段的意义如下：

Layer：每个要素（实体）在原来 dwg 中所在的图层（layer）名；

Elevation：每个要素（实体）在原来 dwg 的高程（elevation）信息；

Thickness：每个要素（实体）在原来 dwg 的厚度（thickness）信息；

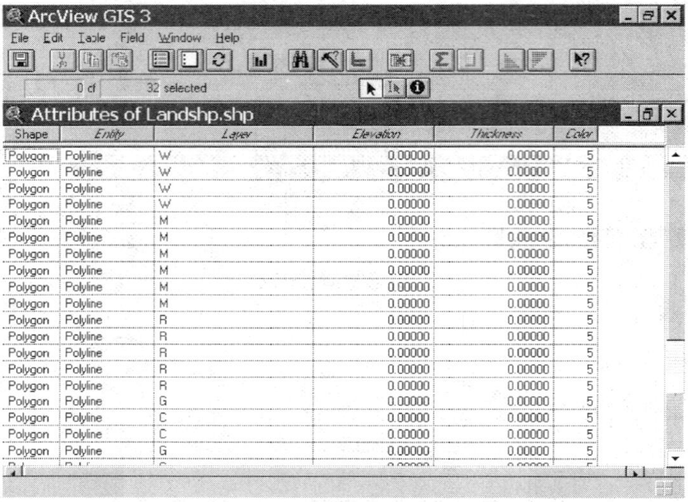

ArcView GIS 3

File Edit Table Field Window Help

0 of 32 selected

Attributes of Landshp.shp

Shape	Entity	Layer	Elevation	Thickness	Color
Polygon	Polyline	W	0.00000	0.00000	5
Polygon	Polyline	W	0.00000	0.00000	5
Polygon	Polyline	W	0.00000	0.00000	5
Polygon	Polyline	W	0.00000	0.00000	5
Polygon	Polyline	M	0.00000	0.00000	5
Polygon	Polyline	M	0.00000	0.00000	5
Polygon	Polyline	M	0.00000	0.00000	5
Polygon	Polyline	M	0.00000	0.00000	5
Polygon	Polyline	M	0.00000	0.00000	5
Polygon	Polyline	M	0.00000	0.00000	5
Polygon	Polyline	R	0.00000	0.00000	5
Polygon	Polyline	R	0.00000	0.00000	5
Polygon	Polyline	R	0.00000	0.00000	5
Polygon	Polyline	R	0.00000	0.00000	5
Polygon	Polyline	R	0.00000	0.00000	5
Polygon	Polyline	G	0.00000	0.00000	5
Polygon	Polyline	C	0.00000	0.00000	5
Polygon	Polyline	C	0.00000	0.00000	5
Polygon	Polyline	G	0.00000	0.00000	5

图 3－11　属性表"Attribute of landshp"中的字段

Color：每个要素（实体）在原来 dwg 的颜色（color）信息。

使用这些属性表中的信息，可以对由 dwg 转换得到专题进行分类显示（图3－12），这些属性也为进一步的空间分析提供了方便。

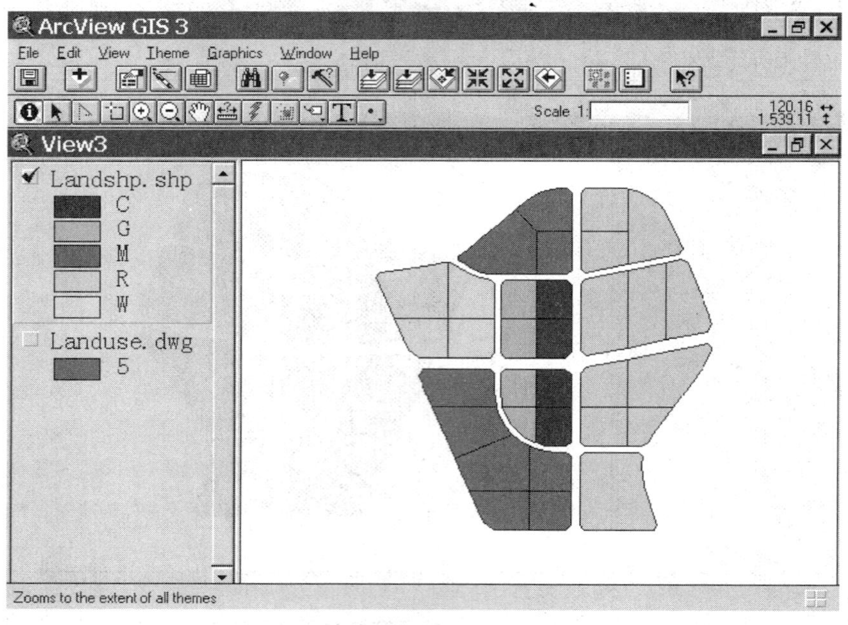

图 3－12　按 layer 字段对专题 landshp 进行分类显示

在要素属性表"Attribute of landshp"中可以看到，转换得到多边形专题并没有面积属性，可以通过计算添加。打开要素属性表"Attribute of landshp"，选用菜单 Table/Start Editing，该表进入 Tables 状态，增加字段 Edit/Add Field，在随后的 Field definition

对话框中定义所增加的字段：

Name：Area

Type：Number

Width：10

Decimal Places：3

按 OK 键返回。为字段 Area 赋值，激活该字段字段名 Area，选择菜单 Field/Calculate…，出现提示［Area =］，在下部的文本框内输入：［Shape］. ReturnArea，按 OK 键继续。可以观察到字段 Area 中的计算结果为每个多边形的面积。选用菜单 Table/Stop Editing，对提示“Save Edits ?”回答 Yes，保存计算结果。至此，转换输入已经完成。按上述方法，读者也可以将 landuse. dwg 中的线（Line）要素（实体）和注记（Annotation）要素（实体），转换读入 View3，并为其添加长度等属性（图 3 - 13）。

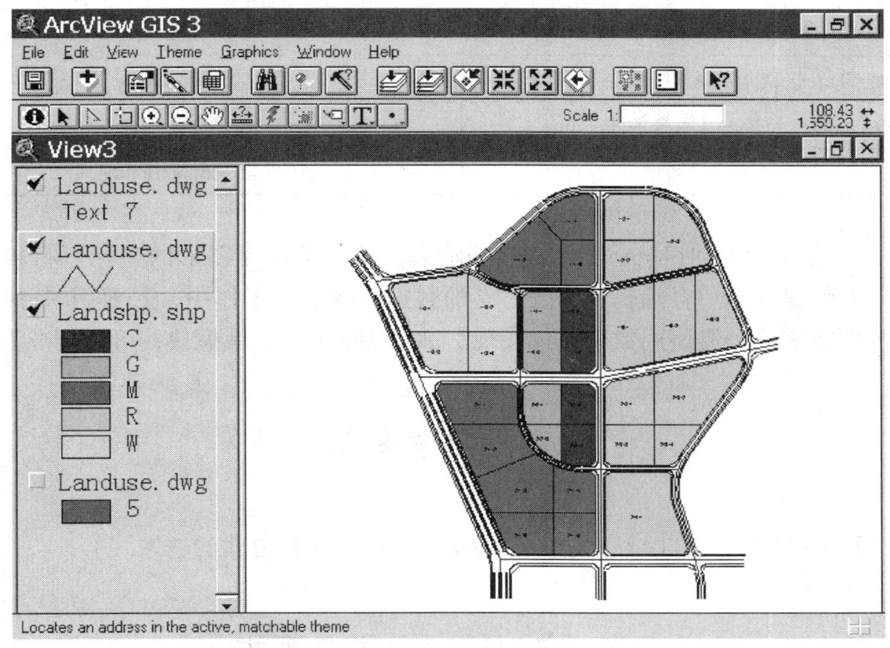

图 3 - 13　将 landuse. dwg 中的所有要素读入 View3

练习结束，选用菜单 File/Close，返回项目窗口（Project Window），选 File/Exit，关闭 Project，退出 ArcView，软件提示是否要保存对 Project 做过的改动，为了本次练习完成后，不影响他人以后的练习，应选 No 回答。

（四）小结

ArcView 3. x 只可对 Shape 文件进行编辑，适合输入的图形量不大、数据质量控制要求不高的情况，例如：已有图形的局部调整、修改，原有纸质地图扫描后局部矢量化，以航空摄影相片为背景输入少量矢量要素等。

ArcView 3. x 在加载了 Cad Reader 模块之后，就可以读取 CAD 类型的文件。Arc-

View 3. x 支持 AutoCAD 的 DWG 和 DXF 文件，Intergraph/MicroStation 的 DGN 文件。目前的 ArcView 3. x 只可以读取 AutoCAD R14 或者更低版本的 DWG 和 DXF，不支持 AutoCAD 2000 和 AutoCAD 2002。将 CAD 数据读取到 ArcView 中，可进一步转换为 Shape 文件，便于进一步编辑、查询和分析。如果仅仅为了显示，可以不转换。CAD 在工程设计中应用广泛，通过 CAD Reader 扩展模块，是一种常用的数据输入途径。CAD 文件中原有的坐标系统，在转换中保持不变。ArcView 读取 CAD 文件，不是根据图层读取，而是按要素的类型（点、线、多边形、注记文字）读取，每一种类型的要素可以被读取为一个专题，CAD 文件中原有的图层、颜色、高程等等信息保留在专题的要素属性表中，AutoCAD 的不同实体与 ArcView 的要素对应关系如表 3－5 所示。

表 3－5　　AutoCAD 的不同实体与 ArcView 的要素对应关系

AutoCAD 的实体类型	ArcView 的专题类型
Line，Arc，Circle，Polyline，Solid，Trace，3DFace	Line theme
Point，Shape，块的插入点	Point theme
Circle，Solid，3Dface，闭合的 Polyline	Polygon theme
Text	Annotationtheme

本实训项目介绍的 Shape 文件编辑和输入方法，无法对图形的坐标进行校正，因此，在一般情况下，适合编辑、修改已有的数据。在实际工作中，若要用 ArcView 3. x 对原始地图数字化，需使用数字化仪实现。加载 Digitizer 扩展模块，可以配准坐标系。

六、注意事项

多边形的分解、组合以及修改的相关操作，以及捕捉方式的选取。

七、实训预习与准备要求

预习实训项目四。

八、思考题

矢量数据相比于传统的图像数据有何优缺点？

实训项目四　专题地图显示

一、 背景知识

（一）专题地图的基本概念

专题地图是突出而深入地反映一种或数种要素或现象，集中表现某种主题内容的地图。换句话说，专题地图就是只将某一种或几种相关联的要素特别完备而详尽地显示，而将其他要素显示得较为次要，甚至某些要素根本不显示。

专题地图对于分析某一区域的属性分布、管理属性信息、进行趋势预测具有重要的意义。土地管理部门经常用于分析管辖区域内土地利用现状，以便对土地利用进行调整，使土地利用趋于合理。

专题地图的表示方法是指专题地图上对制图对象进行图形表达的基本方法，这些方法是在制图实践中逐步创造并经过长期运用而不断完善中形成。对于不同的专题内容，需选择适当的表示方法，以便更恰当的反映专题内容。

（二）专题地图的分类

地图分类的标准很多，就专题地图而言，主要有按内容、数据特征、用途分类。

1. 按内容分类

专题地图按其内容的专题性质，通常可分为三种基本类型：自然地图、人文地图和其他专题地图，每一类地图又可细分为若干种。

（1）自然地图的划分。

①地势图：主要表示地貌、水系，以显示区域的地形起伏特征。

②地质图：显示地表各种岩层的分布，并反映它们的内部结构及其形成和发展。

③地球物理图：显示各种地球物理现象，如磁差、磁力异常、火山、地震等的分布及其规律。

④地貌图：反映地表形态的外部特征、类型、形成发展以及其地理分布。

⑤气象气候图：反映地表气象、气候情况，包括太阳辐射、地面热力平衡、气旋、锋面、气温、降水、气压、风、云雾、日照、霜、雪、湿度，蒸发以及气候区划等。

⑥水文图：显示海洋水文和陆地水文现象，包括潮汐、洋流、海水温度、海水密度、海水盐分、湖泊水文、水文网的分布及密度、径流深度、径流系数等。

⑦土壤图：反映地表土壤的外部特征、类型及其地理分布。

⑧植被图：显示地表植被的类型及其地理分布。

⑨动物地理图：显示各种动物的分布。

⑩综合自然地理图（景观地图或生态地图）：显示制图区域内各种自然景观要素（地貌、气候、水文、土壤、生物等）综合发展的规律，揭示它们彼此间互相联系、互相制约的关系，借以对制图区域进行综合性的分析研究，从而有效地利用和改造自然。

（2）人文地图的划分。

①政区地图。以反映国与国之间的政治关系和国内行政区划及其政治、行政中心为主要内容。

②人口地图。包括人口分布、人口密度、民族分布、居民的自然变动、居民迁移以及居民的其他组成等内容。

③经济地图。包括自然资源（动力资源、矿产资源）工业部门、农业部门、林业、交通运输（铁路、公路、航运、货物运输等）、通信联系（电信、邮政等）、商业、财政联系、综合经济等内容。

④文化地图。以文化教育、卫生等方面的分布和机构设施为主要内容。

⑤历史地图。表示人类社会的历史现象。如古代各个国家或民族的分布，各国的文化、经济、民族运动、商贸路线、政治斗争和军事事件等。

（3）其他专题地图。其他专题地图指不能归属于上述类型，而适用于某种特殊用途的地图。如航海图、航空图、特种军用地图、城市地图、规划设计地图等，或者是用途广泛而内容包含自然和人文要素的综合性地图。

2. 按数据特征分类

尽管专题地图所能反映的内容非常广泛，但将它们表示在地图上，从其内容的数据特征而言，一般包括两种，即定性数据和定量数据。

定性数据是指表达专题内容的质量特征，即类别的差异，如居民点的行政等级、工业企业或矿点的类别、地质断层的类别、山脊形态的类别、海岸的类别、地表覆盖的岩石的类别、地貌类型、土壤类型、植被类型等。无论反映的现象是何种空间分布状态，只要是反映其质量类别差异的，都属于定性数据。

定量数据是指表达专题内容的数量特征，即反映其量的概念。如城镇人口的数量、地域人口的密度、道路的长度、区域道路的密度、河流的长度、地面起伏的程度、空间的气温、降水量、区域的经济状况、耕地面积、作物播种面积、货物运输量、区域间的货物交流量等。无论这些现象是呈点状分布、线状分布还是面状分布，也无论它们分属于什么类别，只要是反映其数量大小的，都属于定量数据。

3. 按用途分类

普通地图的用途与比例尺有关，专题地图的用途则不一定仅受比例尺的影响，主要与地图内容有密切关系；有时同样的内容，使用的侧重面不同，也有区别。专题地图，按用途可分为通用地图和专用地图两大类。通用地图通常分为一般参考用图和科学参考用图两类；而专用地图则有教育用图、军事用图和工程技术用图等。

（三）专题地图的表示方法

专题地图的主要表示方法分为统计表示方法和非统计表示方法。对于非空间数据，特别是属性数据，统计图表是其主要的表现形式。统计图是将实体的特征和实体间与空间无关的相互关系采用图表表示，它将与空间无关的信息传递给使用者，使得使用者对这些信息有全面、直观的了解。统计图常用的形式有饼状图、扇形图、直方图、折线图、散点图、柱状图等。

1. 分级统计图

分级统计图主要用来反映统计资料的分布特性，指出某些现象分部的强弱，使用相对值的指标，通常用颜色深浅变化来反映该现象的强弱差异和分布。在 GIS 中，往往采用某个区域内的某一个属性字段中的数值来进行分级统计，从而得到该专题图。

2. 图表统计图

图表统计图是指采用统计图（柱状图、扇形图、直方图等）的形状表示某个区域内的数量结构特征的图形。

柱状图采用水平或垂直长方形表示不同的种类同某一属性的差异．每个长方形表示一个种类，其长度表示这个种类的属性数值。

扇形图将圆划分为若干个扇形，表示各种成分在总体中的比重，各种成分的比重可以用扇形的面积或者弧长来表示，当有很多成分或成分比重差异悬殊时，表示的效果不好。

散点图是以两个属性作为坐标系的轴，将与这两种属性相关的现象标在图上，表示出两种属性间的相互关系，在此基础上，可以分析这两种属性是否相关和相关关系种类。

折线图反映某一属性随时间变化的过程，它以时间为图形的一个坐标轴，以属性为另一坐标轴，将各个时间的属性值标到图上，并将这些点按照时间顺序连接起来。

直方图表示单一属性在不同种类中的分布情况，读者可以确定属性在不同可能值间的分布，如某种现象的分布是否是正态分布。

3. 定位统计图

定位统计图是把某些地点的统计资料用图表的形式绘制在地图的相应位置上，用以表示该地区某种专题要素的变化，通常用来表示周期性发生的专题要素。在 GIS 中，一般采用柱状图表中的符号高度（长短）或者曲线图表来表示该专题要素的数量变化。

4. 质底专题图

质底专题图也称为色底专题图，它反映制图区域分布现象的质量属性特征，是一种符号化的定性数据专题图。该专题图采用不同颜色、不同面状符号或不同的晕线等来表示区域内有差异性质的不同对象类型。在 GIS 中，通常根据图中属性表或与其有关联的不同字符类型得到。

5. 等级符号图

等级符号图是用不同大小的点符号来表示某种专题属性的强弱，根据属性表中字段的数值，按照某种运算法则来计算与字段值相对应的点符号的大小。可以选择单一符号、分类符号、分级符号、分级色彩、比率符号、点值符号等（如图4－1）。

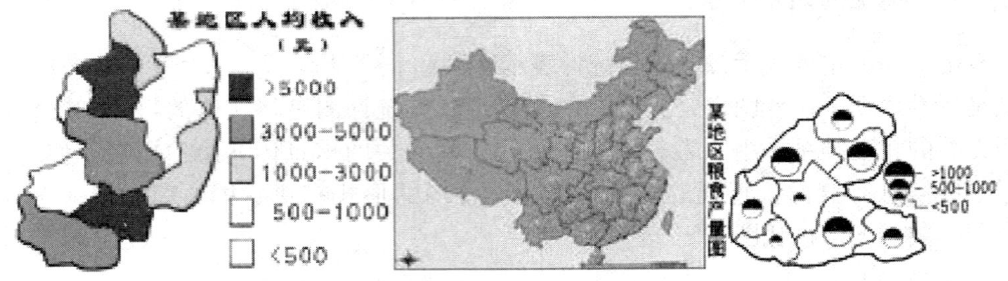

图4－1　不同等级符号的专题地图

（四）专题地图设计

专题地图的总体设计，是指任务和要求明确后初步提出的图幅基本轮廓，包括投影选择、明确比例尺、划定图幅范围、进行图面规划和绘制设计略图等内容。

1. 图幅基本轮廓的设计

专题地图的总体设计，比普通地图和国家基本地形图复杂多样。编制一幅专题地图，不仅要学科专业与制图紧密结合，而且要对图幅的用途和使用者的要求有深入了解和掌握。在此基础上，才能进行设计图幅的基本轮廓。具体要了解的内容包括：

（1）该图幅是专用还是多用。专题地图既能专用也可多用，而且愈来愈向多用方向发展，并相应地产生了一版地图多种式样的做法。

（2）已出版的类似专题地图。分析这些图件在使用中的优缺点，吸收长处，改进不足，以便更好地满足地图使用者的需要。

（3）明确地图使用者的特殊要求。根据不同的读者对象、不同用途以及不同使用场合的要求，根据所编制的专题地图是作为规划用、参考用或教学用进行制作。在弄清上述图幅的用途与要求之后，就要明确总体设计的指导思想，拟定专题内容项目，突出重点，提出图幅总体设计方案。

2. 制图区域范围的确定

专题地图图幅的区域范围，是根据用途和要求确定。范围选择是否合适，在很大程度上影响着图幅的使用效能，并与专题地图的数学基础有紧密的联系。与普通地图一样，根据图幅范围可分为单幅、单幅图的“内分幅”、分幅三种形式。

（1）单幅。它是指一幅图的范围能完整地包括专题区域而言，通常叫截幅。专题区域放置在图幅的正中，它的形状确定了图幅的横放、竖放和长宽尺寸。专题区域与周围地区的关系要正确地处理。为了便于阅读和使用，专题地图一般以横放为主要式样；有些专题区域性形状较长，而地图的方向习惯是上北下南，所以只好竖放。

（2）单幅图的“内分幅”。它是指超过一张全开纸尺寸而分为若干印张而言。“内分幅”应按纸张规格，一般分幅不宜过于零碎，分幅面积大体相同。

（3）分幅。它是地形图普遍采用的一种形式。分幅图不受比例尺限制，分幅图的分幅线是根据区域大小采用矩形分幅和经纬线分幅，分幅图原则上不重叠。此外，图廓内专题区域以外的范围如何确定，在总体设计时也应明确。方法有：

①突出专题区域线，区内区外表示方法相同，只把专题区域界线加粗，或加彩色晕边，以显示专题区域范围，同时也能与相邻区域紧密联系；

②只表示专题区域范围，区域外空白，突出专题区域内容，区内要素与区外没有什么联系；

③内外有别，即专题区域内用彩色，区外用单色，且内容从简。这是专题地图普遍采用的方法。

3. 专题地图数学基础的设计

专题地图数学基础包括地图投影、比例尺、坐标网、地图配置与定向、分幅编号和大地控制基础等，其中地图投影和比例尺是最主要的内容。

（1）影响数学基础设计的因素。

①专题地图的用途与要求。这是影响数学基础设计的主导因素，因为投影和比例尺都是根据图幅的用途和要求选择设计。

②制图区域的地理位置、形状和大小。该要素是一个重要的因素，位置和形状往往影响投影和比例尺的选择。在设计时对制图区域的形状和大小要详细研究，并同时设计几个方案，选择一个合理的方案。

③地图的幅面及形式。地图的幅面及形式都对数学基础设计有一定的影响，直接关系到使用效果。

（2）投影和比例尺的设计。

①投影设计。在专题地图制图中采用较多的是等积投影和等角投影，具体设计时采用何种投影，要视专题地图的用途和要求而定。

②比例尺设计。专题地图比例尺的设计应考虑图幅的用途和要求，根据制图区域形状、大小，充分利用纸张有效面积，并将比例尺数值凑为整数。在实际设计地图比例尺的工作中，往往还会出现一些特殊的问题，如：不要图框或破图框、移图、斜放。

③图面设计。专题地图不仅要有科学性，而且也要有艺术性。图面设计包括图名、比例尺、图例、插图（或附图）文字说明和图廓整饰等。

（3）图名。专题地图的图名要求简明，图幅的主题一般放在图幅上方中央，字体要与图幅大小相称，以等线体或美术体为主。

（4）比例尺。比例尺有两种表示方法：一是用文字（如一比四百万）或数字（如1∶4 000 000）表示；二是用图解比例尺表示。图解比例尺间隔也有两种划分方法，一种是按单位长度划分，表明图上单位长度代表的实际长度；一种是按实地千米数划分，每格是按比例计算在图上的长度。比例尺一般放在图例的下方，也可放置在图廓外下方中央或图廓内上方图名下处。

（5）图例。图例符号是专题内容的表现形式，图例中符号的内容、尺寸和色彩应与图内一致，一般放在图的下方。

（6）附图。附图是指主图外加绘的图件，在专题地图中，它的作用主要是补充主图的不足。专题地图中的附图，包括重点地区扩大图、内容补充图、主图位置示意图、图表等。附图放置的位置应灵活。

（7）文字说明。专题地图的文字说明和统计数字，要求简单扼要，一般安排在图例中或图中空隙处。其他有关的附注应包括在文字说明中。专题地图的总体设计，一定要视制图区域形状、图面尺寸、图例和文字说明、附图及图名等多方面内容和因素具体灵活运用，使整个图面生动，可获得更多的信息。

二、 实训目的和任务

通过本项目实训，了解什么是地图，专题地图如何在ArcView中显示，学会制作简单的专题地图数据。

三、 实训内容

专题符号的设置及选择、注记的添加、相关专题地图的建立。

四、 实训要求

以学生个人为单位上机操作，掌握实训项目四中的所有专题地图的制作方法。

五、 实训步骤

（一）建立新专题

1. 启动ArcView

用鼠标点击：Windows 开始/程序/ Esri/ArcView GIS Version 3. x/ArcView GIS 3. x（因软件安装的原因，上述提示可能会有差异）。首先出现的是 ArcView 的项目窗口（Project Window），系统默认的项目名称为Untitled，如果系统出现欢迎对话框，可选 as a blank Project（一个空项目）。

2. 新建一个 View

在 Project Window（项目窗口）的5种 Document（子系统）中，选 Views 为当前的 Document（多数情况下 Views 是默认的选择），用鼠标点击 New 按钮，表示新建一个 View，系统会打开一个空的 View Window，一般起默认名为 View1。

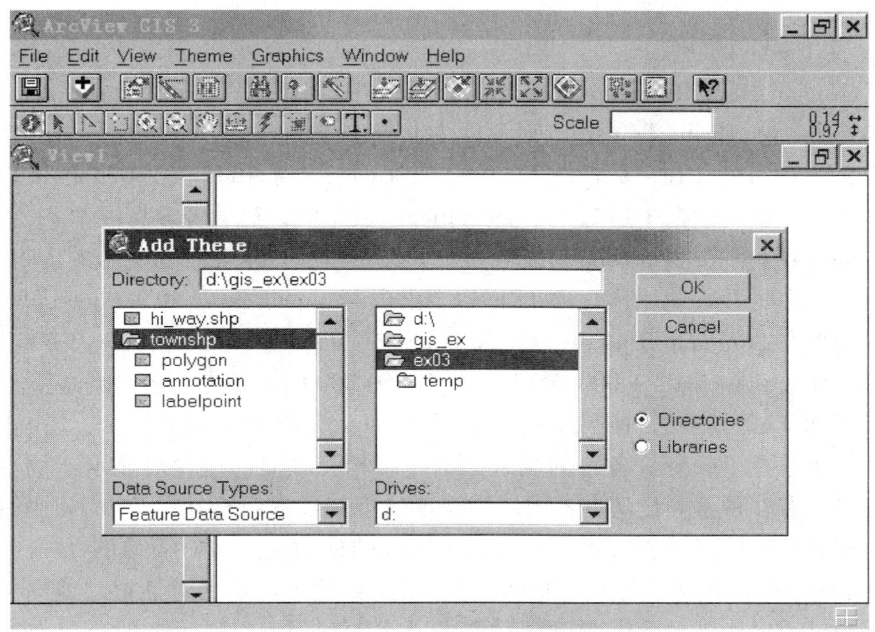

图 4-2 从 Coverage 中选用数据源

3. 增加专题

点击按钮（Add Theme，增加专题），表示向 View 窗口中增加专题，系统出现选择空间数据源（Add Theme）的对话框（见图 4-2），对话框的右侧为存放空间数据的路径窗口（磁盘符号、目录、文件夹），左侧为被选路径下可使用的空间数据的目录，左下侧选项为数据类型，一般情况下 Feature Data Source 为默认。本练习准备好的空间数据存放在 \ gis_ ex \ ex03 \ 路径下，该目录中有两个数据源：Townshp 是 Coverage，用立体图标表达，鼠标单击 Townshp 前的立体图标，该图标变为打开状，下面出现三个平面图标：polygon（多边形），annotation（地图注记），labelpoint（标识点），双击 polygon，就为当前的 View 增加了一个多边形专题。用同样方法，直接双击 hi_way. shp，增加一个线状专题。

4. 显示新增的专题

新增专题一般以空间数据的名字为自己的默认名，系统根据要素类型自动判断空间数据的几何类型，随机地为所有要素给定一种符号，显示的顺序在最高层，显示状态为关闭。参照前实训项目做过的练习，再练习一下显示顺序的调整和显示状态的打开、关闭。

5. 设置 View 的特征

在 View 菜单里选择 Properties...，表示改变 View 的特征，出现 View Properties 对话框。用户可将数据框 Name 的内容，即 View 的名字改成中文（如：视图 1），将 Map Units（地图单位）改成 Kilometers（千米），将距离单位（Distance Units）也设为 Kilometers（千米），按 OK 键退出。如果地图单位设置不当，会带来随后的视图显示比例不当。

6. 设置 Theme 的特征

激活 Theme，确定 Townshp 为 Active Theme，选用菜单 Theme/Properties...，设置 Theme 的特征，在 Theme Properties 对话框中，点击左侧图标 Definition，右侧就会显示出专题定义的对话框（在多数情况下，一进入 Theme Properties...，Definition 对话框自动选择，这时，该对话框中还有一个 Definition：数据框，初学者容易混淆），将数据框 Theme Name 的内容从“Townshp”改名为“人口密度 ”。还可改变显示的上下限比例：点击左侧窗口中的 Display 图标，对话框中会出现 Minimum Scale 和 Maximum Scale 两个数据框，如果在 Minimum Scale 中填入 50 000，在 Maximum Scale 中填入1 000 000，则表示当图形缩放到小于 1：1 000 000或大于 1：50 000 时，该专题会自动地不显示（注意，在 View 窗口工具条的右侧有一个属性栏 Scale，是当前比例的提示）。由于同一个 View 中可以有多个 Theme，各自的显示比例控制相互独立，这种对显示比例有所限定的功能，对于有多种不同比例，不同详细程度的空间数据组合在一个 View 中时，可以防止小比例显示时要素过于密集，也可加快系统的处理速度。对简单的 View 和 Theme 来说，Display Scale 可以不设。点击 OK 键，退出专题特征定义对话框。地图单位的设置、专题的显示比例、显示窗口对显示器像素点的利用率、显示器的分辨率有密切关系，如果比例的上下限设置不当，会造成显示不正常，如果该显示的地图看不见了，可参照 View 窗口的右上角对当前比例的提示（Scale 栏），缩放地图到合适的比例，也可以返回调整 Minimum Scale 和 Maximum Scale 这两个参数，或者删除这两个参数。

参照上述过程，将之前打开的专题的名称 hi_ way 改成“道路”。

7. 删除某个专题

在专题目录表中激活要删除的专题，选用菜单 Edit/Delete themes。删除专题并不会删除对应的数据源，因此，删错了还可再添加。

8. 地图的缩放、平移

随时利用地图的缩放、平移功能（详见实训项目一），使地图的显示效果更便于观察。

（二）设置显示符号

ArcView 所显示的专题地图的符号有四大类：

（1）点状符号图。用不同的颜色、大小、形状的符号表达点状要素。

（2）线状符号图。用不同的颜色、宽度、线型表达线状要素。

（3）面状符号图。用不同的颜色、密度、填充图案表达面状要素（包括边界线的颜色、宽窄）。

（4）字符注记。用不同的颜色、大小、字体表达地图的注记。

ArcView 将点、线、面、字符的表达都统称为符号（Symbol），其中点、线、面是主要的，其符号由专题要素的某项属性来控制，靠属性数据的分类实现专题地图的符号化。如何使专题有更多的属性项，怎样改变属性值，可参照后面的实训项目部分内容，当然，也可通过其他软件修改属性数据（本实训项目所用的练习数据已为用户建立)。

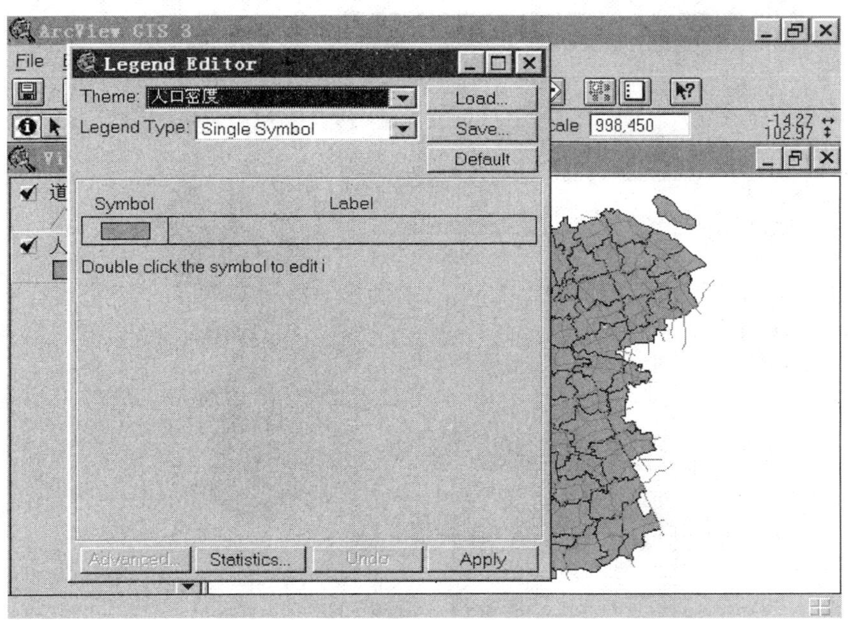

图4－3 启动图例编辑器

在 ArcView 中，专题的符号由图例来说明，调整图例，同时就改变了专题的表达符号。用户在 View 窗口左侧的专题目录表（Table of Contents）内双击专题的名字，就启动了图例编辑器（Legend Editor，见图4－3），在对话框中，字段 Theme 表示当前的专题用什么名称。字段 Legend Type 是一个下拉表，表示该专题图例（即符号）的类型，在此，建议选择 Graduated Color（颜色渐变），选择成功，对话框下侧会就出现符号、分类值、注释对照表和选项。选项 Classification Field 表示按要素属性表中哪个属性项（字段）进行分类，建议选择 Popden（人口密度），Normalized by 选项暂时不管，用默认值 <None>。在符号、分类值、注释对照表中，字段 Symbol 列为专题显示符号的式样，字段 Value 列为分类的控制值，字段 Label 为图例中每个符号的文字说明，改变图例的符号式样、控制值或文字说明，就改变了 View 窗口左侧目录框中的内容和形式，同时也改变了专题地图的表达形式。系统默认的分类方法是自然分类法，默认的文字说明和分类的控制值（Value）一致（点击字段 Label 可按自己要求修改）。系统默认的符号显示在分类表的 Symbol 字段列下，双击对话框左侧的 Symbol 字段名可修改符号。系统默认的符号分类显示在下侧的选项 Color Ramps 字段里，多数情况下，Red monochromatic为默认。

单击 Apply 按钮，使图例和专题地图按修改的方式重新显示，以便检查修改的效果（参见图4－4）。确认对图例的修改完成，按 Windows 的习惯，用窗口右上角的图标关闭 Legend Editor 对话框，返回 View 窗口。读者可以观察到人口密度专题地图的效果。

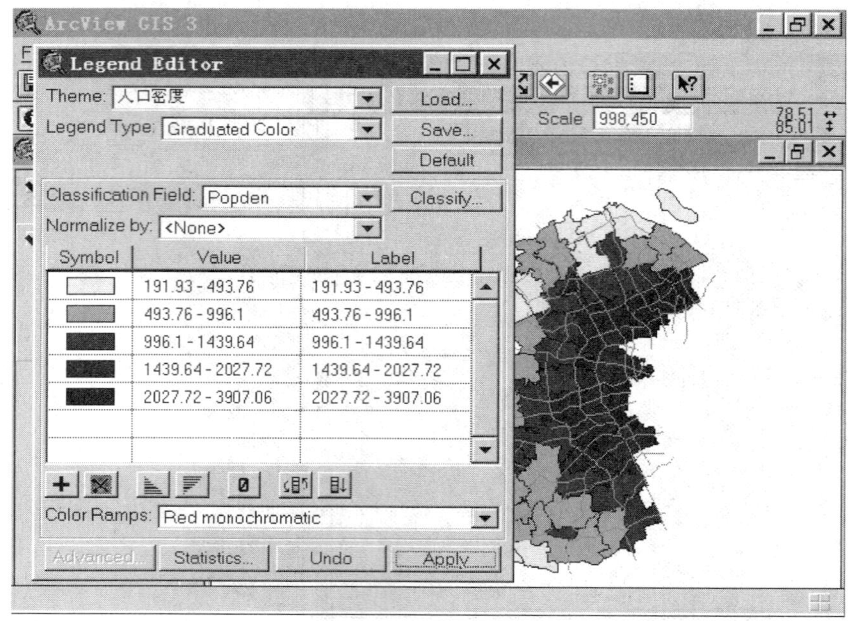

图 4－4　调整图例

（三）专题地图的类型

ArcView 的专题地图主要有六种：

（1）单值图（Single Symbol）。Theme 的所有要素均用一种符号，不分类。

（2）指定值分类图（Unique Value）。按需要，以指定的属性值分类显示要素（适合要素的属性为字符型或整数型）。

（3）颜色渐变图（Graduated Color）。根据要素属性值的大小，使符号的颜色逐渐变化（主要适合面状图）。

（4）符号大小渐变图（Graduated Symbol）。用不同大小的点状符号，或不同宽度的线条表达要素，适合于点状、线状图。

（5）点密度图（Dot Density）。点密度图只适合于多边形的数值属性，例如可用一个点代表 50 个人，当多边形内的人口为 2000 时，系统随机地在该多边形内分布 40 个点符号。

（6）统计图（Chart）。统计图有圆饼图（Pie Chart）和直方图（Bar Chart）两种，适合表达点状、面状事物的多重属性。

（四）分类方法

对于颜色渐变图、符号大小渐变图，ArcView 提供五种分类法：

（1）自然分类（Natural Breaks，默认为 5 段）。由系统自动产生优化的分类（Jenk's Optimization），用户可按自己的需要再逐段调整。

（2）等量分类（Quartile）。每段区间内的要素个数基本相同。

（3）等距分类（Equal Distance）。每段区间的上下限之差相同。

（4）等面积分类（Equal Area）。每段区间内面状要素的面积之和大致相同。

（5）标准差分类（Standard Deviation）。以均值为中心，两侧以统计标准差决定区间。

（五）符号选择与控制

1. 符号选择

在 Legend Editor 的符号、分类值说明对照表中，双击 Symbol 字段名下任一种符号式样，系统将弹出符号选择窗口（Symbol Window，见图 4－5）其中有六个图标式按钮，从左至右分别代表六种操作：①选择多边形填充图案；②选择线型；③选择点状符号；④选择字体；⑤选择颜色；⑥自定义符号集。

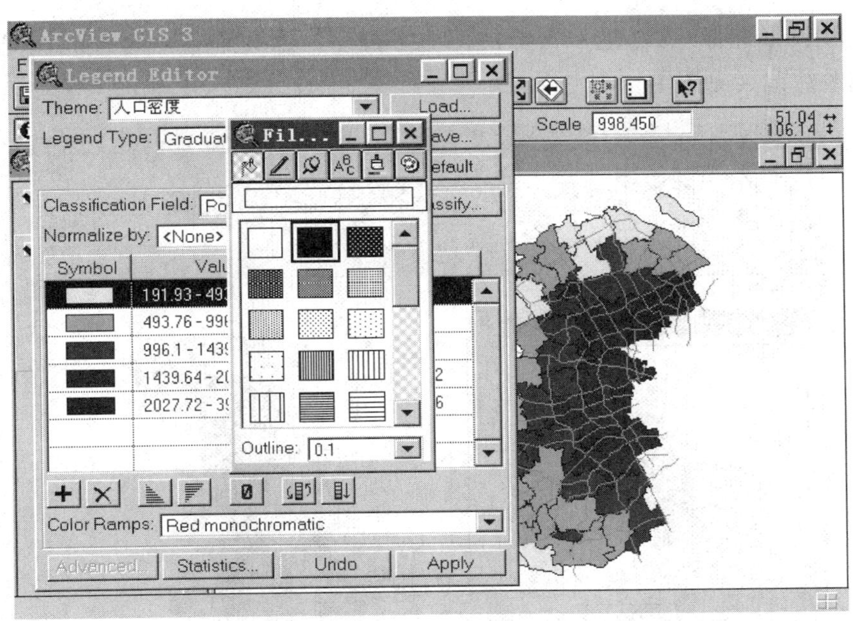

图 4－5　六种符号

用户在该窗口中对符号作了选择、点击了 Legend Editor 窗体中 Apply 按钮后，地图上对应要素的表达符号随之变化。

2. 符号的缩放与倾斜

ArcView 的默认状态是将点状符号的大小、线型的宽窄按显示器的分辨率（即显示坐标）表达，当图形缩小、放大后，符号的大小不随地图而缩放。如果用户希望点状符号的大小、线型的宽窄随地图而缩放（即按地理坐标来显示符号），可在 Legend Editor 中点击 Advanced 按钮（注意：多边形的面状要素无此功能），调出 Advanced Options 对话框，可选择点状、线状符号是否依地图的缩放而同时缩放，还可决定点状要素是否用属性来控制符号的倾斜（即旋转）。

（六）地图注记

1. 图形（Graph）注记

选择 View 窗口工具条中的按钮，出现下拉式菜单，提示用户可在菜单中选择点、直线、折线、矩形、圆、多边形等，在地图上注记一些简单的图形（Graph），包括字符：

（1）点击注记字符工具。

（2）在地图上点击将要注记的位。

（3）在随之出现的字符特征（Text Properties）对话框中输入需要注记的字符串，并可选择字符串的对齐方式、行间距、倾斜角度，点击 OK 键后，地图上将出现所注记的字符串。

（4）用图形选择工具双击已注记的字符串，再次弹出 Text Properties 对话框，用户可修改注记（见图 4 - 6）。

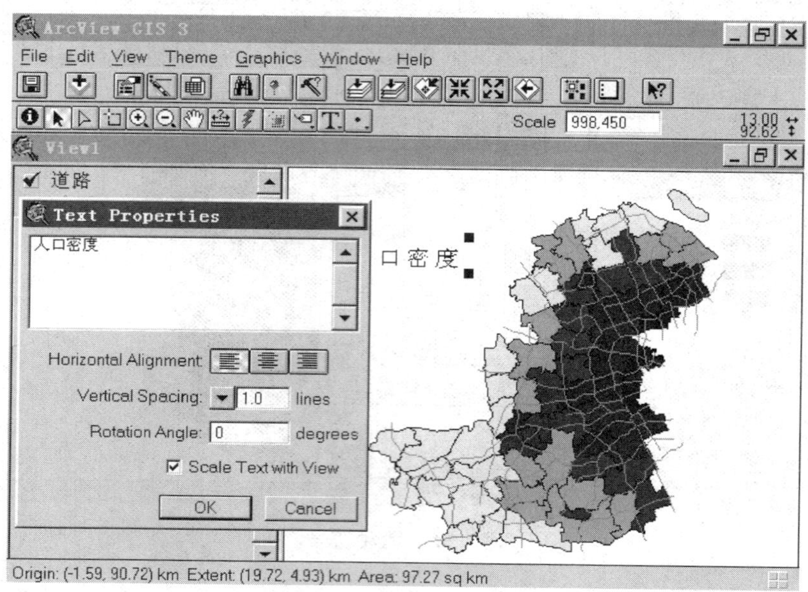

图 4 - 6　输入、修改注记

（5）用图形选择工具单击已注记的字符串，选用菜单 Window/Show Symbol Window...，即弹出符号选择窗口，用户可以改变字符串的字体、大小、颜色，退出后，被选注记会随即变化。

2. 将要素的属性注记到地图上

确认数据源 Hi_ way 已被加入到当前的 View 中，该专题取名为“道路”，激活专题“道路”，选用菜单 Theme/Auto_ label...，弹出 Auto_ label 对话框（见图 4 - 7）：

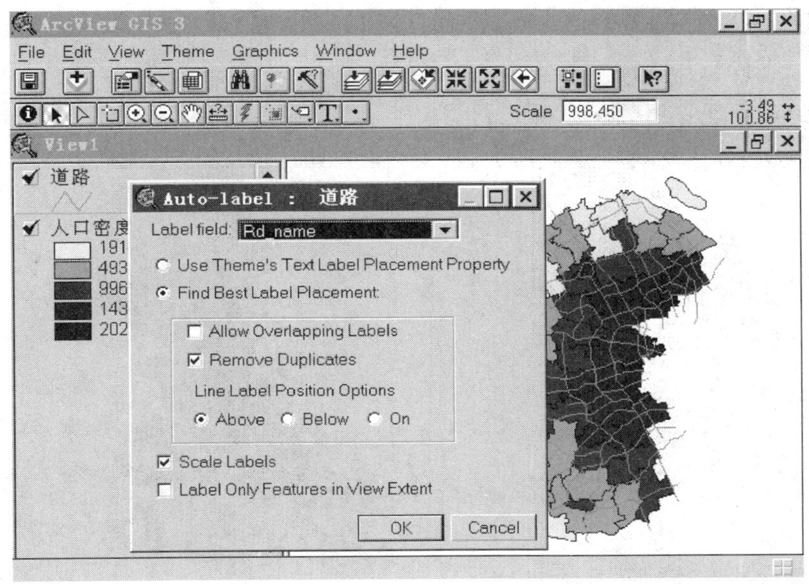

图4－7　自动注记对话框

Label field：选择 Rd_ name，将该字段的属性值注记到地图上

● Find Best Label Placement 选择，自动确定最佳注记位置

√ Remove Duplicates 钩选，取消内容相同的部分

● Above 选择，注记在道路上侧的位置

√ Scale Labels 钩选，注记的比例可缩放

按 OK 键继续，可以看到，主要道路的路名注记到地图上（见图4－8）。如果对字体、大小、颜色不满意，可选用菜单 Window/Show Symbol Window...，弹出符号选择窗口，在符号选择窗口中选择字体、大小、颜色，选定后关闭窗口。重新定义注记：激活专题“道路”，适当地缩放图形的比例，选用菜单 Theme /Remove Labels，取消属性注记，再到菜单 Theme 中选择 Auto_ label...，弹出 Auto_ label 对话框，点击 OK 按钮退出，道路名称将按新选的字体、大小、颜色注记到道路旁。

3. 使用注记专题

点击 Add Theme 按钮，为视图增加专题，在 \ gis_ ex \ ex03 \ 路径下，有立体图标 Townshp，单击立体图标，出现 polygon，annotation，labelpoint 三个选项，双击 annotation，就为视图增加了一个注记专题，该专题的内容为四个数字编号。专题注记可用图例编辑器调整字体、颜色，但是大小是由数据输入时确定好，须对数据源进行编辑时才能调整。

ArcView 的三种注记各有优缺点和适用性：

临时注记简单、灵活，输入后不能用于其他专题，适用于少量、临时性的注记。

属性注记的内容来自要素的属性，一旦要素的属性被修改，地图的注记就跟着变化，注记和属性自动保持一致。

专题注记的字符存放在数据源中，用编辑软件输入、维护，可精确控制他们的位

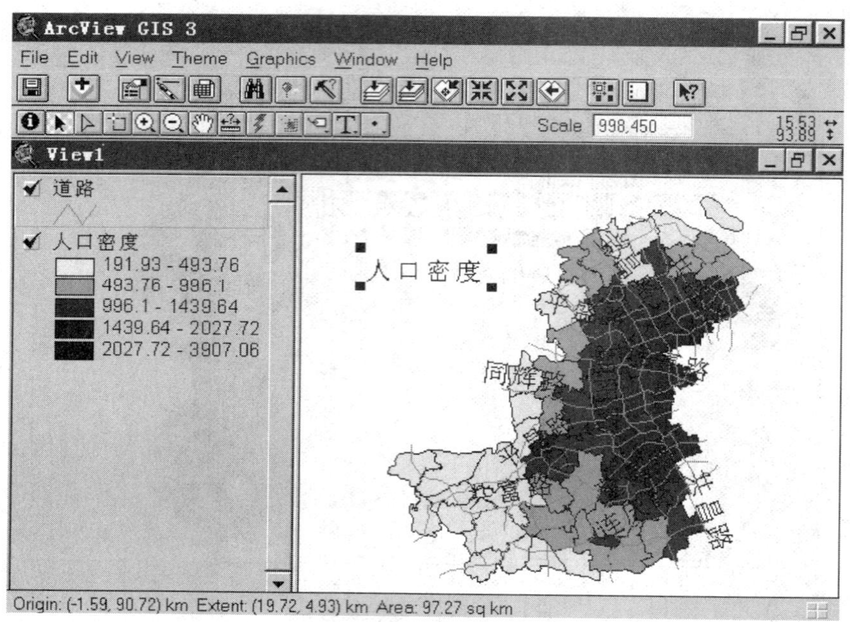

图 4－8　自动注记的效果

置、大小、倾斜、间距等等，还可分类输入、分类显示，适用于内容复杂、位置密集、表达要求高的专题地图（shape 文件没有注记类型）。

（七）统计地图

ArcView 可对属性数据作简单统计后将结果显示到地图上（地图专业术语称统计地图）。选用菜单 View/Add Theme...，到路径 \ gis_ ex \ ex03 下再次选择 Coverage Townshp 中的 Polygon，为视图中增加了一个新的面状专题。选用菜单 Theme/Properties...，将专题名（Theme Name）改为"产业结构"，关闭专题特征定义对话框，返回视图窗口。在专题目录表中双击专题名称"产业结构"，打开图例编辑器（Legend Editor），在 Legend Type 下拉列表中选择 Chart（统计圆饼图），这时，图例编辑器对话框的内容改变。到该对话框左边的字段表（Fields）中依次点击字段名 F_ ind 和按钮 Add，S_ ind 和按钮 Add，T_ ind 和按钮 Add，表示按乡镇的第一、第二、第三产业产值作统计地图，在对话框右侧，三个字段、三项随机产生的填充颜色出现在 Symbols，Fields 表中，按个人喜好，修改表达这三种产业的填充颜色。检查对话框作下角的统计图类型（Chart Type）是否为圆饼图，若不是则用鼠标点击，再到下侧当中调整背景符号的颜色（Background）。点击右下角的按钮 Propreties...，弹出 Pie Chart Properties（圆饼图特征定义）对话框：

Size Field：Area　用乡镇的面积控制圆饼的大小

Minimum Size：4　最小的圆饼占 4 个绘图单位

Maximum Size：14　最大的圆饼占 14 个绘图单位

按 OK 键返回，点击右下角按钮 Apply，观察"产业结构"专题图的效果（见图

4－9)，可以看出，在每个乡镇多边形的当中，按三次产业的比重产生一个统计圆饼，最小的为 4 个绘图单位，最大的为 14 个绘图单位，圆饼的大小由乡镇的多边形面积（Area）决定，显然这不太合理。建议读者再到专题的图例编辑器中，将 Pie Chart Properties 对话框 Size Field 下拉列表中的字段名改选为 GDP，使圆饼的大小由该乡镇的总产值控制，三种颜色的比例反映了该乡镇三次产业的结构。

ArcView 统计圆饼图的大小，不随地图的显示缩放而变化，而受计算机显示器分辨率的影响，若用户觉得圆饼的大小不合适，需在图例编辑器的 Pie Chart Properties 对话框中调整 Minimum Size 和 Maximum Size 的参数。如果将专题属性表中字段名 F_ ind，S_ ind 和 T_ ind 的假名（Alias）设成中文“第一产业、第二产业、第三产业”，再重新定义图例，则地图窗口左侧目录表中的图例说明也将变成中文。

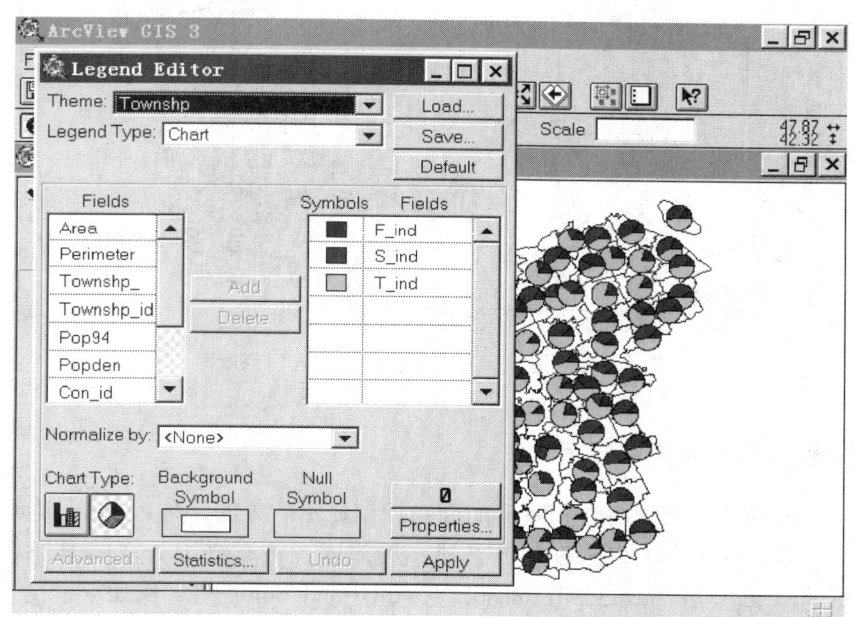

图 4－9　按三次产业产值定义统计地图

（八）点密度专题图

ArcView 的统计地图还有直方条形图、点密度图等，前者和一般表状数据的直方条形图相似，后者专用于面状专题图的表达，将要素的属性值按一定比例用点状符号随机布置在多边形内。关闭专题“产业结构”，激活专题“人口密度”，选用菜单 Theme/Properties...，点击图标 Display，删除 Minimum Scale 和 Maximum Scale 两个数据框内的值，按 OK 键返回，启动专题“人口密度”图例编辑器，调整其中的参数：

Theme：人口密度

Legend Type：Dot　　　　　　　　点密度图

Density Field：Pop94　　　　　　1994 年人口统计数为控制密度的字段

Normalized by：<None>

Dot Legend：1 dot = 500.000000　每点代表500个居民

双击 Dot Symbol 下的符号，弹出符号定义对话框，将点状符号的大小（Size 选项）设置为2，点击 Apply 按钮，产生人口密度统计专题图（参见图4-10）。

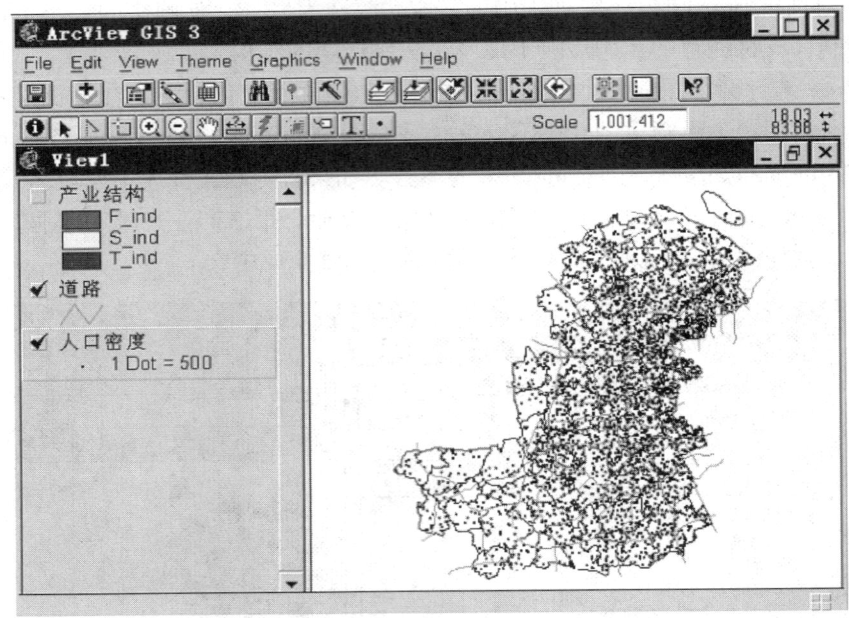

图4-10　按500人一个点产生的人口密度图

（九）用属性的归一化控制显示

ArcView 提供了用两个属性相除后的商来控制显示的方法，称为 Normalize（通常译成归一化）。在实现了对人口密度的分类显示后，读者可以继续为视图增加一个专题，数据源仍然是\gis_ ex\ex03\Townshp。进入 Legend Editor 后，作如下定义：

Legend Type：Graduated Color　采用颜色渐变的图例

Classification Field：Pop94　用1994年人口统计值进行分类

Normalized by：Area　　对多边形的人口值用该多边形的面积值归一化

点击 Apply 键后可以观察到，新增加专题的显示效果和人口密度图一样。按常识，人口密度是用每个区的人口和该区面积相除后的商，在 ArcView 中，无论是事先计算好人口密度，将密度值放在属性表中，用该属性项控制显示，还是直接在图例编辑器中，用归一化方法控制显示，得到的效果相同。

（十）对项目文件的操作

按照 Windows 应用软件的风格，用户可在 View 窗口的 File 菜单中选择 Close，退出 View Document，回到 Project Window（项目窗口），选择菜单 File/Save Project As...，表示将自己完成的对项目的操作均保存到另一个项目文件中。建议初学者将项目文件存放到自己的临时目录\gis_ ex\ex03\temp\，可取名为 Proj1，下次练习时可继续使用。

Project 窗口的 File 菜单中的 Open 选项，表示打开已有的项目文件。Project 窗口的 File 菜单中的 Save 选项，表示保存当前已打开的项目文件。

（十一）小结

项目（Project）是 ArcView 的基本应用单元，每个 Project 的五个基本子系统（Document）在前面已作了简单介绍，本项目练习针对地图显示子系统（Views）。每个 Project 可以由多个 View 组成，每个 View 往往由多个专题地图（Theme）组成。

专题地图（Theme）的数据来自数据源（Data Source）。矢量型专题地图按地理要素分点、线、面、注记四类，显示形式由符号（Symbol）表达，针对不同要素类型，分点状符号、线型、填充符号、字体四大类（参见表 4-1）。通过地理要素的属性来控制符号，使空间事物的表达直观、针对性强，这不但是 ArcView 也是其他 GIS 软件的基本功能，和 GIS 的数据模型相辅相成。

表 4-1　要素的符号表达形式

要素类型	符号类型	可控制的形式	特殊形式
点	点状符号	点的式样、大小、颜色	倾斜、多属性统计图
线	线型	线的式样、宽度、颜色	横向偏移、方向性
多边形	填充符号	图案式样、密度、颜色、外框边界线型	多属性统计图、点密度图
注记	字体	字体式样、大小、颜色	倾斜、间距

依靠属性对专题地图的要素进行分类是表达空间事物的基本途径，图例编辑器（Legend Editor）是 ArcView 选择、控制、调整符号，进行分类的工具。对点、线、面要素可以实现单值图、指定值分类图、颜色渐变图、大小（或线的宽度）渐变图、点密度图、统计图等六种表达方式。地图的注记有属性注记、注记专题、图形注记三种。目录表中的图例说明和专题图相对应，以适应各种应用需要。

对 View（包括其他子系统）的定义保存在项目文件中，和数据源相互独立，当数据源（包括空间数据、属性数据）被改变，View 所显示的内容也就自动跟着变化，不需专门干预。

六、注意事项

注意各种专题地图类型（点密度图、饼图、柱状图）设置的要点。

七、 实训预习与准备要求

预习本实训项目背景知识和较好地掌握实训项目一、二内容及步骤。

八、 思考题

利用属性进行归一化控制显示有什么意义?

提高篇

实训项目五　视线视域分析

一、背景知识

视线视域分析是可视性分析的两个最基本的因子。可视性分析是数字地形分析的重要组成部分，也是GIS空间分析中不可或缺的内容。数字地形分析是以数字高程模型（DEM）为基础数据进行地形属性计算和特征提取的数字地形信息处理技术，是进行各种与地形因素相关的空间模拟的基础技术。可视性分析又称为通视分析，实质上属于对地形进行最优化处理的范畴。可视性分析的目的是分析观察者在三维空间中发现目标的概率，确定土地景观中点与点之间的相互通视能力，对军事活动中的航路规划、微波通讯网的规划以及风景旅游点的研究都有着重要意义。

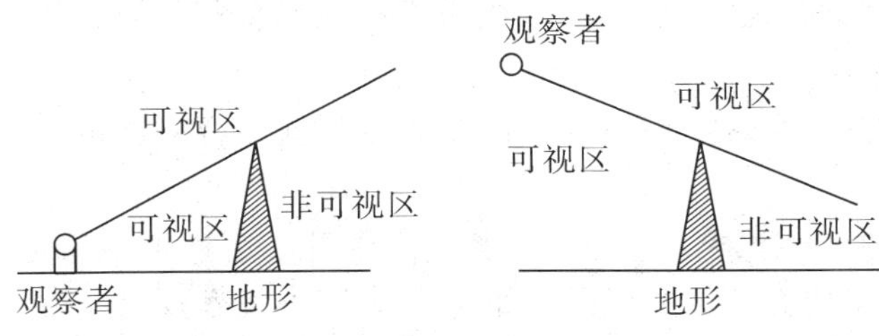

图5－1　通视分析示意图

根据问题输出维数的不同，通视可分为点的通视、线的通视和面的通视。点的通视是指计算视点与待判定点之间的可见性问题；线的通视是指已知视点，计算视点的视野问题；区域的通视是指已知视点，计算视点可视的地形表面区域集合的问题。

现代数据可视化（Data Visualization）技术指的是运用计算机图形学和图像处理技术，将数据转换为图形或图像在屏幕上显示出来，并进行交互处理的理论、方法和技术。空间信息的可视化是现有计算机可视化技术的具体应用，是以地理环境作为依托，强调的是地理认知与分析。透过视觉效果，探讨空间信息所反映的规律是空间信息可视化的真正目的。

（一）视线分析

视线分析就是点对线的通视，但需要注意的是，对于视野线之外的任何一个地形表面上的点都是不可见的，但在视野线内的点有可能可见，也有可能不可见。视线分析是用软件判断在DEM上，从某个观察点到另一个目标点之间视线是否通畅。

一般情况下，键入观察点和目标点的相对高程后，两点间的连线红色表示不可视部分，绿色表示可视部分，但不能仅仅根据连线的颜色判断两点之间是否可视，因为连线上的不同颜色，仅仅是反映当目标点在连线上的某一点时，是否可视；而并不是直接反映观察点（起点）和目标点（终点）之间是否可视。要判断观察点（起点）和目标点（终点）之间是否可视，需要注意计算机软件窗口下方的状态栏中，出现的说明性文字解释。如果观察点和目标点之间是可视的，状态栏中将出现"The target is visible."字样，说明两点之间是可视的；反之，状态栏中将出现"The target is not visible (Blocked at xxxxx，yyyyy)."，说明两点之间是不可视的。"xxxxx，yyyyy"表示第一个视线受阻点的 *XY* 坐标值。而这一点在 View 中也会显示出来，表示为观察点和目标点连线中一个蓝色的点。

视线分析包括视线方向、视线形态、视线距离、视线投射方式、视线可逆性。

视线方向是指两点之间视线的指向，它是一个相对意义上的概念，包括主动和被动两个方向。

视线形态是指视线的几何形态，人眼的视线可看作是直线形，斜抛物体运行轨迹呈曲线形态，如炮弹轨迹。某些情况下两点之间的连通轨迹是更为复杂的其他形态，如连续的折线段等，如光线发生多次反射。

视线距离权是指地形可视性分析需要设定有效距离，一般情况下，可视性会随着沿视线方向距离增大而减弱。根据沿视线是否存在距离权问题，可将视线分为有距离权和无距离权两类。

视线投射方式是指由观察对象发出的视线投射向目标对象的方式，主要包括散射和平行投射两种。

可逆性是指在复杂对象分析中，可视性往往是不可逆的。根据是否存在可逆性，将可视性分为可逆可视和不可逆可视。如对象 A 可以观察到对象 B 的一部分，而对象 B 可以观察到对象 A 的全部，则称它们之间的可视性不可逆。

（二）视域分析

狭义的视域是指一个人的视力范围，因而它是一种与主体有关的能力。它是有限的：即使视域不为事物所阻挡，它的最大范围也就是天地相交的地方，即地平线。对于主体来说，"视域"的边界是永远无法达到的。地平线是一个只能看到，而无法划定的场所。因此，"视域"的有限性与被感知的实在性有关，"视域"的无限性与未被感知的可能性有关。而广义的视域不仅与"看"的范围有关，而且与精神的"观"的场所有关。在这个意义上，感知、想象、感受、直观、本质直观、判断等等意识行为都具有自己的"视域"即视力范围。

而在这里我们所说的视域是以软件为平台的狭义的视域，指的是从一个或多个观察点可以看见的地表范围。视域分析的基础是视线操作。视线是连接观察点和观察目标的线。如果观察范围任意一点地表或目标高于视线，则该目标对于该观察点不可视。视域实际上又是点对区域的通视。

GIS 可视性分析是利用 GIS 空间分析方法自动提取可视域的技术方法。目前，可视性分析无论在算法还是表达上均已达到较为成熟的阶段，并应用在森林防火监测点、观察所、无线发射塔等方面的选址。地形可视性分析主要包括通视性分析、可视域计算、可视性表达和可视频率四个方面的内容。这些分析内容的本质都是两点之间的通视性分析。

1. 视域分析必需的参数

视域分析必需的参数有观察点、观察方位角、观察半径。

视域分析的结果都是显示不可视与可视的二值地图。对于一个观察点而言，视域地图1为可视，0为不可视。对于有两个观察点的地图，视域地图可能有三个：2、1、0。

2. 视域分析的分类

（1）单点可视域分析。对观察点之间是否可视进行分析。

（2）全局可视域分析，以观察点为中心，360°为视域角，对分析范围内的所有点进行连线可视性分析，对其中所有的可视点进行编码，从而可以形成一幅可视域矢量图，就是全局可视域分析的目的，该功能可用于确定研究区域内给定地面高度具有最大可视域的位置，例如用无线电发射塔的自动定位，瞭望塔选址等问题。

（3）连线可视域分析在指定视线方向及视域范围的条件下进行（如图5-2）。

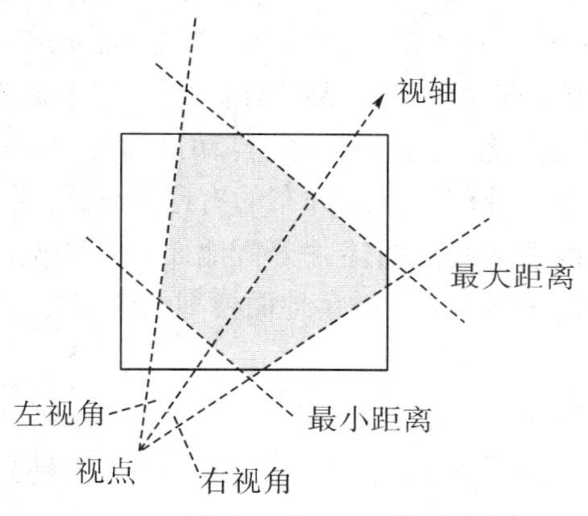

图5-2 连线可视域分析

（4）基于路径的视域分析。

视域分析不仅可以判断三维表面上是否可见的范围，也可以记录可视的范围内每一栅格单元可以被观察到的次数。计算得到栅格专题中每一个单元的值表示该单位沿着观察路径可以被看到的次数（如图5-3）。

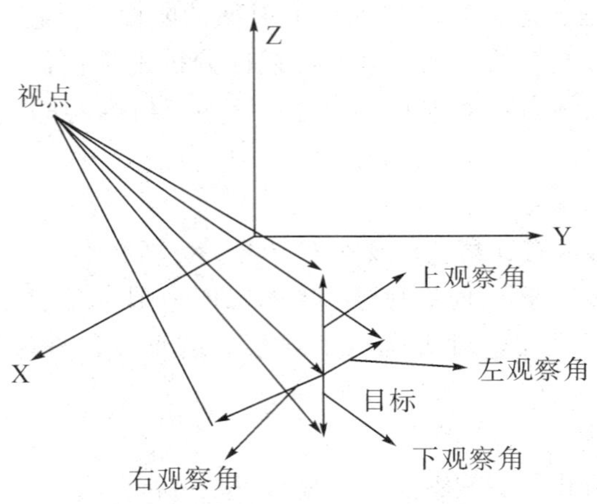

图 5-3　基于路径的视域分析

3. 视域分析涉及的两个模型

DEM 和 DTM 分别是数字高程模型和数字地面模型的英文缩写。

（1）数字地形模型（DTM）。当 z 为其他二维表面上连续变化的地理特征，如地面温度、降雨、地球磁力、重力、土地利用、土壤类型等其他地面诸特征，此时的 DEM 称为 DTM（Digital Terrain Models）。DTM 是地理信息系统地理数据库中最为重要的空间信息资料和赖以进行地形分析的核心数据系统，是构建国家空间数据基础设施的重要框架数据之一。而数字地面模型最初是为了高速公路的自动设计提出来的（Miller，1956）。数字地面模型是描述地表形态的多种信息空间分布的有序数值阵列。因为地理空间实质是三维的，但是人们习惯二维地理空间上描述并分析地面特性的空间分布。因此可以用二维函数系列取值的有序集合来概括地表示数字地面模型的丰富内容和多彩形式：

$K_P = f_k\ (u_p v_p)$

$(K=1,\ 2,\ 3,\ \cdots m;\ p=1,\ 2,\ 3,\ \cdots n)$

式中，K_P 为第 p 号地面点（可以是单一的点，但一般是某点及其微小邻域所划定的一个地表面元）上的第 k 类地面特性信息的取值；u_p、v_p 为第 p 号地面点的二维坐标，可以是采用任一地图投影的平面坐标，也可以是经纬度和矩阵的行列号等；m（$m \geqslant 1$）为地面特性信息类型的数目；n 为地面点的个数。

（2）数字高程模型（Digital Elevation Models，DEM），是国家基础空间数据的重要组成部分，它表示地表区域上地形的三维向量的有限序列，即地表单元上高程的集合，数学表达为：$z=f\ (x,\ y)$。也就是说数字高程模型是一定范围内规则格网点的平面坐标（X，Y）及其高程（Z）的数据集。它主要是描述区域地貌形态的空间分布，是通过等高线或相似立体模型进行数据采集（包括采样和量测），然后进行数据内插而形成。DEM 是对地貌形态的虚拟表示，可派生出等高线、坡度图等信息，也可与数字正射影像图（DOM）或其他专题数据叠加，用于与地形相关的分析应用，同时它本身还是制作 DOM 的基础数据。

DEM 是 DTM 的一个分支。实际上，DEM 是 DTM 中最基本的部分，它是对地球表面地形地貌的一种离散的数字表达，而视域分析是数字高程模型中的一个重要应用领域。DEM 主要有几种表示方法：

等高线法：等高线通常被存储成一个有序的坐标点序列，可以认为是一条带有高程值属性的简单多边形或多边形弧段。由于等高线模型只是表达了区域的部分高程值，往往需要一种插值方法来计算落在等高线以外的其他点的高程。

不规则三角网法（Triangulated Irregular Network，TIN）：利用所有采样点取得的离散数据，按照优化组合的原则，把这些离散点（各三角形的顶点）连接成相互连续的三角面。在连接时，尽可能地确保每个三角形都是锐角三角形或是三边的长度近似相等（Delaunay）。因为 TIN 可根据地形的复杂程度来确定采样点的密度和位置，能充分表示地形特征点和线，从而减少了地形较平坦地区的数据冗余。

规则格网法（Grid）：规则格网法是把 DEM 表示成高程矩阵，DEM 来源于直接规则矩形格网采样点或由不规则离散数据点内插产生。因为结构简单，计算机对矩阵的处理比较方便，所以高程矩阵已成为 DEM 最通用的形式，特别有利于各种应用。但 Grid 系统也有下列缺点：①地形简单的地区存在大量冗余数据；② 如不改变格网大小，则无法适用于起伏程度不同的地区；③由于栅格过于粗略，不能精确表示地形的关键特征，如山峰、洼坑、山脊等。

与传统地形图比较，DEM 作为地形表面的一种数字表达形式有如下优点：

①容易以多种形式显示地形信息。地形数据经过计算机软件处理过后，产生多种比例尺的地形图、纵横断面图和立体图。而常规地形图一经制作完成后，比例尺不容易改变或需要人工处理。

②精度不会损失。常规地图随着时间的推移，图纸会因变形而失掉原有的精度。而 DEM 采用数字媒介，能保持精度不变。此外，由常规的地图用人工的方法制作其他种类的地图，精度会受到损失，而由 DEM 直接输出，精度可得到控制。

③容易实现自动化、实时化。常规地图要增加和修改都必须重复相同的工序，劳动强度大而且周期长，而 DEM 由于是数字形式，所以增加和修改地形信息只需将修改信息直接输入计算机，经软件处理后即可得到各种地形图。

DEM 模型有多种应用：①作为国家地理信息的基础数据；②土木工程、景观建筑与矿山工程规划与设计；③为军事目的而进行的三维显示；④景观设计与城市规划；⑤流水线分析、可视性分析；⑥交通路线的规划与大坝选址；⑦不同地表的统计分析与比较；⑧生成坡度图、坡向图、剖面图、辅助地貌分析、估计侵蚀和径流等；⑨作为背景叠加各种专题信息，如土壤、土地利用及植被覆盖数据等，以进行显示与分析；⑩与GIS 联合进行空间分析；⑪虚拟现实（Virtual Reality）。此外，从 DEM 还能派生以下主要产品：平面等高线图、立体等高线图、等坡度图、晕渲图、通视图、纵横断面图、三维立体透视图、三维立体彩色图等。

（三）基于 DEM 的可视化分析

1. 剖面分析

（1）意义。剖面分析常常可以以线代面，研究区域的地貌形态、轮廓形状、地势变化、地质构造、斜坡特征、地表切割强度等。如果在地形剖面上叠加其他地理变量，例如坡度、土壤、植被、土地利用现状等，可以为土地利用规划、工程选线和选址等决策提供依据。

(2) 绘制

剖面分析可在格网 DEM 或三角网 DEM 上进行。已知两点的坐标 A（x_1，y_1），B（x_2，y_2），则可求出两点连线与格网或三角网的交点，并内插交点上的高程，以及各交点之间的距离。然后按选定的垂直比例尺和水平比例尺，按距离和高程绘出剖面图（见图 5-4 和图 5-5）。剖面图不一定必须沿直线绘制，也可沿曲线绘制。

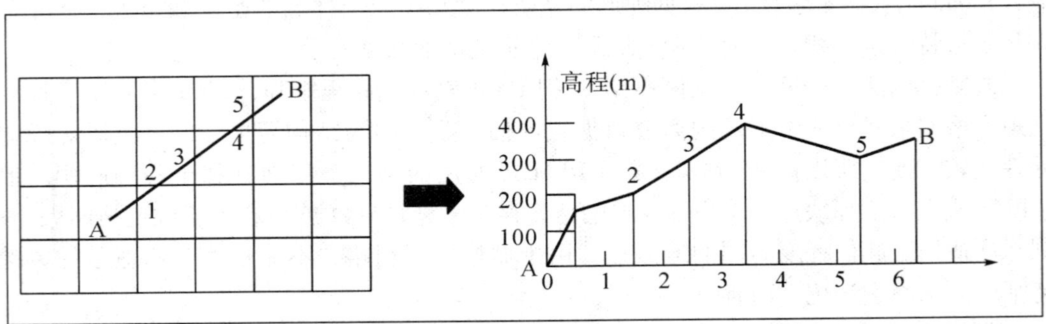

图 5-4　剖面分析示意图（按距离）

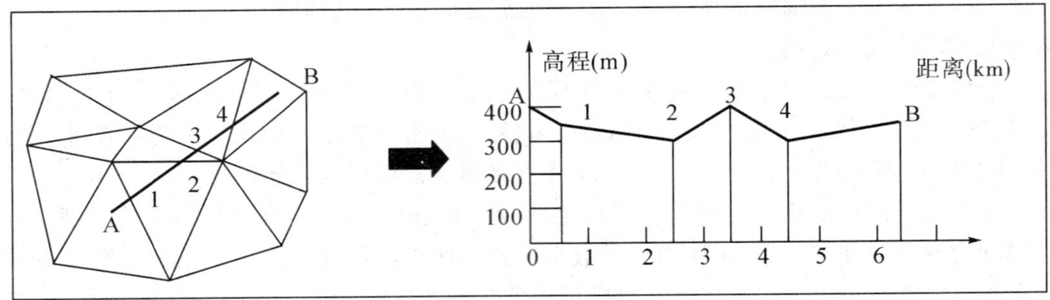

图 5-5　剖面分析示意图（按高程）

2. 地貌晕渲图绘制

地貌晕渲法即阴影立体法，它可以增加丘陵和山地地区描述高差起伏的视觉效果（见图 5-6），自动晕渲的原理是基于"地面在人们眼里看到的是什么样子、用何种理想的原料来制作、以什么方向为光源照明方向"等模式，自动地貌晕渲图的计算首先是根据 DEM 计算坡度和坡向，然后将坡向数据与光源方向比较，面向光源的斜坡得到浅色调灰值，反方向的斜坡得到深色调灰值（图 5-6），介于中间坡向的坡度得到中间灰值。灰值的大小按坡度进一步确定。

3. 模拟飞行

DEM 图像通过与 TM 图像中七个不同波段进行叠加，生成仿真的真彩色或假彩色三维地形模型（DTM），在此基础上进行飞行模拟。在飞行模拟环境中，可以根据观察

图 5－6　三维地形正视的俯视效果图

的需要，对地面显示速度、方位、观察位置、高程和透视角度等进行交互控制，完全达到身临其境的效果。同时，它能将大范围、广视角和小范围、高精度有机的结合起来进行显示，可以从不同的高度、方位由远及近地观察地形的总体及部分特征。

图 5－7　模拟飞行界面

4. 空间数据的内插

内插是数字高程模型的核心问题，贯穿于 DEM 的生产、质量控制、精度评定和分析应用的各个环节（如图 5－8）。

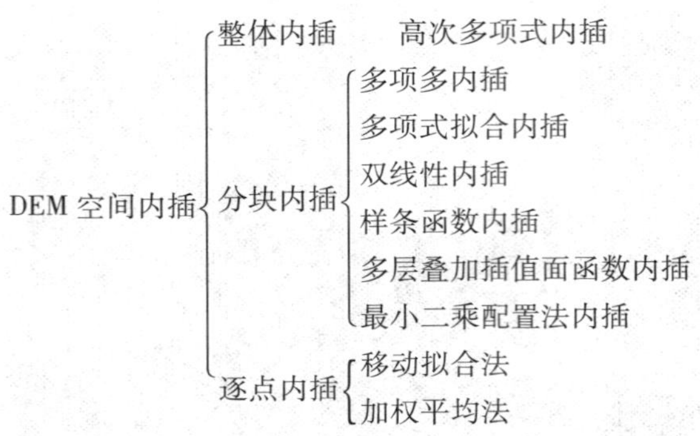

图5-8　DEM空间内插分类

(四) 视域分析的具体应用

(1) GIS可视性分析是利用GIS空间分析方法自动提取可视域的技术方法。目前，可视性分析无论在算法还是表达上均已达到较为成熟的阶段，并应用在森林防火监测点、观察所、无线发射塔等方面的选址。地形可视性分析主要包括通视性分析、可视域计算、可视性表达和可视频率四个方面的内容。这些分析内容的本质都是两点之间的通视性分析。

(2) 数字高程模型（DEM）的视频可视域提取算法，其目的是解决视频可视域能在森林防火GIS中的三维地形图上同步跟踪表达，通过森林防火GIS可以不受时间限制，随时获取可视域范围的森林小班因子数据，了解可视域范围的地形地貌及森林资源状况，建立防火GIS和视频监控系统间的信息联动，实现优势互补。

(3) 视域分析在作战地形分析中的应用：观测与射击分析是以视线及视域分析为基础的分析应用。视域分析另有一种描述方式，即通视率。通视率系于观察区域内设置等间距的一组观测点，然后计算地形面上每一单元可被多少观测点通视，将之以百分比表示。其公式为：通视率（%）=（可通视观测点数/所有观测点数）×100%。观测与射击分析可采用上述视域与通视率分析模式达成，其差异处在于观测点（武器、雷达、无线电台等）的属性设定。而其中的地形障碍分析仍然属于视域分析的范畴。

(4) 视域分析在洪水淹没的水深计算中也有重要的应用。洪水淹没水深是度量洪灾严重程度的一个重要指标：洪水淹没水深 $D(X, Y)$ = 洪水水面高程 Ew - 地面高程 $Eg(X, Y)$。动态模型：通过求解水文水利学模型来获取水面高程，在与数字高程模型作相减运算，计算淹没水深。静态模型（研究重点）：已知洪水淹没范围的条件下，利用离散化的水位高程数据、数字高程模型，通过空间内插计算得到淹没水深。

主要思想：针对地形数据进行的淹没仿真分析，其分析结果以矢量结果的输出。对结果地物多边形和高程多边形进行叠置，提取土地使用为住宅和高程低于洪水水位的多边形，再通过数据计算，就可以大体估算出由于洪水带来的财产损失。常用分析方法：简单洪水淹没分析（地形数据自然积水）、水漫淹没分析（堤防数据）、溃口淹没分析（堤防数据+溃口数据）。

(5) 遥感是视域分析的一个典型应用，由于高程差较大，使之可以覆盖到全球，捕获全球信息。

(五) 视域分析与视线分析比较

(1) 前者是用来确定从三维表面上的某一点向周围观察，可以看到的范围，或者沿着某一路径运动，可以看到的范围。作视域分析除了要有一个代表高程的 TIN 或 Grid 的三维表面外，还要有一个观察点或观察路径专题。观察点是一般的点状矢量专题，观察路径是三维的 Shape 文件。

(2) 视域分析的结果是栅格专题，视线分析的结果是临时图形 (Graphic)。

(3) 作视域分析前，应在观察点的专题属性表中添加相关的字段，输入高程值；否则，默认的观察点高程就会比对应的三维表面高一个单位。

(4) 视线分析的高程通过对话框输入。

二、 实训目的和任务

通过本项目实训，认识什么是 DEM、什么是视线分析和视域分析，知道如何利用 DEM 进行视线和视域分析，掌握改变观察点进行视线视域分析的方法。

三、 实训内容

视线分析和视域分析，改变观察点的视线和视域分析。

四、 实训要求

要求学生能够运用 DEM 进行完整的视线和视域分析，并掌握计算相关面积指标步骤和方法。

五、 实训步骤

(一) 视线分析

1. 基本操作步骤

打开项目文件 \ gis_ ex \ gis 旅游 . apr，进入 View1，系统自动加载空间分析和 3D Analyst 扩展模块。该视图有点状专题“观察点”，线状专题“道路”，DEM 专题“地形”(见图 5 -9)。选用菜单 View /Properties，将 Map Units 和 Distance Units 均改为

Meters。

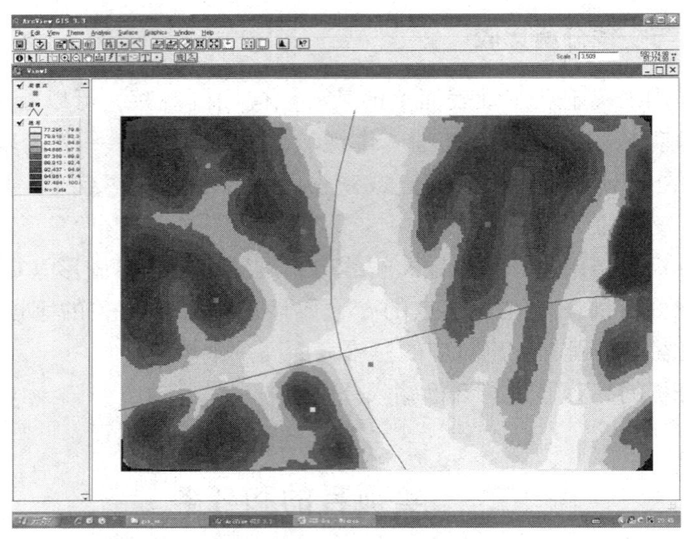

图 5 - 9　View1 的显示

激活专题"地形"，在 View 工具栏中选择视线分析工具。一般情况下，默认设置中，视线分析工具并不是直接出现在工具栏中，在工具栏同一位置上可能是等高线工具或最陡峭路径工具。此时，用鼠标选中该图标，按下左键不松开，就会出现下拉式的工具栏，其中就有视线分析工具。将鼠标的左键移到处，松开鼠标的左键，就可以将视线分析工具移到工具栏中，点击按下视线分析工具，出现 Line of Sight 对话框，对话框主要参数及意义如下：

Define height offsets：

Observer：观察点的相对高程（1 为默认值）

Target：目标点的相对高程（1 为默认值）

按 OK 键确认。一旦确定了观察点和目标点的相对高程，就可以连续进行视线分析。此时，屏幕上出现十字光标，就可以在三维表面上指定观察点和目标点。先用鼠标将十字光标移到观察点处，按下左键不放，再用鼠标十字光标移到目标点处，松开鼠标的左键，系统根据用户观察点和目标点的位置，绘制出一条连接线段。这一连线往往是红绿相间的线段，绿色表示连线上的可视部分，红色表示连线上的不可视部分（见图 5 - 10）。

需注意，不能仅仅根据连线的颜色判断两点之间是否可视，因为连线上的不同颜色，仅仅是反映当目标点在连线上的某一点时，是否可视；而不是直接反映观察点（起点）和目标点（终点）之间是否可视。要判断观察点（起点）和目标点（终点）之间是否可视，需要注意窗口下方的状态栏中出现的说明性文字解释。如果观察点和目标点之间是可视的，状态栏中将出现"The target is visible."字样，说明两点之间是可视的；反之，状态栏中将出现"The target is not visible（Blocked at xxxxx，yyyyy）."，说明两点之间是不可视的。"xxxxx，yyyyy"表示第一个视线受阻点的 *XY* 坐标值。而这

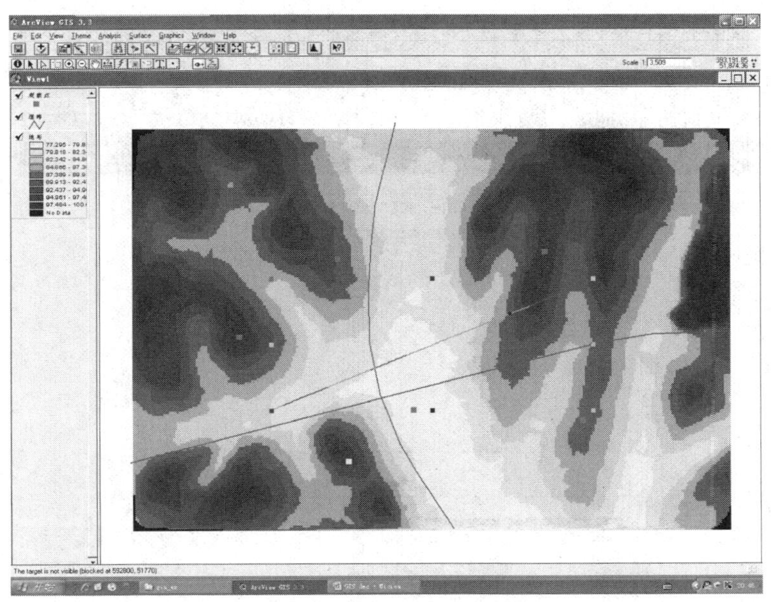

图 5－10　两点间视线分析结果

一点在 View 中也会显示出来，表示为观察点和目标点连线中一个蓝色的点。

如果需要改变观察点和目标点的相对高程设定，就需要再次选用工具栏中的视线分析工具进行设置。

2. 显示视线的纵剖面

完成上述操作之后，激活专题“地形”，将 View1 的窗口最小化，并激活 Project Window，点击 Layouts 图标，选用 new 按钮，建立一个新的 Layout，系统自动取名为“Layout1”，在 Layout 的工具栏中选择纵剖面图像工具。用这一工具在 Layout 的页面中用拖动的方法划出剖面图的绘制范围，松开鼠标的左键后，弹出 Profile Graph Properties（纵剖面图像属性）对话框，可以使用和前一个练习一致的设置，或者使用系统默认值，按 OK 键确认。

系统在 Layout 的页面上绘制出了纵剖面图，可以更加直观地显示视线分析的结果。其中的虚线就是用户所绘制的视线，折线部分表示了三维地形的纵剖面，而其中的红色部分就是观察者不可见部分，绿色部分为观察者可见的部分。通过纵剖面的显示可以更为直观地分析视线的遮挡情况（见图 5－11）。

3. 视线分析小结

视线分析是用软件判断在 DEM 上，从某个观察点到另一个目标点之间视线是否通畅。用户可以用鼠标在三维表面指定任意两点，系统就计算出两点之间是否相互可视，计算结果可以在 View 的图面上以及状态栏中直接显示。也可以通过绘制视线的纵剖面图的方法，更为直观地反映视线的阻挡情况。

系统在提示输入观察点和目标点时，允许用户输入观察点和目标点相对于三维表面的相对高程，也就是观察点和目标点不一定就贴在三维表面上。例如：观察点可以

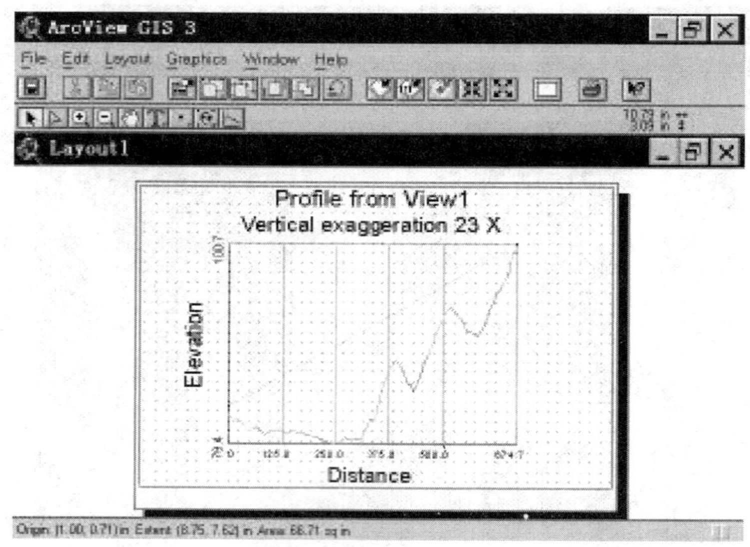

图 5－11　视线的纵剖面

表示站立在地表上的一个人，目标点可以代表即将建设的某个建筑物的顶部、窗户。视线分析中用鼠标画出的观察点和目标点之间的连线，在 ArcView 中是将其作为图形 Graphic 处理。如果要在 View 中清除这些连线，在工具栏中选择图形选择工具，选中图形后，在键盘上按下 Delete 键，不需要的连线就被删除。

（二）视域分析

在进行视域分析时，可预先设置相关分析参数：点击 Analysis Properties，出现以下对话框（如图 5－12）：

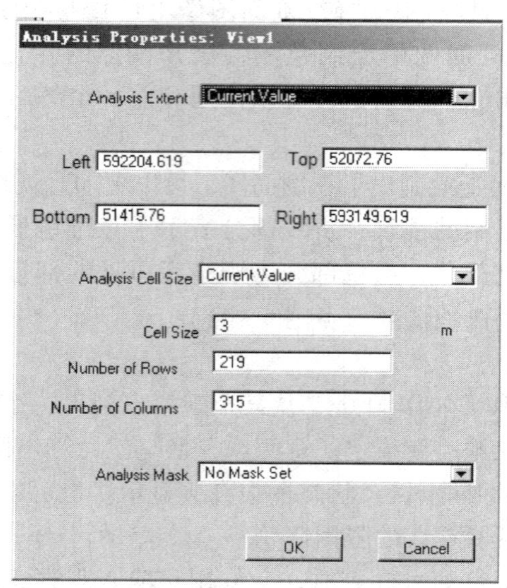

图 5－12　视域分析参数设置

其中：

Analysis Extent：Same As 地形　　下拉选择

Output Grid Cell Size：As Specified Below　　下拉选择

Cell Size：10　　键盘输入栅格单元大小，按回车键确认

Number of Rows：6　　确定单元大小后自动确定栅格的行数

Number of Columns：95　　确定单元大小后自动确定栅格的列数

1. 基于观察点的视域分析

关闭 Layout，返回 View1，用 Shift 键同时激活专题“地形”和“观察点”，选择菜单 Surface/ Calculate Viewshed…，系统产生栅格状视域分析结果专题“Visibility of 观察点”，并自动分成三类（如图 5-13）：

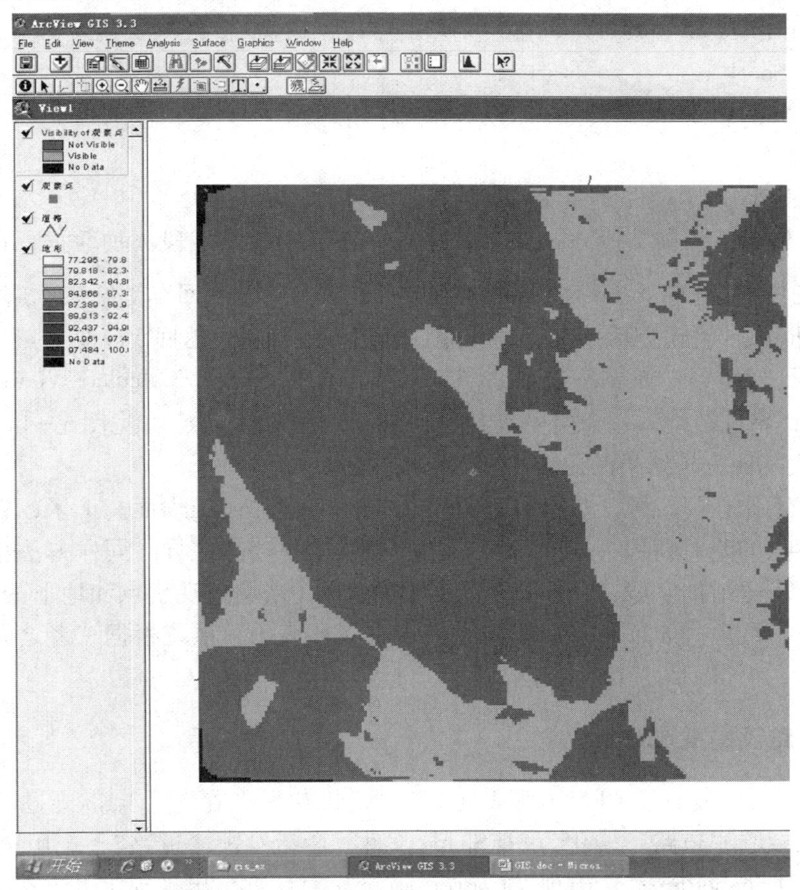

图 5-13　观察点的视域分析结果（不设置观察点的高程）

Not Visible：表示站在观察点不可见的范围，默认为红色

Visible：表示站在观察点的可见范围，默认为绿色

No Data：无值

2. 改变观察点的相对高程

基于观察点的视域分析与前面使用过的视线分析不同。视线分析可以由用户指定

观察点和目标点的相对高程。在视域分析中，则是需要预先设定部分参数，其中有观察点的高度。在前面进行的视域分析中，没有作任何特别的设置，在 ArcView 中，系统默认观察点的高度比所在位置三维表面高 1 个距离单位。例如，上述练习中，观察点所在处的三维表面的高程为 78.8 米，观察点的高程即为 79.8 米。用户可以在观察点专题的属性表中设置特定的字段，设定观察点的高程。常用的字段有：

Spot：指定观察点的绝对高程值

OffsetA：三维表面高程不变，设定观察点的高程偏移值

OffsetB：观察点高程不变，设定三维表面的高程偏移值

打开"观察点"专题的属性表"Attribute of 观察点"，选用菜单 Table/Start Editing，该表进入编辑状态。选用菜单 Edit/Add Field…，出现 Field Definition 对话框，为属性表"Attribute of 观察点"增加一个新的字段，键盘输入：

Name：Spot

Type：Number

With：4

Decimal Place：0

按 OK 键确认，新字段 Spot 添加完毕后，还需要为该字段添加数据，在工具栏中选用编辑工具，输入 Spot 字段的数值 100，输入后须用回车键结束。选用菜单 Table/Stop Editing，出现提示"Save Editing?"，选 Yes 确认。返回 View1 窗口，按下 Shift 键激活专题"地形"和专题"观察点"，选用菜单 Surface/Calculate Viewshed…，按 OK 键继续，系统产生另一个栅格状专题"Visibility of 观察点"（见图 5-14）。

3. 两次视域分析结果的比较

前一次不作任何设置，观察点高程仅仅是比对应的三维表面高 1 米，后一次则是设定了观察点的绝对高程为 100 米，得到的分析结果略有差异。同样方法也可以在观察点的属性表中增加字段"OffsetA"和"OffsetB"，来调整观察点和地形的相互关系。读者可以自行试验。如果几个字段同时出现在属性表中，系统根据三者之间的相对关系进行计算，再得到对应的观察点高度。

（三）基于路径的视域分析

View1 中，已经有了 DEM 专题"地形"、线状专题"道路"、点状专题"观察点"。

将线状专题"道路"转化为 3D Shape 文件。激活专题"道路"，选用菜单 Theme/Convert to 3D Shapefile…"，出现"Convert 道路"对话框，出现提示 Get Z values from，下拉选择 Surface，按 OK 键确定。出现提示 Choose theme to use as surface：，在文本框中选择"地形"，按 OK 键继续。系统提示：

Shapefile Name：3D-road　　键盘输入输出的文件名

Directories：d：\gis_ ex\ex18\temp　　默认的文件存放路径

按 OK 键继续。系统继续提示"Add 3D shapefile as themes to the View?"，询问是否将生成 的 3D shape 文件作为一个专题，添加到当前 View 中去，选 Yes 确定。在 View1

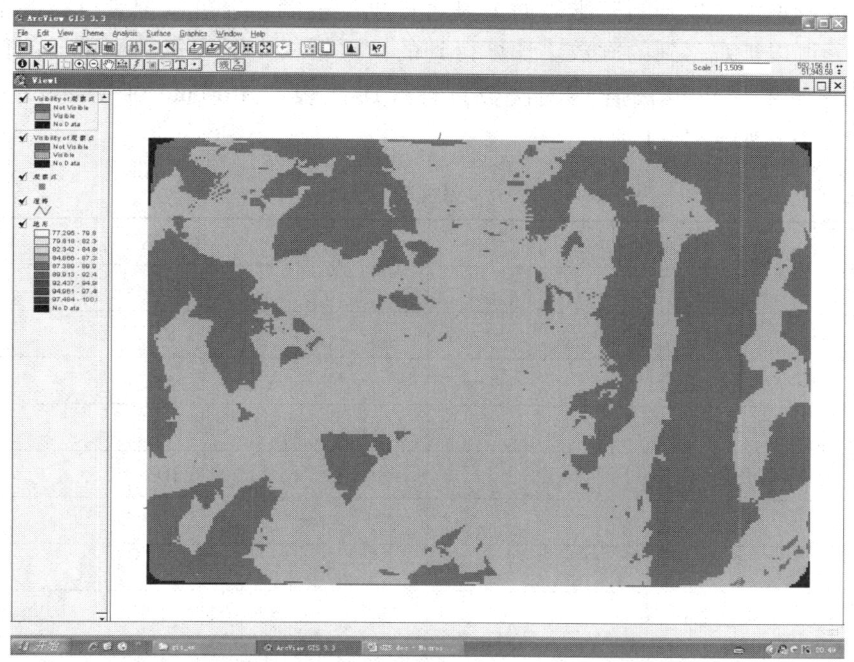

图 5－14　基于观察点的视域分析结果（观察点设置为绝对高程 100 米）

中就有了一个新的专题 3D－road. shp。打开这一专题，使其变成可见。用 Shift 键同时激活专题“地形”和观察者的路线专题 3D－road. shp，选用菜单 Surface/Calculate Viewshed…，按 OK 键确定，系统经过一段时间的计算，得到视域分析的结果栅格专题 Visibility of 3D－road. shp（见图 5－15）。

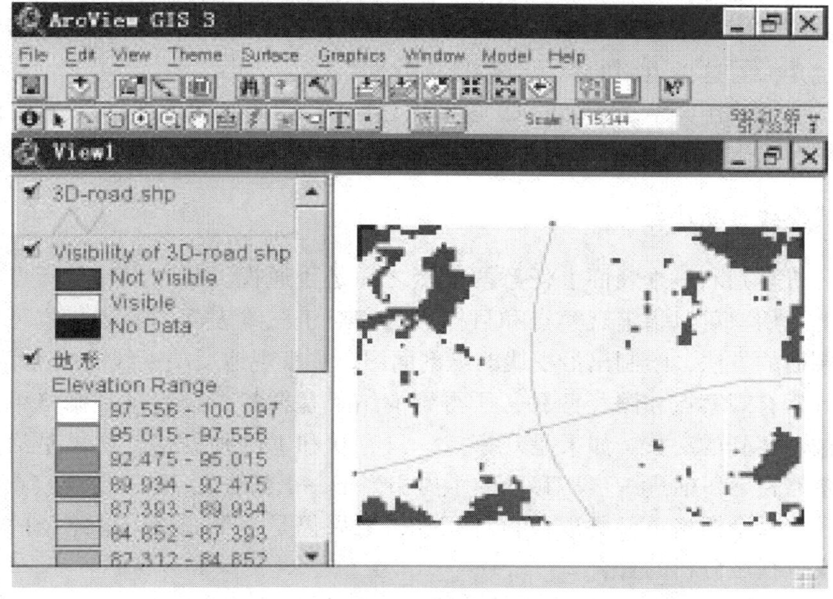

图 5－15　基于路径的视域分析结果（两条道路）

视域分析不仅可以判断三维表面上是否可见的范围，也可以记录可视的范围内每一栅格单元可以被观察到的次数。计算得到的结果栅格专题中每一个单元的值表示沿着观察路径该单元可以被看到的次数。打开属性表"Attribute of Visibility of 3D - road. shp"，显示如表5-1。

表5-1 属性表

VALUE	COUNT
0	831
1	85
2	68
3	65
4	103
…	
…	
200	1
215	1

表5-1的字段中，Value表示栅格的取值，就是被观察到次数，Count表示取该值的栅格共有多少个。读者可以返回View1，用图例编辑器调整显示方式，按观察到的次数多少进行分类显示。

本练习的路径视域分析是对该专题中两条道路同时进行计算，得到的结果也是这两条道路的视野总和。如果仅对其中一条道路的视域作分析，就要在分析之前使用要素选择工具将其中一条道路选中，此后的操作仅仅按进入选择集的要素进行分析，得到的结果也是沿着这条道路的视域分类栅格数据。

练习结束，选用菜单File/Close，返回项目窗口（Project Window），选择File/Exit，关闭Project，退出ArcView，软件提示是否要保存对Project做过的改动。

（四）视域视线分析小结

视线分析是判断三维表面上任意两个点之间是否通视。观察点和目标点可以不在三维表面上，用户可以指定观察点和目标点的相对于三维表面的高程。也可以通过借用生成纵剖面的方法，绘制出沿视线的纵剖面图，更直观地反映视线的状况。

视域分析有观察点和路径两种，所得到的结果是栅格专题，每一栅格单元的取值表示该点被观察到的次数。如果是观察点，只有0和1两种栅格；如果是沿路径，则表示在观察路径上每前进一步（移动的距离相当于一个栅格），作一次观察点分析，走完全部路径，每个栅格单元的取值累计相加，结果仍是一个栅格。沿路径的视域分析是多个观察点视域分析的叠合。

六、 注意事项

改变观察点的高程值时，改变的是绝对高程，而不是相对高程。

七、 实训预习与准备要求

视线和视域的相关知识，以及视线视域空间分析操作步骤。

八、 思考题

相对高程和绝对高程有何区别?

实训项目六　空间缓冲区

一、背景知识

缓冲区分析是地理信息系统重要的空间分析功能之一，它在交通、林业、资源管理、城市规划中有着广泛的应用，例如湖泊和河流周围的保护区的定界、汽车服务区的选择、民宅区远离街道网络的缓冲区的建立等空间邻近性问题。

（一）缓冲区分析概念

缓冲区分析（Buffer Analysis）是指以点、线、面实体为基础，自动建立其周围一定宽度范围内的缓冲区多边形图层，然后建立该图层与目标图层的叠加，进行分析从而得到所需结果，它是用来解决邻近度问题的空间分析工具之一。邻近度描述了地理空间中两个地物距离相近的程度。

（二）空间缓冲区的类型

1. 点要素的缓冲区

基于点要素的缓冲区，通常以点为圆心、以一定距离为半径的圆。它包括单个点要素、多个点要素和分级点要素形成的缓冲区（如图6－1）。

a. 单点缓冲区

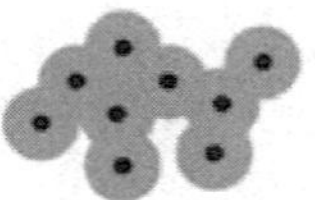

b. 多点缓冲区

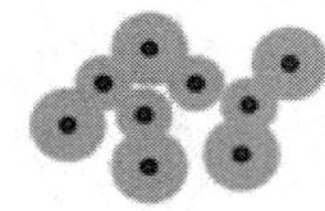

c. 点变距缓冲区

图6－1　点要素缓冲示意图

2. 线要素的缓冲区

基于线要素的缓冲区，是以线要素为轴线，以缓冲距为平移向量向两侧（或一侧）做平行曲线，在轴线两端以平角或半圆弧封闭形成缓冲区。它包括单线要素、多线要素和变距线要素形成的缓冲区（如图6－2）。

a. 单线要素缓冲区 b. 多线要素缓冲区 c. 变距线要素缓冲区

图 6-2 线要素缓冲示意图

3. 面要素的缓冲区

它是以面要素的边界为轴线，以缓冲距为平移向量向边界线里侧或外侧做平行曲（折）线形成的多边形。它包括单一面要素、多个面要素及分级面要素所形成的缓冲区（如图 6-3）。

a. 单一面要素缓冲区 b. 多个面要素缓冲区 c. 分级面要素距缓冲区

图 6-3 面要素缓冲示意图

（三）建立缓冲区的算法

缓冲区的实现有两种方法：矢量方法和栅格方法。矢量方法使用较广，产生时间较长，相对比较成熟，具体的几何算法是中心线扩张法，又称加宽法或图形加粗法，通过以中心轴线为核心做平行曲线，生成缓冲区边线，再对生成边线求交、合并，最终生成缓冲区边界；栅格方法以数学形态扩张算法为代表，采用由实体栅格和栅格像元与原图作布尔运算来完成，由于栅格数据量很大，特别是上述算法运算量级很大，当 L 较大时实施有一定困难，且距离精度也尚待提高。下面仅介绍矢量数据的中心线扩张法实现的两种算法：角分线法和凸角圆弧法。

1. 角分线法

双线问题最简单的方法是角分线法，亦称“简单平行线法”。算法是在轴线首尾点处，作轴线的垂线并按缓冲区半径（R）截出左右边线的起止点；在轴线的其他转折点上，用与该线所关联的前后两邻边距轴线的距离为半径的两平行线的交点来生成缓冲区对应顶点。如图 6-4 所示。

角分线法的缺点是难以最大限度保证双线的等宽性，尤其是在凸侧角点在进一步变锐时，将远离轴线顶点。根据图 6-4，远离情况可由下式表示：

$d = R/\sin(B/2)$

当缓冲区半径不变时，d 随张角 B 的减小而增大，结果在尖角处双线之间的宽度遭到破坏。因此，为克服角分线法的缺点，要有相应地补充判别方案，用于校正所出现的异常情况。但由于异常情况不胜枚举，同时角分线法在几何生成过程中需要处理较

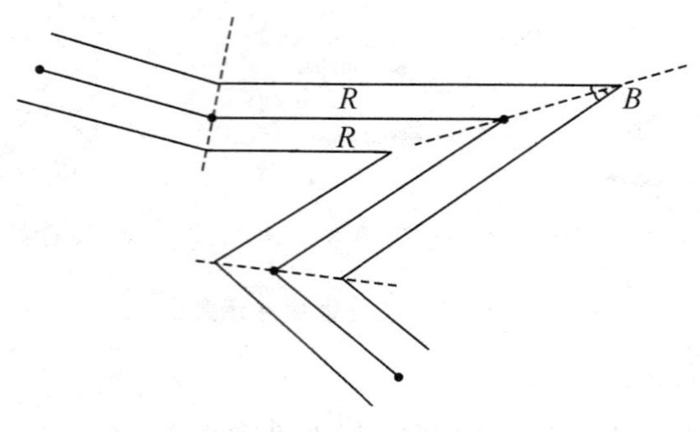

图 6-4　角分线法

多的异常，导致校正措施繁杂。

2. 凸角圆弧法

在轴线首尾点处，作轴线的垂线并按双线和缓冲区半径截出左右边线起止点；在轴线其他转折点处，首先判断该点的凸凹性，在凸侧用圆弧弥合，在凹侧则用前后两邻边平行线的交点生成对应顶点，这样外角以圆弧连接，内角直接连接，线段端点以半圆封闭，如图 6-5 所示。

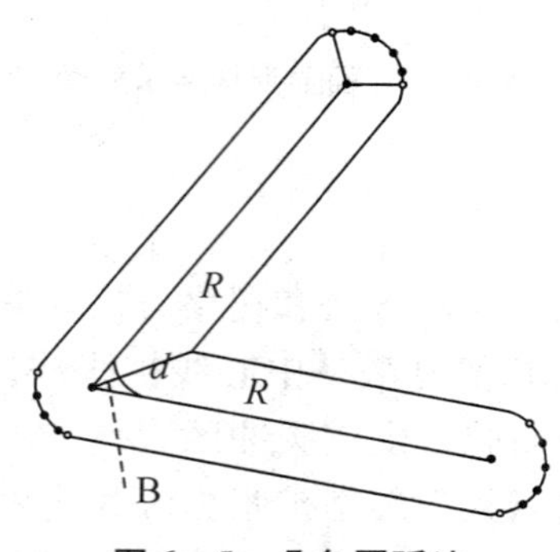

图 6-5　凸角圆弧法

在凹侧，平行边线相交在角分线上，交点距对应顶点的距离与角分线法类似公式：

$$d = R/\sin\ (B/2)$$

该方法最大限度地保证了平行曲线的等宽性，避免了角分线法的众多异常情况。

该算法非常重要的一环是折点凸凹性的自动判断。此问题可转化为两个矢量的叉积：把相邻两个线段看成两个矢量，其方向取坐标点序方向，若前一个矢量以最小角度扫向第二个矢量时呈逆时针方向，则为凸顶点，反之为凹顶点。具体算法过程如下：

由矢量代数可知，矢量 AB，BC 可用其端点坐标差表示：

采用向量叉乘判断向量排列

$$\overrightarrow{\boldsymbol{AB}} = (\boldsymbol{X_B} - \boldsymbol{X_A},\ \boldsymbol{Y_B} - \boldsymbol{Y_A}) = (\boldsymbol{a_x},\ \boldsymbol{a_y})$$

$$\overrightarrow{\boldsymbol{BC}} = (\boldsymbol{X_C} - \boldsymbol{X_B},\ \boldsymbol{Y_C} - \boldsymbol{Y_B}) = (\boldsymbol{b_x},\ \boldsymbol{b_y})$$

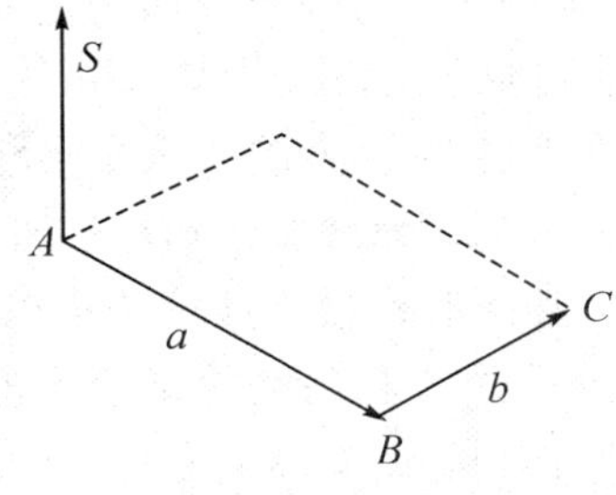

图 6－6　矢量的叉积

$\vec{S}=\overrightarrow{AB}\times\overrightarrow{BC}=\vec{a}\times\vec{b}=(a_x b_y - b_x a_y)$

$=(X_B - X_A)(Y_C - Y_B)-(X_C - X_B)(Y_B - Y_A)$

矢量代数叉积遵循右手法则，即当 ***ABC*** 呈逆时针方向时，***S*** 为正，否则为负。

若 $S>0$，则 ***ABC*** 呈逆时针，顶点为凸；

若 $S<0$，则 ***ABC*** 呈顺时针，顶点为凹；

若 $S=0$，则 ***ABC*** 三点共线。

（四）缓冲区分析几个特殊问题的处理

1. 缓冲区重叠问题的处理

对于简单情形，缓冲区是一个简单多边形，但当计算形状比较复杂的对象或多个对象集合的缓冲区时，就复杂得多。为使缓冲区算法适应更为普遍的情况，就不得不处理边线自相交的情况。当轴线的弯曲空间不容许双线的边线无压盖通过时，就会产生若干个自相交多边形，图 6－7 给出一个缓冲区边线自相交的例子。

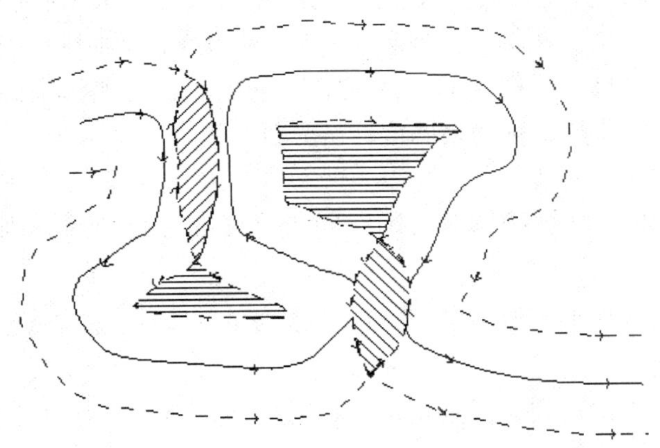

图 6－7　缓冲区边界相交的情况

自相交多边形分为两种情况：岛屿多边形和重叠多边形。岛屿多边形是缓冲区边线的有效组成部分；重叠多边形不是缓冲区边线的有效组成部分，不参与缓冲区边线的最终重构。对于岛屿多边形和重叠多边形的自动判别方法，首先定义轴线坐标点序为其方向，缓冲区双线分成左右边线，左右边线自相交多边形的判别情形恰好对称。对于左边线，岛屿自相交多边形呈逆时针方向，重叠自相交多边形呈顺时针方向；对于右边线，岛屿多边形呈顺时针方向，重叠多边形呈逆时针方向。

当存在岛屿和重叠自相交多边形时，最终计算的边线被分为外部边线和若干岛屿。对于缓冲区边线绘制，只要把外围边线和岛屿轮廓绘出即可。对于缓冲区检索，在外边线所形成的多边形检索后，要再扣除所有岛屿多边形的检索结果。

2. 变距缓冲区的实现

在现实生活中，经常要对不同级别的同类要素作缓冲区分析，也就是对各级别的要素采用相对应的缓冲距来建立缓冲区。例如，对某条道路不同地段的噪声影响评价时，由于不同地段的车流量以及防噪设施不同，因此，可以建立反映该道路不同地段车流量和防噪声设施综合影响的属性字段，计算该字段中的值，并据此生成不同距离的缓冲区。

3. 多级缓冲区问题

在某些分析应用中，有时需要对同一目标生成多个缓冲区，特别是在分析某一现象随距离衰减的变化时，例如，分析生活型道路两侧的等地价区域、交通性道路两侧的等噪声区域、垃圾填埋场的等污染区，就需要根据影响程度的不同来生成多级缓冲区。此外，在地图制作过程中，也常采用生成多级缓冲区的方法来实现研究区域轮廓晕线的制作。

（五）缓冲区分析的模型

根据物体对周围空间作用性质的不同，一般分为静态缓冲区分析和动态缓冲区分析两种类型。当空间物体对邻近对象只是单一的距离关系时，例如以设计中的道路中心线为主体，建立与该中心线等距离的一条路宽带，可获得道路的用地范围及该段路宽内有关数据层的信息（土壤，土地利用等），称为静态缓冲区分析；当空间物体对邻近对象随距离变化而呈不同程度的扩散或衰减关系时，例如污染源对周围环境的影响是随距离而呈梯度变化的，称为动态缓冲区分析。

1. 动态缓冲区分析类型

动态缓冲区分析，根据物体对周围空间影响度的变化性质分别采用以下三种不同的分析模型（如图6-8）。

（1）随距离呈线性形式衰减（图a），其数学公式为：

$$F_i = f_o (1 - R_i) \qquad \text{(i)}$$

（2）随距离成二次形式衰减（图b），其数学公式为：

$$F_i = f_o (1 - R_i)^2 \qquad \text{(ii)}$$

（3）随距离成指数形式衰减（图c），其数学公式为：

$$F_i = f_o^{(1 - R_i)} \qquad \text{(iii)}$$

式（iii）中：f_o 表示参与缓冲区分析的一组空间实体的综合规模指数，一般需经大致标准化后参与运算；d_o 表示该物体的最大影响距离；d_i 表示在该物体最大影响距离内的某点距该物体的实际距离；Fi 表示线路两侧距离。按照以上公式，将所设定的各点带入公式，可算出各个距离带内的值，但这些值具有不可预测性。因此，按 d_i 建立的缓冲区内的属性是否满足用户的需求，难以控制。为此，作如下的交换。

以式（iii）为例，将原算式变换为：

$$d_i = d_o\left(1 - Ln\frac{F_i}{f_o}\right) \tag{iv}$$

这样可根据需要来设定 F_i 值，再根据 F_i 值求取相应的 d_i，根据 d_i 建立的缓冲区内的属性值便与事先设定的需求值一致。

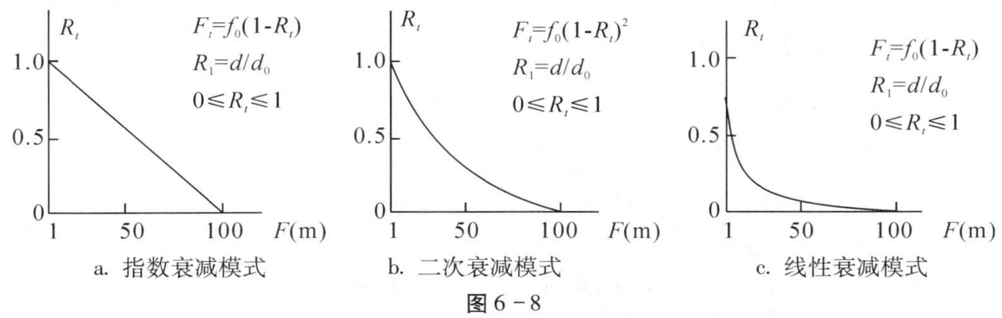

a. 指数衰减模式　　b. 二次衰减模式　　c. 线性衰减模式

图 6－8

（六）缓冲区分析的应用

缓冲区作为一个独立的数据层可以参与叠加分析，常应用到道路、河流、居民点、工厂（污染源）等生产生活设施的空间分析，为不同工作需要（如道路修整、河道改建、居民区拆迁、污染范围确定）提供科学依据。结合不同的专业模型，缓冲区分析能够在景观生态、规划、军事应用等领域发挥更大的作用。例如，利用缓冲区分析和相邻缓冲区的景观结构总体变异系数方法可对自然保护区进行自然景观和人为景观的分割研究。在虚拟军事演练系统中，缓冲区分析方法是对雷达群的合成探测范围和干扰效果进行研究的一种非常有效的手段。

二、　实训目的和任务

缓冲区分析是用来确定不同地理要素的空间邻近性和邻近程度的一类重要的空间操作。通过本实训实习，我们应达到以下目的：

（1）加深对缓冲区分析基本原理、方法的认识；

（2）熟练掌握 ArcView 缓冲区分析的技术方法。

三、　实训内容

初步了解缓冲区分析的方法，利用缓冲区分析法解决水源污染防治问题。

四、 实训要求

掌握利用缓冲区分析方法解决地学空间分析问题的能力。

五、 实训步骤

（一） 点数据的缓冲区分析

（1） 在视图中添加 point 层面并激活；

（2） 在 Analysis 菜单中选择 Find mapping 命令；

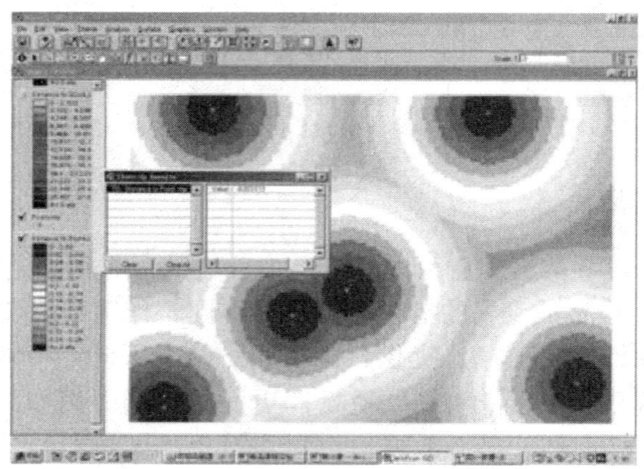

图 6 －9 point 层面的缓冲区分析

（3） 显示并激活由 point. shp 产生的新栅格主题，Distance to point. shp （如图 6 －9）。在进行分析时，若选中了 point 层面中的某一个或几个要素，则缓冲区分析只对该要素进行；否则，对整个层面的所有要素进行。

（二） 线数据的缓冲区分析

（1） 在视图中添加 line 层面并激活。

（2） 分别选中 line 层面中的两条线，进行缓冲区分析，注意比较线的缓冲区分析与点的缓冲区分析有何不同。

（3） 取消选定，对整个 line 层面进行缓冲区分析，观察与前两个分析结果的区别（如图 6 －10）。

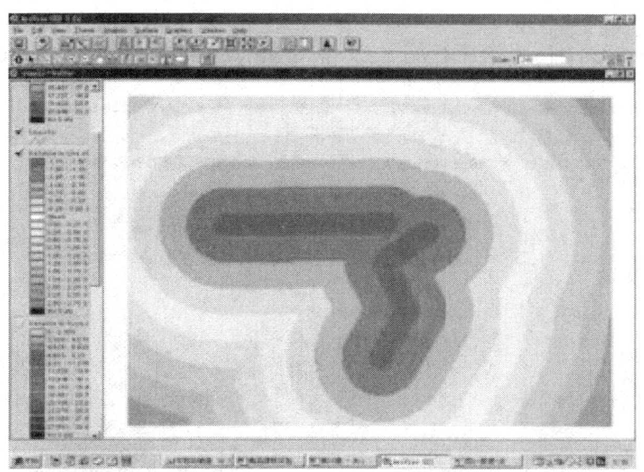

图 6－10　对整个 line 层面所做的缓冲区分析

(三) 面数据的缓冲区分析

添加 polygon 层面，进行缓冲区分析，观察面的缓冲区分析与点、线的缓冲区分析有何区别（如图 6－11）。

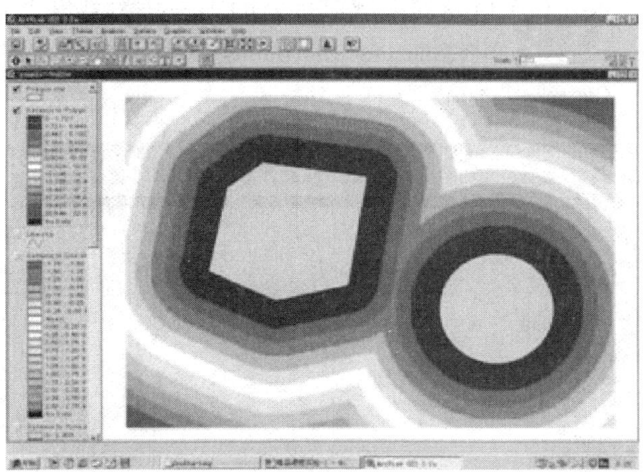

图 6－11　polygon 层面的缓冲区分析

(四) 应用实训

1. 水源污染防治

point 层面表示了水源（如水井）的位置分布，要求利用缓冲区分析提出水源污染防治的方案。方法如下：

(1) 添加水源（如水井）分布的点主题 point. shp。

(2) 在 Analysis 菜单中选择 Find distance 命令。

(3) 显示并激活由 point. shp 产生的新栅格主题，Distance to point. shp（如图

6-12)。

(4) 双击左边的图例，在弹出的 Legend Editor 对话框中可重新调整分级。

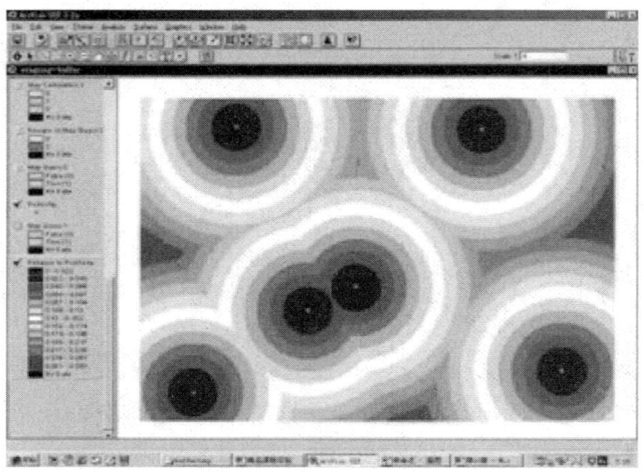

图 6-12 水源距离制图

新的栅格主题显示了区域内每个栅格距最近的水井的距离，其中蓝色的栅格距各个井的距离最近，对水源的影响最大；红色的栅格距各个井的距离最远，影响最小。在本例中认为距各个水井 0.1 以内的区域对水质的影响和污染最大，因此，在 Analysis 菜单中选择 Map Query 工具，可将 Distance to point≤0.1 以内的区域提出作为缓冲区进行专项的污染防治。(如图 6-13)。

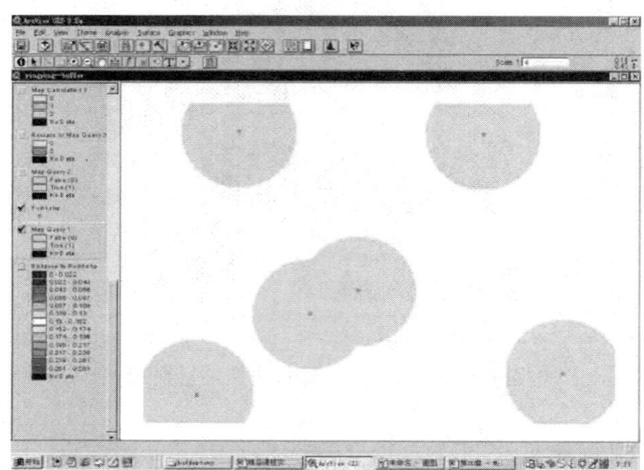

图 6-13 水源污染防治的缓冲区

2. 受污染地区的分等定级

point 层面表示的是几个点状污染源，距污染源的远近不同，受污染的状况也不同，距污染源越近，受污染越严重，据此对污染源附近地区进行分等定级。

(1) 对 point 层面执行 Find distance 命令；

(2) 对得到的新层面 Distance to point 进行 Map Query 运算，分别提取 Distance to

point≤0. 1 和 Distance to point≤0. 15 and Distance to point≥0. 1 的区域，分别得到 Map Query1 层面和 Map Query2 层面；

（3）对 Map Query2 层面进行重分类运算（Analysis 菜单中的 Reclassify 命令），使得原来的 True（1）值为 0，False（0）值为 1，得到 Reclass of Map Query2 层面。

（4）将 Map Query 1 层面与 Reclass of Map Query 2 层面相加（Analysis 菜单中的 Map Calculator 命令），得到分等定级的结果层面 Map Calculation1（如图 6 - 14）。

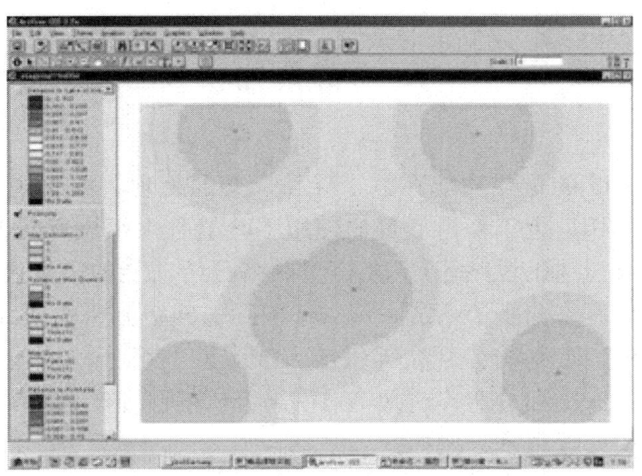

图 6 - 14　受污染地区的分等定级

六、注意事项

在确定缓冲距离时，注意距离的社会经济内涵。

七、实训预习与准备要求

预习空间缓冲区分析理论知识和操作步骤。

八、思考题

空间缓冲区分析如何应用于社会经济的辐射和聚集研究？

实训项目七　网络分析

一、背景知识

网络分析作为GIS的重要功能在电子导航、交通管理、城市规划、管线的布局设计中发挥了重要的作用。近年来由于普遍使用GIS管理大型网状设施（如城市中的各类地下管线、交通线、通讯线路等），使得对网络分析功能的需求迅速增长，GIS平台软件纷纷推出自己的网络分析子系统。相对于国际上网络分析的研究不断升温的状况，国内几个较有影响的GIS系统已开始提供或多或少的网络分析功能。应该看到，国内的应用和需求也相当广泛和迫切，这必将对网络分析的研究产生巨大的推动作用。

常见的网络分析问题很多，例如：

问题1：将一批货物从甲地运送到乙地，可以经过多条路线，如何求取运费成本最低的线路？

问题2：当地下煤气管道改装时，若关闭某个阀门，如何确定所有受影响的用户？

问题3：某市拟建立一个消防站，如何确定在10分钟之内能到达的所有街道？

问题4：常乐村15号在什么地方？

网络分析包括传输网络分析和效用网络分析，主要用于解决两大类问题。一类是计算点与点之间的最佳距离，进行多点的物流派送，寻找最近的一个或者多个设施点，绘制"起点—终点"距离矩阵；另一类是用于寻找连通的或不连通的管线，进行上游或下游追踪，寻找通路或进行爆管分析等。

（一）概述

在GIS中，网络分析是指依据网络拓扑关系，通过考察网络元素的空间及属性数据，以数学理论模型为基础，对网络的性能特征进行多方面研究的一种分析计算。其基本思想则在于人类活动总是趋于按一定目标选择达到最佳效果的空间位置，理论基础是图论和运筹学。运筹学是近代形成的一门应用科学，主要研究各种有组织系统的管理问题及其经营活动，一般使用定量化的研究方法，尤其是运用数学模型解决问题；图论是运筹学中有着广泛应用的分支，主要研究事物及其关系，任何一个能用二元关系描述的系统，都可以用图形提供数学模型。

1. 基本元素及属性

（1）链（Link）——各种线路。链是构成网络的骨架，是现实世界中各种线路的抽象表示，也是资源传输或通信联络的通道，对应着图或网络中的各种现状要素，表现的是网络中的地理实体和现象，通常用中心线代表地理实体和现象本身，基本属性存放在中心线上。可以代表公路、铁路、街道、航线、水管、煤气管、输电线、河流等。

链有图形信息和属性信息。属性信息有三种：一种是网络链的阻碍强度，是指在通过一条链时所需要花费的时间或者费用等，如资源流动的时间、速度等。链是有方向的，当资源沿着网络中的不同方向流动时，所受到的阻碍可能相同。第二种是网络链的资源需求量，是指沿着网络链可以收集到的或者可以分配给一个中心的资源总量，网络中不同链有不同的需求量，但一条链上只有一个资源需求量。第三种是资源流动的约束条件。

（2）结点（Node）——网络的汇合点。网络链中的两个端点即为网络结点，网络中链与链之间通过结点相连。如果结点参与资源分配，结点也有资源需求量，如结点的方向数。结点也具有是否允许通行的性质，如人行天桥规定了其下通行车辆的限高。结点有以下几种典型的类型：

①站点（Stop）——资源增减的点。在路径选择中资源增减的结点，如库房、车站等。站的状态属性有两种：一是站的资源需求量，表示资源在站上增加或减少，正值表示装载资源，负值表示卸下资源，如学生数、乘客数、产品数量等；另一属性是站的阻碍强度，代表与站有关的费用或阻碍，如某个车站上下车的时间。

②障碍（Barrier），是指对资源传输起阻碍作用的结点或链。它阻碍了资源在与其相连的链间的流动，也就是说禁止资源在网络中链上流动的点。它代表了网络元素的不可通行状态，如破坏的桥梁、禁止通行的关口。一般认为障碍只是指状态临时设为阻断，不表示任何属性的网络元素，但对于一些元素也可以认为是一种障碍，比如说交通网络中的红灯，但红灯又不同于一般的阻碍，因为它具有周期性，因此，可以用持续性来表达障碍相应的属性。

③中心（Center）——接受或分配资源位置是指接受或分配资源的位置，如水库、商业中心、电站等，是具有一定容量，能够从链上获取资源或发送资源的结点所在地。中心的属性只有两种：一种是中心资源容量，它是从其他中心或从该中心可以流向其他中心的资源总量。资源总量决定了为中心服务的弧度的数量，资源总量分配给一个中心的所有弧段的资源需求量之和不能超过中心的资源容量。中心的另一属性是阻碍强度，是指沿着某一路径到达中心所经历的弧度总阻碍强度的最大值，资源沿着某一路径流向中心或由中心分配出去的过程中，在各弧段和路径的拐弯处所受到的阻碍强度的总和不能超过中心所能承受的阻碍强度。

④拐点（Turn），是指出现在网络链中的分割结点上，所有资源流动可能的转向。它描述了网络中相互连接的网络链在结点处的关系。状态属性有阻力，表示在一个结点处资源流向某一弧段所需的时间和费用，如拐弯的时间和限制（如在8：00到18：00不允许左拐）。阻碍强度为负值，表示资源禁止流向该弧段。一个拐点定义了资源从某一结点流向另一弧段的通道。

2. 图论（graph）

图论中的术语“网络”，指的就是加权有向图。但GIS中涉及的网络与数学上探讨的图或网相比较，存在以下特殊性：①网线和结点的空间位置是有意义的；②除了网线可以具有权值外，结点也可以具有权值，并且权值可能是多重的，例如网线可以有正向及逆向阻碍强度、需求、容量、耗费等多种权值；③结点可能具有转角数据；④GIS中的网络并不总是有向图，对于水、煤气管道系统等网络，由于内容物在网线中的流向是固定的，并且作相关分析时流向也是重要依据，所以它们应该作为有向图来考察；但像城市道路网这样的网络就应被看做无向图，对其中的若干单行道，可以通过对网线阻碍强度的设置来限定方向。

定义：一个图 G 是一个序偶 $<V(G), E(G)>$，记为 $G=<V(G), E(G)>$。其中 $V(G)$ 是非空结点集合，$E(G)$ 是边集合，对 $E(G)$ 中的每条边，有 $V(G)$ 中的结点的有序偶或无序偶与之对应。

若边 e 所对应的结点对是有序偶 $<a, b>$，则称 e 是有向边。a 叫边 e 的始点，b 叫边 e 结点，统称为 e 的端点。若边 e 所对应的结点对是无序偶 (a, b)，则称 e 是无向边。这时统称 e 与两个结点 a 和 b 互相关联。

将结点 a、b 的无序结点对记为 (a, b)，有序结点对记为 $<a, b>$。一个图 G 可用一个图形来表示且表示是不唯一的。

例：设 $G=<V(G), E(G)>$，其中 $V(G)=\{a, b, c, d\}$，$E(G)=\{e_1, e_2, e_3, e_4, e_5, e_6, e_7\}$，$e_1=(a, b)$，$e_2\ (a, c)$，$e_3=(b, d)$，$e_4=(b, c)$，$e_5=(d, c)$，$e_6=(a, d)$，$e_7=(b, b)$。

则图 G 可用下图 (a) 或 (b) 表示。

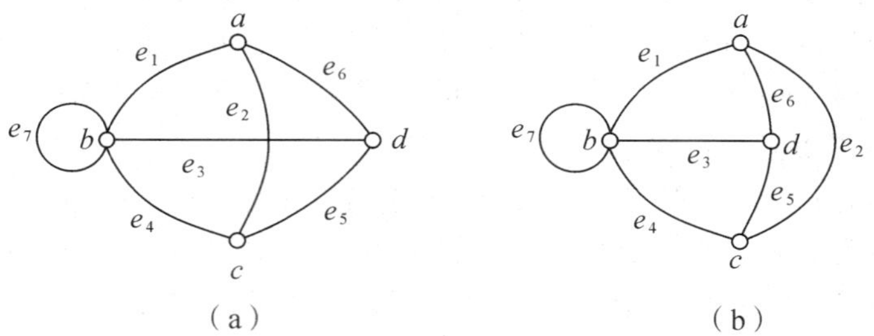

(a)　　(b)

(二) 网络的组成与设计

GIS 中的网络既具有图论中网络的边、结点、拓扑等特征，还具有空间定位上的地理意义，目标复合上的层次意义和地理属性意义，如交通网络中除道路网络外，还涉及车站、路况、通行能力等。

网络分析是对地理网络、城市基础设施网络等网状事物以及它们的相互关系和内在联系进行地理分析和模型化。网络数据模型是真实世界中网络系统（如交通网、通讯网、自来水网等）的抽象表示。构成网络的基本元素是上述线性实体以及这些实体的连结交汇点。网线构成网络的骨架，是资源传输或通讯网络的通道，可以代表公路、铁路、航线、水管、河流等；结点是网线的端点，又是网线的交汇点，可以表示交叉路口、中转站、河流汇合点等。除了上述基本网络元素之外，网络还可能有若干附属元素。

GIS 应用与常规事务处理有很大不同，突出表现在巨大的数据量、复杂的处理方式、空间的分布性，以及对安全容错机制的要求上。网络设计必须满足：

（1）网络性能高，传输速率快。GIS 处理对象以图形图像为主，数据量大，非常规类型。当用户较多时，网络传输繁重，容易造成网络阻塞，因而要求有足够带宽和灵活的传送技术。

（2）Client/Server、Intranet 结构，分布式数据处理 GIS 系统是一个有机组合的群体，通过网络将地理上分散、具有自治功能的多个计算机系统互联，实现信息交换、资源共享和协同工作。支持空间分布性、联机事务处理、多用户并发操作，是 GIS 网络基本特征。

（3）多媒体数据同步传输。GIS 处理越来越多地涉及声音、动画、影视等多媒体数据，因此需要实现时间敏感数据的同步传输。

（4）空间操作的复杂性，长型事务处理。GIS 基于空间数据的操作，例如图形修改、拓扑关系建立，都要求独占主机和网络资源，网络必须对此提供足够的支持，而且一旦操作失败，应具备容错和恢复等安全机制。

（5）GIS 网络构成复杂，涉及诸多硬件平台、操作系统、网络类型的综合集成。GIS 硬件平台从传统小型机到各种 UNIX 服务器直至流行的个人工作站，几乎包括了计算机产品的各种类型，还有扫描仪、绘图仪、数字化仪、硬盘阵列等专用设备；GIS 系统必须同时支持 UNIX、NT、Windows 95 等操作系统及 Web/Browser 应用，其客户端、服务器、中间件、开发工具等产品种类繁多、性能各异；网络设备选择涉及集线器、交换机、路由器、远程访问服务器等各个方面；如何从实际出发，对计算机资源进行合理选型与配置以发挥最佳效益，是 GIS 网络设计的关键所在。

（三）常规的网络分析功能

1. 路径分析

（1）最佳路径分析。路径分析是 GIS 中最基本的功能，也是网络分析的核心问题。最佳路径的求解，从网络模型的角度看，就是指在指定网络中的两结点间找一条阻碍强度最小的路径。最佳路径的产生基于网线和结点转角（如果模型中结点具有转角数据）的阻碍强度。例如，如果要找最快的路径，阻碍强度要预先设定为通过网线或在结点处转弯所花费的时间；如果要找费用最小的路径，阻碍强度就应该是费用。当网线在顺逆两个方向上的阻碍强度都是该网线的长度，而结点无转角数据或转角数据都是 0 时，最佳路径就成为最短路径。在某些情况下，用户可能要求系统能一次求出所有结点间的最佳路径，或者了解两结点间的第二、第三乃至第 K 条最佳路径。

（2）最佳游历方案。另一种路径分析功能是最佳游历方案的求解。网线最佳游历方案求解，是指给定一个网线集合和一个结点，即由指定结点出发至少经过每条网线一次而回到起始结点。求解最佳路径，结点最佳游历方案求解，则是给定一个起始结点、一个终止结点和若干中间结点，即由起点出发遍历全部中间结点而达终点，求解最佳路径。

最短路径算法选取的原则一般包括：①算法速度快；②算法占用资源少；③算法稳定性强。据统计，目前提出来的最短路径算法大约有 17 种，F. BenJiama 等人对其中的 15 种进行了测试，结果显示有三种效果比较好，他们分别是 TQQ（graph growth with to queues）、DKA（the Dijkstra' s algorithm with approximate buckets）以及 DKD（the Dijkstra' s implemented with double buckets）。其中 TQQ 算法的基础是图增长理论，较适合于单点到其他各点的最短距离；后两种算法则都是基于 Dijkstra 的算法，较适合于计算两点间最短距离。目前多数系统解决最短路径问题采用的是 Dijkstra 算法为理论基础，只是不同系统对 Dijkstra 算法采用了不同的实现方法。针对不同的网络特征、应用需求及具体的硬件环境，各种算法在时间复杂度、空间复杂度、实现的难易程度等方面各具特色。

最短路径的最经典的算法是 Dijkstra 于 1959 年提出的按路径长度递增的次序产生最短路径的方法。Dijkstra（迪杰斯特拉）算法是典型的最短路径路由算法，用于计算一个节点和其他所有节点的最短路径。主要特点是以起始点为中心向外层层扩展，直到扩展到终点为止。Dijkstra 算法能得出最短路径的最优解，但由于它遍历计算的节点很多，所以效率低。

Dijkstra 算法是很有代表性的最短路算法，在很多专业课程中都作为基本内容有详细的介绍，如数据结构、图论、运筹学等等。

Dijkstra 一般的表述通常有两种方式，一种是用永久和临时标号方式，一种是用 OPEN，CLOSE 表方式，Drew 为了和下面要介绍的 A* 算法和 D* 算法表述一致，这里均采用 OPEN，CLOSE 表的方式。

其采用的是贪心法的算法策略

大概过程：

创建两个表：OPEN，CLOSE。

OPEN 表保存所有已生成而未考察的节点，CLOSE 表中记录已访问过的节点。

1. 访问路网中距离起始点最终且没有被检查过的点，把这个点放入 OPEN 组中等待检查。

2. 从 OPEN 表中找出距起始点最近的点，找出这个点的所有子节点，把这个点放到 CLOSE 表中。

3. 遍历考察这个点的子节点。求出这些子节点距起始点的距离值，放子节点到 OPEN 表中。

4. 重复第 2 和第 3 步，直到 OPEN 表为空，或找到目标点。

（具体算法请参考《图论导引》，DOUGLAS B. WEST，机械工业出版社）

2. 资源分配

资源分配就是为网络中的网线和结点寻找最近（这里的远近是按阻碍强度的大小确定）的中心（资源发散或汇集地），其核心是定位与分配问题，包括选址问题和分配问题。资源的定位是指已知需求，确定在哪里布设最合适的供应点，即寻找最佳的供应点。资源的分配问题则是确定这些需求源分别受哪个供应点服务。例如，资源分配能为城市中的每一条街道上的学生确定最近的学校，为水库提供其供水区等等。资源分配是模拟资源如何在中心（学校、消防站、水库等）和它周围的网线（街道、水路等）、结点（交叉路口、汽车中转站等）间流动，根据中心容量以及网线和结点的需求将网线和结点分配给中心，分配是沿最佳路径进行的。当网络元素被分配给某个中心时，该中心拥有的资源量就依据网络元素的需求而缩减，当中心的资源耗尽，分配就停止。用户可以通过赋给中心的阻碍强度来控制分配的范围。

3. 连通分析

人们常常需要知道从某一结点或网线出发能够到达的全部结点或网线，这一类问题称为连通分量求解。另一类连通分析问题是最少费用连通方案的求解，即在耗费最小的情况下使得全部结点相互连通。连通分析问题对应与图的生成树求解，求连通分量往往采用深度优先遍历或广度优先遍历形成深度或广度优先生成树，最小费用连通方案问题就是求解图的最优生成树，一般使用Prim算法或Kruskal算法。

4. 流分析

所谓流，就是将资源由一个地点运送到另一个地点。流分析的问题主要是按照某种最优化标准（时间最少、费用最低、路程最短或运送量最大等）设计运送方案。为了实施流分析，就要根据最优化标准的不同扩充网络模型，要把中心分为收货中心和发货中心，分别代表资源运送的起始点和目标点，这时发货中心的容量就代表待运送资源量，收货中心的容量代表它所需要的资源量。网线的相关数据也要扩充，如果最优化标准是运送量最大，就要设定网线的传输能力；如果目标是使费用最低，则要为网线设定传输费用（在该网线上运送一个单位的资源所需的费用）。

网络流优化即是根据某种优化指标，找出网络物流的最大方案的过程。网络流优化的关键是根据最优化标准扩充网络模型，即对结点、弧等地理要素进行性质细分和属性扩充，如结点可细分为发货点、收货点，中心又细分为发货中心、收货中心等。

二、　实训目的和任务

加深对网络分析基本原理、方法的认识；熟练掌握ArcView网络分析的技术方法。结合实际，掌握利用网络分析方法解决地学空间分析问题的能力。

三、　实训内容

网络分析是GIS空间分析的重要组成部分，它的主要内容包括：寻找最佳行进路线，如找出两地通达的最佳路径。确定最近的公共设施，如引导最近的救护车到事故地点。创建服务区域，如确定某零售店的服务区域，从而查明区域内的顾客数等。

四、 实训要求

熟练掌握网络分析的步骤和方法。

五、 实训步骤

（一）实训准备：

（1）软件准备：ArcView。

（2）数据准备：文件 s_ fran. dbf、s_ fran. shp、s_ fran. shx，文件 hospital. dbf、hospital. shp、hospital. shx，文件 del_ loc. dbf、del_ loc. shp、del_ loc. shx。

（二）实训内容：

1. Arcview 网络分析模块的装入

从菜单（Files）选择命令（Extensions），在 Extensions 对话框中选中 Network Analyst（见图 7 - 1），单击 OK 键，即装入 Network Analyst 空间分析扩展模块。

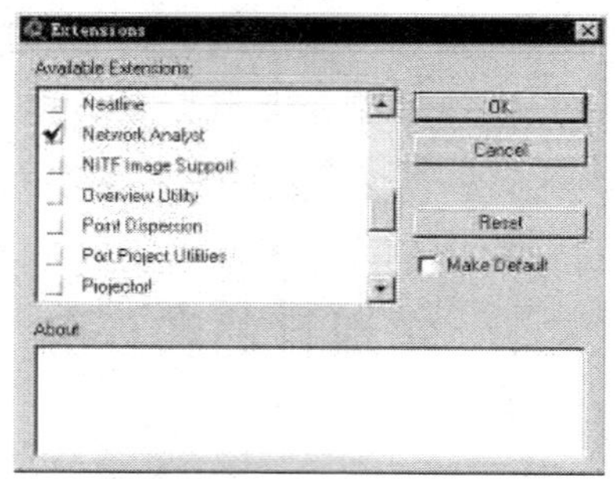

图 7 - 1　装入 Network Analyst 模块方法

2. 寻找最佳路径

例：为邮递员设计最佳投递路线，该路线应是投递时的最短路线，并选择最有效率的投递顺序。具体的操作如下：

（1）添加城市街道的网络线层面 S_ fran 和投递点层面 Del_ loc（见图 7 - 2）。

（2）从菜单（Network）选择命令（Find Best Route）。

（3）出现路径 Route1 对话框（见图 7 - 3），单击 Property 按钮，在出现的 Properties 对话框中（见图 7 - 4），从 Cost Field 下拉列表中选择街道层面属性表中的一个字段作为费用字段用来计算最佳路线，费用可以是穿过一个特征所需的平均时间或平均距离。从 Working Unit 下拉列表中选择工作单位，工作单位确定了该路线总的费用，在

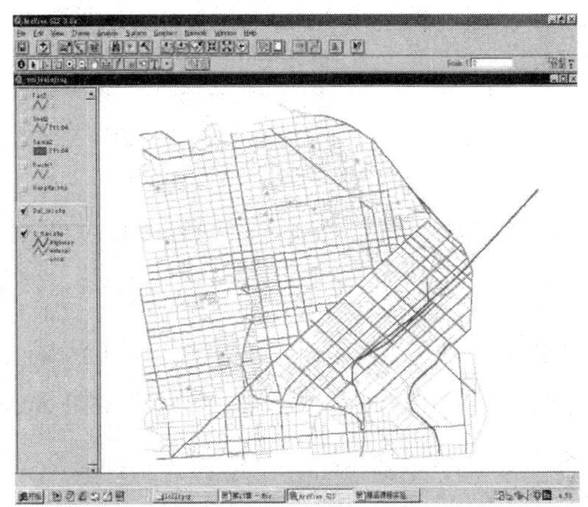

图 7－2　城市街道线主题

本例中选择 Meters（街区长度）作为费用字段，Meters 为工作单位。

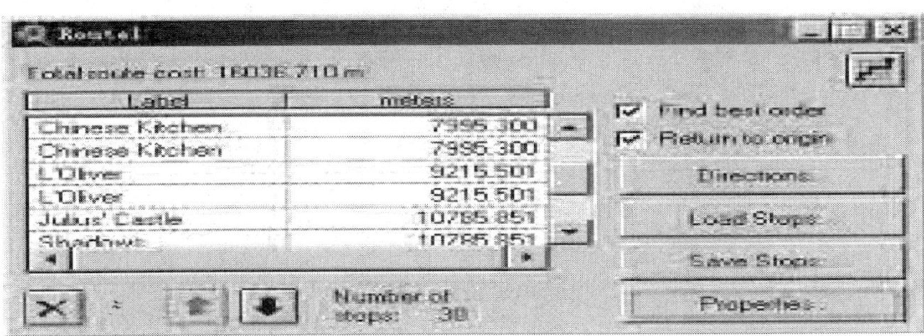

图 7－3　路径对话框

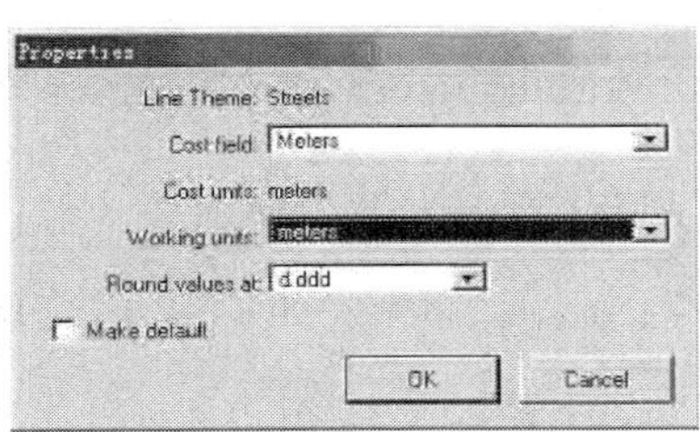

图 7－4　定义费用字段与工作单位

（4）同时，视图中添加缺省名为“Route 1”的新主题来包含最佳路线。

（5）在街道主题上指定投递起点（邮递员从邮局出发）及各个投递站点，可以采用两种方法选择访问站点：

①从工具栏中选择添加位置工具，在线主题上用鼠标直接点击，确定起点与各投递点。

②在 Route1 对话框中选择 Load Stop 按钮，在 Load Stops 对话框中添加一个点主题作为站点位置。

（6）当指定站点后，他们被加入到 Route1 对话框中的站点列表的 Label 栏中。列表中第一个站点是投递路线的起点，其他投递点将以其在列表中出现的次序被访问；要改变访问次序，选中站点，用箭头工具和在列表中移动它；按下按钮可删除站点。

（7）邮递员投递完毕之后须返回邮局，选中 Route1 对话框中的 Return to origin 复选框，保证路线的终点是邮局；选中 Find best order 复选框，得出最有效的投递顺序。

（8）单击 solve 按钮，计算投递的最短路线，其路线显示在 Route 1 主题中；穿过该路线所需的距离显示在 Route1 对话框中站点列表中的 miles 栏中（见图 7－5）。

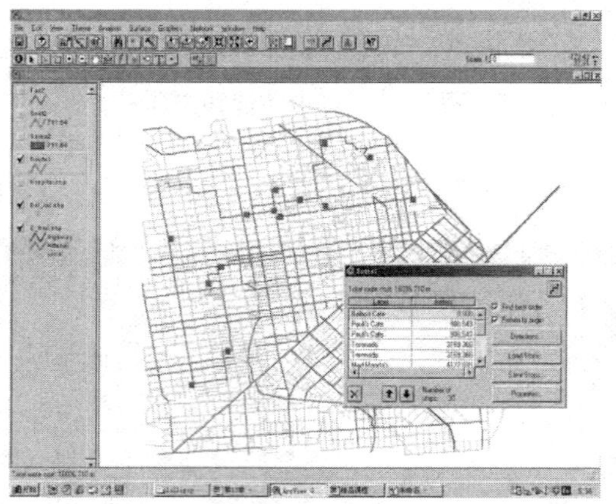

图 7－5　投递最短路线的图形与属性示意

（9）在 Route1 对话框中，单击 Direction 按钮，在 Direction 对话框中对生成的最佳路线进行了详细说明（见图 7－6）。

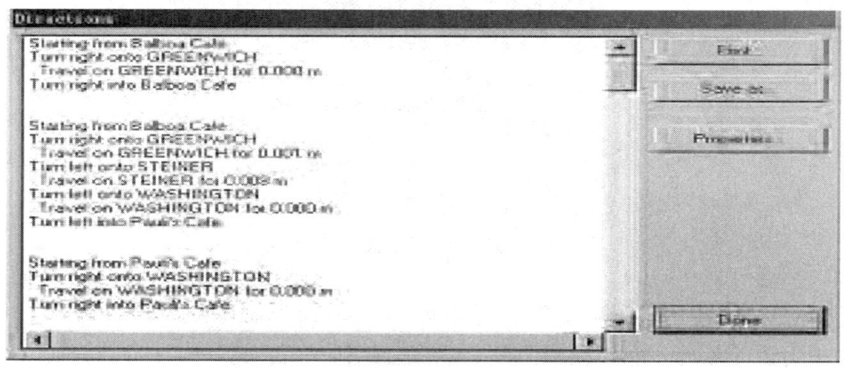

图 7－6　对路线的详细说明

（三）确定最近设施

例：寻找最近的医院。

（1）添加包含医院位置的点主题 Hospitals 和城市街道的网络线层面 S_ fran。

（2）激活街道线层面 S_ fran. shp。

（3）从 Network 菜单选择 Find Closest Facility 命令，打开设施 Fac1 对话框（见图 7-7），同时，在视图目录表中添加缺省名为“Fac1”的新主题来包含事件到最近设施的最佳路线。

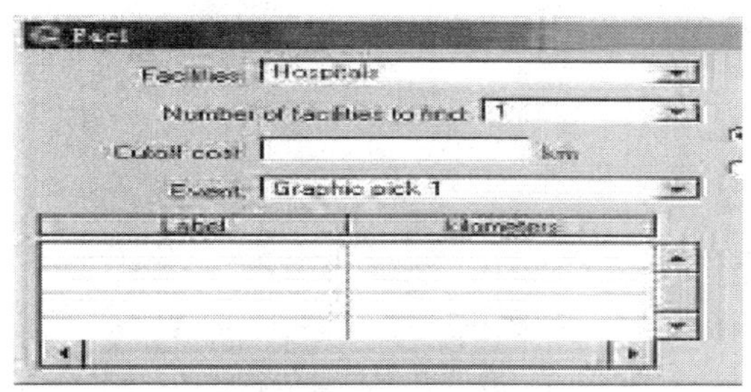

图 7-7　Fac1 对话框

（4）在对话框 Fac1 中单击 Property 按钮，出现对话框 Properties，从线主题的特征表中选择费用字段，本例中为 Meters（距离），Network Analyst 将根据此字段来查询最近设施；同时指定工作单位，本例中为 meters（米），Network Analyst 将根据此单位来计算通向最近设施所需的总开销，单击 OK。

在 Fac1 对话框中有以下几个选项：

Facilities 在 Facilities 下拉列表中选择一个点主题作为设施主题，本例中为 Hospitals。如果用选择工具已选中了部分设施，则在解决问题时只考虑被选中的设施；如果无任何设施被选中，则所有的设施都被考虑。

Number of facilities to find 在此框中确定要找出的最近设施的数目。Cutoff cost 在此输入框中输入一个最远阀值，对最近设施的最远距离进行限制。如果不做限制，则此项为空白，其单位应与指定的工作单位一致。

Event 指定发生的事件。可采用 Add Location 工具在线主题上点直接点击，事件的位置将以绿色符号显示在视图上；也可用 Load event 按钮装入一个包含事件的点主题。如果采用工具指定事件，事件的缺省名为“Graphic pick <n>”，n 是唯一的编号。

Travel to event / Travel from event 指定路线的行进方向，Travel to event 表示路线方向从设施到事件；Travel from event 表示路线方向从事件到设施。

（5）单击 solve 按钮，找出最近的医院，并显示最佳路线（见图 7-8）。最近设施的名称显示在 Fac1 的 Label 栏中，其与事件的距离显示在 meters 栏中。

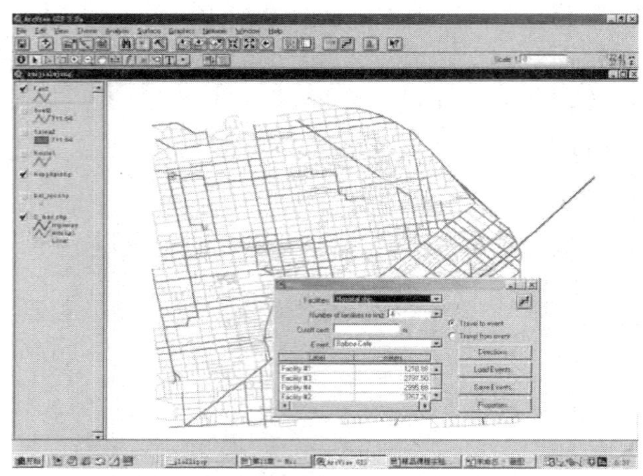

图 7－8　最近设施与最佳路线的显示

（四）创建服务区域

创建服务区时，必须指定行进方向，从某地点到周围地区或从周围地区到某地点。因为交通方式、行驶速度、单行线及禁止转弯等因素的影响，路线行进方向不同，服务区域将会不同。

Network Analyst 可建立两种服务区域：一般服务区 General area 和紧凑服务区 Compact area（见图 7－9、图 7－10）。一般服务区比紧凑服务区稍大，边界较为光滑，一般服务区可能会与行进时间或距离确定的范围之外几个街道相迭；紧凑服务区指服务网络覆盖的区域，通常有参差不齐的边界，它与区域外的街道交错较少，但可能漏掉一些应在服务区内的位置。在特殊情况下，例如：当线主题中的某些线特征横跨另一些线特征（如立交桥）时，Network Analyst 将提示不能生成紧凑服务区，而生成一个一般服务区。

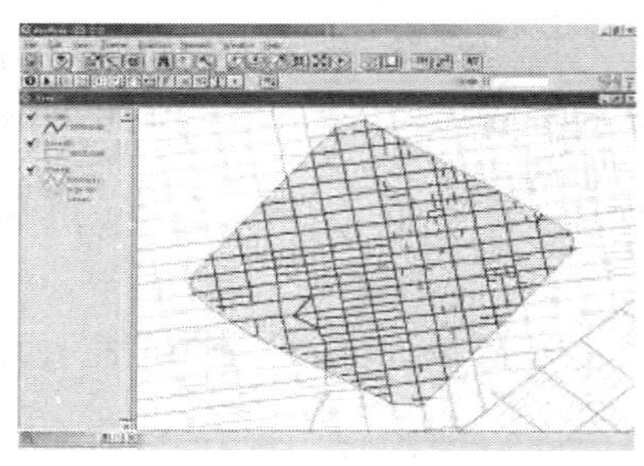

图 7－9　一般服务区

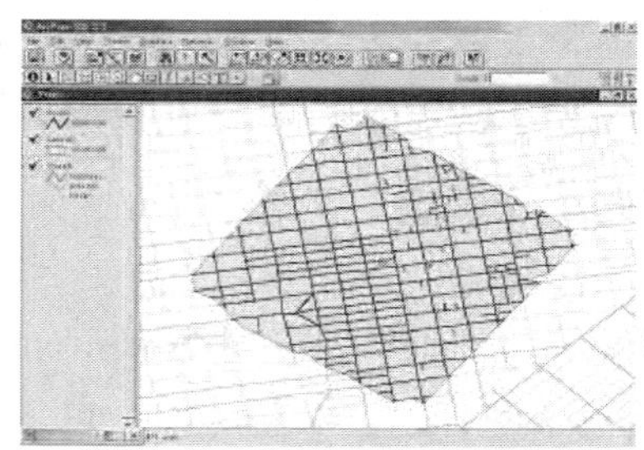

图 7－10　紧凑服务区

Network Analyst 可创建包含多个地区的服务区和服务网络，如对上面提到的零售店，可创建 1 千米范围内、1～2 千米、2～3 千米范围内的服务区域，外部的区域为环状，不包括内部的区域（见图 7－11）。

（1）激活街道线主题 S_ fran. shp 和点主题 del_ loc. shp。

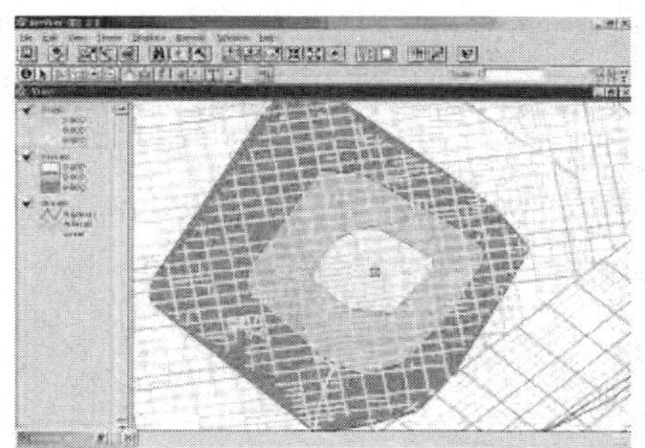

图 7-11　创建多层服务区与服务网络

（2）从 Network 菜单选择 Find Service Area 命令，打开 Sarea1 和 Snet1 对话框（见图 7-12）；同时，在视图目录表中增加两个新的主题，缺省名为“Snet1”的新主题包含服务区内的街道网络，缺省名为“Sara1”的新主题包含服务区的多边形区域。

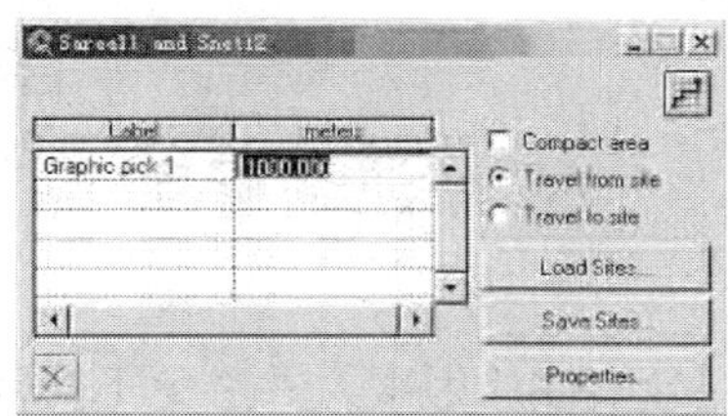

图 7-12　Sarea1 和 Snet1 对话框

（3）在 Sarea1 和 Snet1 对话框中按下 Property 按钮，在 Properties 对话框中定义费用字段 Meters（距离）和工作单位 meters，在街区线主题中指定零售点的位置。

（4）双击地点列表中的费用字段 Meters，删除缺省值，键入行进距离 1000 米（见图 7-12），并确保它的单位和工作单位一致，从而指定服务区域和网络的范围。

如果想为一个地点指定多个时间或距离，例如：距零售店 1 ~2 千米的服务区，可分别键入 1000 和 2000，并用空格或逗号分开它们。

（5）选中 Compact Area 复选框，可创建一个紧凑的服务区；否则，将生成一般意义的服务区域。

（6）选择 Travel from site 选项表示行进方向是从地点到服务区，Travel to site 表示行进方向是从服务区到地点。

（7）单击 solve 按钮，生成服务区和网络（见图 7-13）。服务区包含在 Sarea1 主题中，服务网络包含在 Snet1 主题中。在 Sarea1 和 Snet1 对话框的上部，显示了服务区的面积和服务网络的长度，它们的单位是本视图的距离单位。

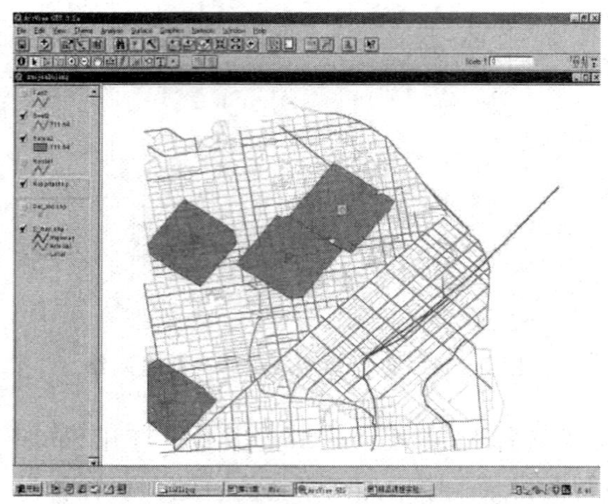

图 7－13　服务网络和服务区域的显示

六、 注意事项

网络分析中要选择影响主导事件的因素，并避免不同因素间的重叠。

七、 实训预习与准备要求

学习社会经济系统的复杂性，了解复杂性的形成及影响因素，练习网络分析的操作步骤。

八、 思考题

不同交通方式的网络分析是否一致，原因在哪里？

应用篇

实训项目八　旅游规划

一、背景知识

（一）旅游规划概念

旅游规划，是一个地域综合体内旅游系统的发展目标和实现方式的整体部署过程。旅游规划经相关政府审批后，是该区域各类部门进行旅游开发、建设的法律依据。旅游规划要求从系统全局和整体出发，着眼于旅游规划对象的综合整体优化，正确处理旅游系统的复杂结构，从发展和立体的视角来考虑和处理问题。因此，旅游规划必然要站在高屋建瓴的角度统筹全局，为旅游目标实现提供指导性的方针。

（二）旅游规划理念

旅游规划是一套法定的规范程序，是对目的地或景区长期发展的综合平衡、战略指引与保护控制，从而使其实现有序发展的目标。旅游规划是为旅游的发展设计的一个框架，所以这个框架必须是长期的、稳定的和必要的。

（三）旅游规划任务

旅游规划的基本任务是：通过确定发展目标，提高吸引力，综合平衡游历体系、支持体系和保障体系的关系，拓展旅游内容的广度与深度，优化旅游产品的结构，保护旅游赖以发展的生态环境，保证旅游地获得良好的效益并促进地方社会经济的发展。

（四）旅游规划的目的

①完成上级交办的任务；②申请旅游专项资金；③招商引资；④指导旅游开发。

（五）旅游规划的分类

旅游发展规划按规划的范围和政府管理层次分为全国旅游业发展规划、区域旅游业发展规划和地方旅游业发展规划。地方旅游业发展规划又可分为省级旅游业发展规划、地市级旅游业发展规划和县级旅游业发展规划等。

旅游区规划按规划层次分为总体规划、控制性详细规划、修建性详细规划等，它们有以下几个不同点：

总体规划到控制性详细规划然后到修建性详细规划，是由宏观到微观、由浅到深、由粗到细、由抽象到具体、由概念到表象的过程。

如某一景区大门在不同规划中的体现，在总体规划中，只是用文字简要描述大门的风格、大概位置等，没有大门的图纸；在控制性详细规划中，具体说明大门的位置、形状、尺寸、颜色等，并制作大门轮廓的示意图；在修建性详细规划中，大门的细节如材料、花纹、文字等都涉及了，并会制作大门的标准图纸，图纸上看到的大门与以后造好的大门几乎完全一致。也就是说，修建性详细规划上的大门图纸再经过施工图设计，建筑施工后就会出现真实的大门。

二、 实训目的和任务

理解矢量数据、栅格数据的概念，掌握用 ArcView 进行矢量、栅格数据的拼接、切割等功能，了解 GIS 空间分析功能（尤其是空间视域分析功能），能够分析景区景点布置的现状、不足并提出建议。

三、 实训内容

视线分析和视域分析，改变观察点的视线和视域分析。

四、 实训要求

熟悉 ArcView 基础操作，分析各景点间通视性及可视区面积，填写相关表格，为景区景点的规划提出相关建议。

五、 实训步骤

空间分析简介：ArcView 的空间分析模块是解决地理空间问题的工具，它主要包括距离制图、计算密度、统计分析、邻域分析、数据的重分类、表面生成、等高线生成、坡度提取、坡向提取、光照模型的生成、流域的划分等功能。利用 ArcView 的空间分析模块解决空间问题，首先要把问题空间化、模型化，然后利用 ArcView 提供的各种功能的组合来完成。

ArcView 的空间分析模块主要是基于栅格数据模型。ArcView 的空间分析模块不仅支持矢量数据模型，还支持栅格数据模型。矢量数据是用点、线、面来描述地理特征及其变化的，它主要用于精确地描述地理特征，在 ArcView 中，点、线、面数据是分别存放于不同的主题中管理。栅格数据是通过将地表分隔成不同的单元来表示地理特征及其变化，对栅格数据的存储只是通过存储栅格的原点、栅格单元的尺寸、距离原点的单元数和每个栅格单元的值。对栅格数据影响最大的是栅格单元的尺寸。单元尺寸越大，则对地理特征的描述越粗糙，越不精确，但产生的数据量会越小，处理速度会越快。相反，单元尺寸越小，则描述越精确，但数据量会越大，运算速度越慢。

本实训以教师提供的 DEM 为基础数据，以江津四面山景区为实例（数据均为假设）。实训数据路径为“C：\ gis_ ex \ 实训数据”。

（一）数据准备（栅格数据的显示、切割）

打开“C：\ gis_ ex \ 实训数据”的“地形”、“四面山”两个主题，或者打开工程文件“综合实训”，以“四面山”主题为边界对“地形”主题进行裁剪，得到四面山景区区域。

注意：裁剪时请将所有栅格数据大小定为 30 米。

（二）数据分析

景点背景：假设六个景点编号分别为 A、B、C、D、E、F。A 景点、D 景点和 E 景点修建时期较晚，规划用于观景之用；B、C 景点由当地居民及乡镇自发修建，初期用于休憩之用，后被开发为景点，属于附属建筑；F 景点是 20 世纪 80 年代利用工程旧料、余料草率建造，质量较为低劣，由于当时缺少前期规划，建造时并没有考虑其使用用途。

1. 视线分析

请同学们按照视线分析中的方法，分析各景点间的通视性并填写表 8 -1：

表 8 -1 景点间的通视性统计表

景点编号	A	B	C	D	E	F
A	1					
B		1				
C			1			
D				1		
E					1	
F						1

* 如果通视请填写“1”，非通视请填写“0”

请同学们思考在常规的视线分析中存在什么不足，应如何改进？

2. 视域分析

请同学们按照可视区分析中的方法填写表 8 -2：

表 8-2　　可视区分析中的方法统计表

景点编号	高程	可视面积	不可视面积	其他可视景区编号
A				
B				
C				
D				
E				
F				

高程数据为"景点"主题中的 JJDEM 字段值。

可视面积（公顷）=属性表中记录为"1"的栅格数×900÷10000

不可视面积（公顷）=属性表中记录为"0"的栅格数×900÷10000

针对上面给出的假设背景，结合道路主题，对各景点存在的问题进行分析，找出四面山景点中旅游价值最高和最低的景点并分析其原因；分析各景点及道路存在的问题并提出合理的规划解决方案。

六、 注意事项

需要注意的是栅格数据进行切割时，字段记录的设置问题。

七、 实训预习与准备要求

了解旅游规划相关知识，重点学习景区景点设施建设的选择和布局。

八、 思考题

裁剪方法：（注：此处所学内容仅仅是让同学们掌握如何对栅格数据进行裁剪，裁剪出来的区域并非本实训的研究区域。研究区域为前面所提到的"四面山"主题）

第一步：点击 View 下的 New Theme 命令，选择建立一个 Polygon 主题 A。

第二步：激活多边形主题 A，点击绘制多边形的工具按钮，用鼠标绘制一个要裁剪的多边形，单击增加多边形的结点，双击则结束绘制多边形。点击打开表的按钮或点击 Theme 下的 Table 命令，把这个多边形的 ID 值设为 1。

如果在其他主题中已经有绘制好的边界，则只需激活边界所在的主题，选择边界所在的多边形，点击 Edit 下的 Copy Features 命令。重新激活多边形主题 A，选择 Edit

下的 Paste（粘贴）命令，也可完成主题 A 中裁剪框的生成。建立好的多边形裁剪框如图。同样，进行表编辑，把这个多边形的 ID 改为 1。

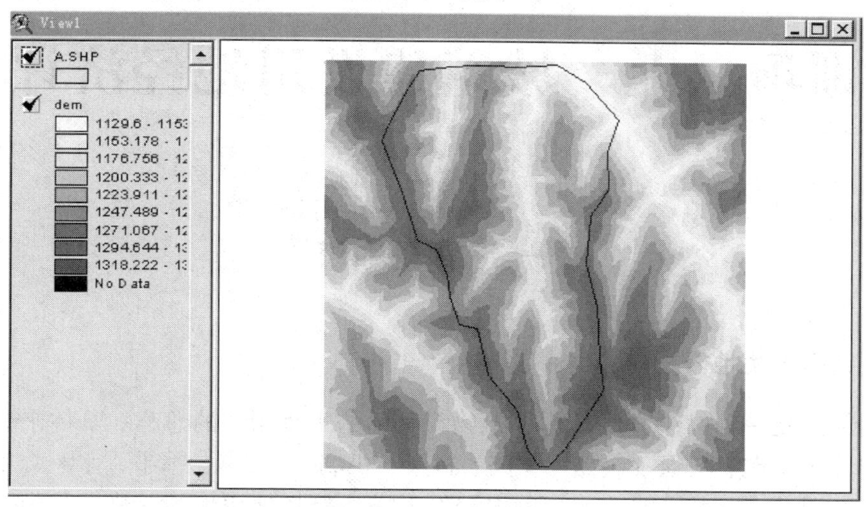

建立好的多边形裁剪框

第三步：点击 Analysis 下的 Properties，输入分析范围为“Same as A”，栅格单元的大小为“Same as 栅格主题 ”。同样，也对分析范围的 Left、Right、Bottom、Top 值进行修正，把其改为分析栅格单元尺寸的整数倍。

第四步：选择 Theme 下的 Convert to Grid 命令，把多边形主题 A 转为栅格数据。在转换的过程中，需要确定生成的栅格主题所在的路径和文件名（在此文件名记为 B），选择 ID 字段作为栅格单元的值。

第五步：点击 Analysis 下的 Map Calculator 命令，公式为“栅格主题 × B”，则可得到裁剪后的新的栅格主题，编辑新主题的图例，把 No Data 的颜色设为白色。同时打开主题 A 和新生成的栅格主题，则显示如下图。

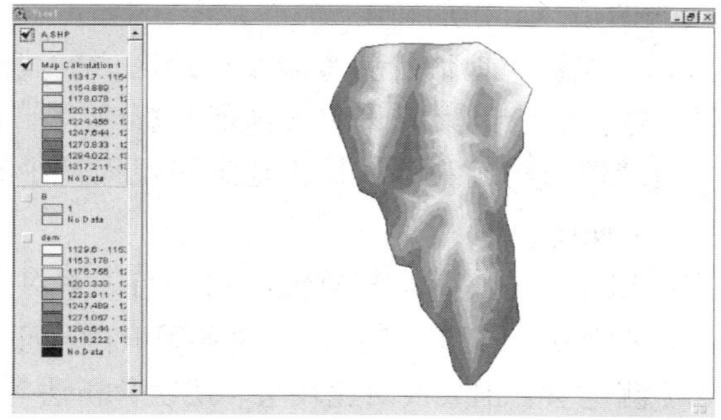

裁剪后的栅格主题

此时裁剪出来的数据是以临时文件保存的，请思考如何将裁剪出的数据永久性的保存。

实训项目九　城镇建设用地经济评价

一、 背景知识

（一）城镇建设用地概述

建设用地是一种以建造建（构）筑物为目的的工程用地的总称。具体来讲，是指城镇、村庄、工矿、交通（公路、铁路、桥梁、机场、码头）、军事、水利、市政基础设施（变电站、排污站、自来水厂、电视发射塔）等各项用地的总称。其中，直接为农业生产服务的用地，如水利设施、田间道路、打谷场等称为农业建设用地；其余为非农建设用地或城镇建设用地。

建设用地与农业用地存在显著的区别。农业用地是指通过土壤的肥力，直接从耕作的土层中培育出农产品；也就是说，是以土地的生态附着物存在于土地，它对土壤、气候、灌溉等条件有严格的要求。而建设用地是通过对土地的利用，获得生产基地、生活场所、操作空间，土地利用是以土地的非生态附着物——如建筑群、道路、桥梁等存在于土地上。一般来说，土壤肥力很差的土地难以作为农业用地，但可以作为建设用地。

（二）城镇建设用地估价

1. 城镇土地估价因素的选择及权重确定

（1）估价因素的选择。城镇土地估价因素涉及土地区位、城市设施、环境质量等方面的因素。在具体城镇选择估价因素时，应选择那些影响大、覆盖面广、指标变幅宽的因素。在原国家土地管理局制定的《城镇土地定级规程》中确定了以下定级因素体系（见表9-1），供参考使用。

（2）估价因素权重的选择。估价因素权重值的大小与因素对土地质量的影响大小成正比，每个因素的权重值在0~1之间变化，并使各因素的权重值之和等于1。确定权重的方法通常有特尔斐测定法、因素成对比较法、层次分析法等。

表 9-1　　　　城镇土地定级因素体系

定级因素	繁华程度	交通条件				基本设施情况		环境状况				人口状况
	商服繁华影响度	道路通达度	公交便捷度	对外交通便利度	路网密度	生活设施完善度	公共设施完备度	环境质量优劣度	文体设施影响度	绿地覆盖度	自然条件优越度	人口密度
选择性	必选	至少一种必选		备选		至少一种必选		备选				备选
重要性	1	2 或 3				3 或 2		4 或 5				5 或 4
权重值	0.2～0.4	0.3～0.05				0.3～0.05		0.3～0.03				0.15～0.02

2. 估价单元的划分

土地估价单元是评定和划分土地级别的基本空间单位，是内部特征和区位条件相对均匀的地块。

（1）单元划分遵循的原则。

①单元内每个估价因素的影响大体一致。同一主要因素分值差异不得大于 $100/(n+1)$（n 为拟分级别数），面积在 5～25 公顷之间。

②商业中心、文体设施、交通枢纽等整体起作用的区域不能划分为不同单元。

③兼有商业、娱乐等多种用途的道路不能作为单元边界。

（2）单元划分的方法。

①主导因素判定法：用两个以上主要评价因素，沿城镇主要方向选一定数目的特征点做各自分值剖面图；根据因素分值变化规律，选择突变曲线段的位置作为单元边界位置，结合经验，把因素得分基本一致的区域划分为一个单元。

②叠置法：把主要因素作用分图叠置，勾画作用分基本一致的区域形成图斑；经适当调整后得到单元。

③动态网格法：以 1/4 或 1/16 千米格网把城镇划分为若干基本网格；选择包括市中心、市郊在内的几类不同的典型网格，在四等分点检查每类网格内部两个以上主导因素的差异；某类网格内某一因素分值差异大于 $100/n+1$ 时，此类网格四等分加密。重复检查、加密，直至满足要求后得到单元。

3. 定级因素作用分值计算

（1）商业服务业影响度分值的计算。商业服务（以下简称商服）繁华影响度是反映土地经济区位的重要指标，是城镇土地评价的主导因素之一，与城镇土地等级划分的相关性很大，它在许多衡量城镇繁华度的指标（人口密度、商业繁华程度等）中，是最直观、易于测定和便于比较的指标。一般是以商服规模近似代替繁华中心规模，以商服吸引半径代表繁华影响范围，以商服吸引力随距离的衰减值代表土地的繁华程度。分值计算步骤如下：

①商服中心级别的划分：各城镇根据其商服中心相对规模、作用及水平，最多划

分为市级、区级、小区级、街区级四个中心级别。

市级中心：为全市、镇服务的商服中心；

区级中心：为市、镇内某个区服务的商服中心；

小区级中心：为某个居民小区服务的商服中心；

街区级中心：为某个街区服务的商服中心。

商服中心级别划分的是以商服中心总营业额、总利润或单位面积营业额、利税或利润值及其经济指标。一般利用有关部门已有的划分级别，予以适当的调整。

商服中心级别层次的数目：大城市2~4级，中城市2~3级，小城镇1~2级为宜。层次太多，差异不大，界限模糊，还会加大工作量；层次太少，低级商服中心作用不能太客观地得到反馈。

②商服中心规模指数的确定：首先将城镇的最高级商服中心赋以最高值（一般定为100），然后根据有关经济指标按相对规模指数公式计算：

$M_i = 100A_i/A_{max}$

式中，M_i：某级商服中心规模指数；A_i：某级商服中心经济指标实际值或某级中心指标平均值；A_{max}：最高级商服中心的经济实测值或指标平均值。

各级商服中心功能分（F_i）的计算，目前多采用次级中心规模指数扣除法，即某级商服中心规模指数（M_i）减去其次级的规模指数（M_j），得出某级商服中心的功能分。其计算公式：

$$F_i = M_i - M_j$$

各级商服中心繁华影响度的计算：商服繁华程度对土地经济价值的影响随距离增加，呈指数衰减。其计算公式为：

$$f_i = F^{(1-r)}$$

式中：f_i——某级商服中心在城区内某点的繁华影响度衰减分值；F——该级商服中心功能分；r——某点距离该商服中心的相对距离。

相对距离按以下公式计算：

$$r = d_i/d$$

式中：d_i——某点距该商服中心的实际距离；d——该商服中心影响半径。

商服中心影响半径按下式计算：

$$d = S/n$$

式中：S——城区面积；n——同级功能的数目（等于同级中心数目+高级中心数目）。

③单元繁华影响度计算：单元受多个同级中心影响时，只取分一次，取其中最高分；然后把各中心的影响分值的累加即得单元繁华影响度值。

（2）道路通达度作用分。通达度指到达特定土地区位的交通运输条件，体现土地通达度的要素有道路的类型、数量和道路的相对位置。

①道路类型的划分：城镇内的道路类型按照其在城镇交通中的作用可分为主干道、次干道、支路（各街坊间的联系道路）等。对于居民区道路，一般在通达度计算中不

考虑。

按各城镇不同情况，划分的道路类型数为：特大城市、大城市5~7类；中等城市3~5类；小城市1~3类。

划分道路类型的依据一般可采用：道路的宽度；道路上车道数的相对多寡；道路在城镇交通中的地位和作用。

②影响距离的确定：道路对其周围土地的影响，从道路到两侧影响范围边缘的距离称为影响距离。各类道路的影响距离是不同的，主、次干道路搭起了整个城市内部交通的网络的骨架。因该网络对全市、镇都有影响，所以主、次干道的影响距离为：

$$d = s/2L$$

式中：s——建成区面积；L——主、次干道的总长度；d——影响距离。

支路以下道路的影响距离，一般按市内的疏密状况，确定在0.3~0.7千米之间。

③道路作用指数与功能分：作用指数反映某类道路在城镇交通运输中所起的作用。作用大小顺序一般为：混合型主干道、生活型主干道、交通型主干道、生活型次干道、交通型次干道、支路。指数与道路作用或车流量大小呈正比，数值在｛0，1｝之间，最佳作用指数为1，其余依次递减。道路功能分计算公式：

$$F_i = 100k_i$$

式中：F_i——某道路功能分；k_i——某类道路作用指数。

④通达度递减规律及公式：远距离道路两侧通达性不如紧邻道路的土地，并且总是以道路为轴线向两侧逐渐递减，开始递减很快，在一定距离后变化就不太明显了。因此，这种规律也呈指数递减，递减公式为：

$$f_i = F_i^{(1-r)}$$

式中：f_i——某道路递减后分值；F_i——某道路功能分；r——相对距离。

⑤单元道路通达度得分取值及修订：当同时存在多种道路类型时，取其中最高的得分值。这是因为交通运输总是朝通达度最好的方向发展，地块的通达状况自然取决于最高的得分值。

得到通达度后加以修订，才能获得正确的通达分值。因为在有道路的情况下，交叉口的通达性能最好，据统计，交叉路口因通达性能好，商业利润比一般沿街高72%；沿街土地通达性能也比一般土地高40%。故对地块的通达影响分要进行系数修正。通达系数的计算先确定方向数，含支路以上道路的地块（或单元）统计通往道路的方向数，然后根据方向数确定通达系数：

≥4方向，通达系数=1.00

=3方向，通达系数=0.91

=2方向，通达系数=0.81

=1方向，通达系数=0.58

将地块（或单元）道路通达度得分值乘以通达系数，即得到单元道路通达度分值。即：

$$F = f \times k$$

式中：F 为单元道路通达度得分值；f 为单元未经方向数修正的通达度得分；k 为单元通达系数。

（3）公交便捷度分值计算。

①公交便捷度分析。公交便捷度与土地级别：公交便捷度与道路通达度一样是反映通达度的指标。因此，公交便捷与否成了影响土地优劣的重要因素，便捷度越高，土地级别越高，否则土地级别就越低。

影响公交便捷的因素主要有线路的多少，流量的大小和站点的多少。在影响便捷度时这三个条件是相互依存的。无线路，自然就没有站点；有线路车流量太少也不行；有线路、有流量，但在具体地块上无站点，则对便捷度的提高毫无帮助。由此在城镇公交形成网络的情况下，可采用站流量指标来综合衡量公交状况的级别。

人们出行的边界和距站点的距离有关，按一般规律，每个站点的影响半径在 0.3 ~ 0.5 千米之间，超过这个半径，人们就会到其他站点去。在此影响半径内，距离越小，便捷程度越高；随距离加大，便捷度下降。

②公交便捷度的计算和修订。站流量可取一定区域内公交站点的每小时停车量之和。当同一公交线路的各站点均为停站点时，可用线路各向车流量之和，各公交线路的车流量统一按每天 13 或 16 小时统一计算平均值。然后再将那些从典型线路计算得到的站流量，从高到低划分为 3 ~5 个级别，其作用分按下式计算：

$$F_i = 100B_i/B_{max}$$

式中：B_i 为某公交站流量值；B_{max} 为最大的公交站流量值；F_i 为某站点公交便捷功能分。

公交站点服务半径和相对距离的计算：各站点的服务半径统一在 0.3 ~0.5 千米之间确定，站点密的城市半径定小一些，站点疏的城市半径大一些、然后将服务半径划分为 2 ~5 个相对距离区间，按以下公式计算：

$$r = d_i/d$$

式中：r 为相对距离值；d_i 为某单元相距站点的距离；d 为站点服务半径。

公交便捷度得分取值：将站点流量作用分和相对距离值带入直线衰减公式中获得公交便捷度作用分，按以下公式计算：

$$f_i = F^{(1-r)}$$

式中：f_i 为某站点公交便捷度分值；F 为某站点公交便捷度功能分；r 为单元与该站点的相对距离。

若同一地块上同时存在多个便捷度作用分值时，只取其中最高作用分值，这是因为交通、出行总是“舍远求近”。

③公交便捷得分取值及修订：便捷作用得分取值后，还需要加以修订才能获得正确分值。参照道路通达度中类似的计算，分为有线路单元（或地块）和无线路单元（或地块）来判断，凡是有线路的单元统计线路通过的方向数，无线路的单元统计其通往的方向数，按方向数确定通达系数：

≥4 方向的通达系数 =1.00

=3 方向的通达系数 =0.91

=2 方向的通达系数 =0.81

=1 方向的通达系数 =0.58

将单元（或地块）的便捷作用分值乘以通达系数，可得到公交便捷度分值，即按以下公式计算：

$$F_i = f_i \cdot k$$

式中：f_i 为公交便捷度取分值；F_i 为地块（或单元）上的公交便捷度得分值；k 为地块的通达系数。

（4）生活设施完善度分值的计算。生活设施完善度是对土地经济区位和物化劳动投入量的量度，是反映社会活动、经济生产、生活等场所保障的指标。土地定级中，这是一个重要因素。衡量生活设施完善度是从三个方面进行的，首先是设施类型是否齐全，主要指给水、排水、供电、电信、热力、煤气等与生活基本有关的设施；其次是设施水平，如同样有给水设施，但供水设施到户还是到院或是到街坊，设施水平是不同的；最后是使用的保证率，显然在有些设施类型、设施水平的区位，使用保证率只有60%的区域，其完善程度是比不上使用保证率为100%的区域的。

生活设施完善度分值计算如下：

①生活设施完善度中设施类型和作用分：确定城镇内生活设施完善度的类型数，按各个设施与日常生活的密切程度决定设施作用系数。系数值之和等于1，将作用系数带入公式 $F_i = 100k_i$，得到设施作用分（式中 F_i 为某设施作用分，k_i 为设施作用指数）。

②确定设施水平指数和使用保证率：按同类设施中不同技术水平、分布密度、服务方式等相对差异，分成2～4个层次，以百分数表示，以0～1之间的相对值进行计量。

计算完善度分值，按公式分地块（或单元）计算每种设施在各指标水平状态下的完善度分值：

$$f_i = F_i \times a_i \times b_i$$

式中：F_i 为某一设施作用分；f_i 为该设施的完善度得分；a_i 为该设施的设施水平指数；b_i 为该设施的某个使用保证率。

算得各设施类型的完善度得分后，将各得分值进行求和，即可得到地块（或单元）的生活设施完善度分值。

（5）环境质量优劣度分值的计算。土地级别与环境质量的关系和前述的各因素是不同的，它不直接对土地的经济和交通区位等构成影响，但却以造成的生态效应影响土地上所进行的一切社会、经济和生活等人类活动。

环境质量是一个综合的概念，此处指大气环境、水环境、声环境质量。由于目前我国环境质量评价工作进展不平衡，因此计算环境质量优劣作用分值也要区别对待。

①已开展了环境质量综合评价的城市，可直接采用环境质量综合指数作为环境质量优劣的指标。由于目前在环境质量综合评价中大多未考虑噪声污染的影响，故还需

补充考虑噪声污染的影响。计算采用下列公式：

$$F_i = 100 \times (x_i - x_{max}) / (x_{max} - x_{min})$$

式中：F_i——某单元环境质量优劣分值；x_i——该单元评价指数；x_{max}——评价指数最优值；n_{min}—评价指数最差值。

②有的城市进行了单项环境质量评价，在这种情况下可使用各个单项质量指数作为基础，通过分析每项指标的影响作用大小，确定其作用指数（大小在0和1之间，各系数值之和等于1，大小与其对环境的影响成正比），各单项环境质量作用分值按下式计算：

$$f_i = 100 \times K_i \times (x_i - x_{min}) / (x_{max} - x_{min})$$

式中：f_i——某单项环境质量作用分值；K_i——该项环境质量作用指数；x_{min}——单项环境质量指标的最差值；x_{max}——单项环境质量指标的最优值；x_i——单项环境质量的指标的某值，把各单项环境质量作用分值相加即可得环境质量作用分值。

③无定量环境质量评价资料的城市，只能对环境状况作定性分析，按优劣打分。

第一步，在了解城镇的污染源、功能分区、风向、水流方向等情况的前提下，分析污染程度与功能分区的相关关系，如工业区往往大气、水体污染及噪声严重，商业区交通干道汽车废气、噪声污染严重，文教科研区环境相对优雅等。第二步，根据污染现状，考虑污染源与各功能区相对位置和风向、水流等，将各功能区排序。如上风方向有污染源的功能区，环境状况显然不如上风方向无污染源的同类功能区，排序时前者就要排在后者之后。第三步，将具有两种或多种功能的混合功能区插在两个相似区域之间，按环境质量最佳区域至最次区域，从0~100分别赋值。第四步，按照单元所在区域状况查对分值，即可得到单元环境质量优劣度分值。

（6）公用设施完备度、对外交通便利度、文体设施影响度分值计算。公用设施完备度、对外交通便利度、文体设施影响度三个因素虽然对土地优劣影响的内容和方式不同，但是在土地定级中，分值计算方法相近。步骤如下：

①确定设施类型及其数目：a. 在土地定级工作中，公用设施主要指与日常生活密切相关的中小学、诊所、医院以及除商业中心以外的副食店、邮电所、浴池、粮油店、煤店、储蓄所等。定级工作应按照城市状况分析各种设施的分布和在日常生活中的地位与作用，选定设施数目和类型。b. 对外交通实施在土地定级中主要指火车站、港口、长途汽车站等城镇中对外经营的客货运输站。由于土地级别反映的是因社会、历史条件造成的差异，故不包括某些单位自己营建的接轨站、专用码头等设施。定级工作中应按各类设施在对外交通运输中的地位和作用，选择设计对外交通设施的类型和数目。c. 文体设施在土地定级中是指影剧院、俱乐部、体育场馆、游乐园等文化、体育设施。这些实施在城镇中按其规模和作用大小往往可分为市级服务和区级服务两种类型。各城镇可按设施在城镇文体活动中的地位和作用选定设施类型、数目和级别。

②各设施作用指数和功能分计算：各设施因对土地等级的影响大小不同，可量化为一定的数据，当把这三个因素每个的影响都看成一个整体，那么这个整体就是各个设施的影响之和。用一定的系数衡量各设施的作用大小，这些系数称为作用指数。由

作用指数推算出的设施影响大小的分值称为设施功能分。

公用设施中各实施、对外交通各实施、文体各设施的作用指数，每个指数值在{0，1}之间，各作用指数之和等于1。各因素内部的某个设施的功能分是：

$$F_i = 100k_i$$

式中：F_i——某设施的功能分；K_i——该设施的作用指数

③计算设施的服务半径和相对距离：服务半径是设施的主要影响范围，按出行和使用各设施的方便程度区分。服务半径是一个从概率出发的概念，不是对个别人的偶然行为，而是对大部分人的行为，是从统计规律来说的。公用设施的服务半径一般确定在0.3～0.7千米之间；对外交通设施的服务半径一般确定在0～20千米之间；文体设施的服务半径分为两种，市级一般在4～8千米、区级2～3千米。

然后将确定好的对外交通和文体设施的服务半径分为3～5个距离区间，计算相对距离值。公式为：

$$r = d_i / d$$

式中：d_i——某设施服务半径内某点距设施的距离；d——该设施服务半径。

④计算各种设施的影响得分值：三类设施的影响分值，是随距离变化而变化的，因此将设施功能分（F_i）、相对距离值（r）代入线性衰减公式$f_i = F_i^{(1-r)}$，即可得到各个相对距离对应的得分值。

⑤单元或地块上的分值计算：在单元或地块上，按公用服务、对外交通、文体三个因素中各设施得分，分别求和，从而得到单元上公用设施完备度分值、对外交通便捷度分值和文体设施影响度分值。

（7）人口密度、绿地覆盖度、路网密度的分值计算。人口密度、绿地覆盖度、路网密度的指标值与面积有关，计算指标的区域或单元大小对指标值影响颇大，单元过大极易把原有数据均值化，掩盖差异性，影响分值的合理分布，故在计算时要注意掌握好这一点。

①因素指标值的计算：人口密度使用的人口资料为总人口数，即为常住人口、暂住人口、工作人口及客流人口之和。绿地覆盖度使用的资料为绿化占地面积。路网密度采用一定路宽标准，按各城镇情况可自行确定，一般在3～5米以上的道路才计算在内。

在不同的区域或单元内将以上数据和区域、单元面积相比，得到各因素的指标值。计算公式分别为：

路网密度：　$D_i = L_i / S$

式中：L_i——某区域或单元内道路总长；S——区域或单元面积。

绿地覆盖度：　$V_i = S_i / S$

式中：S_i——某区域或单元内绿地面积；S——区域或单元面积。

人口密度：　$D_i = p_i / S$

式中：p_i——某区域或单元内人口总数；S——区域或单元面积。

②因素分值计算：因素分值是按照各因素与土地的关系赋值，路网密度与绿地覆

盖度指标值从低到高，相应分值从0到100分；人口密度指标值从最小密度到最佳密度（最佳人口密度值用城市规划中的理想人口密度代替），相应值从0到100分，而从最佳人口密度到最大人口密度时，分值从100分开始下降。

三种因素的得分计算公式均为：

$F_i = 100 \times (X_i - X_{min}) / (X_{max} - X_{min})$

式中：F_i——因素得分值；X_i——某指标值；X_{min}——因素指标的最小值；X_{max}——对于路网密度和绿地覆盖度是最大指标值，对于人口密度时最佳人口密度。

路网密度和绿地覆盖度只要将各指标代入求算即可；但对于人口密度来说，确定了人口密度最佳值后，必须对大于人口密度最佳值的指标按下面公式修订后方向可代入以上公式。

修订公式为：$X_i = 2X_{max} - X_t$

式中：X_i——修订后的指标值；X_{max}——人口密度最佳值；X_t——大于最佳人口密度的指标值。

4. 单元总分值的计算

单元总分值用以下公式计算：

$P_i = \sum W_i \times F_i \qquad (i = 1, \cdots n)$

式中：P_i——单元总分值；W_i——评价因素权重；F_i——单元因素得分值。

5. 土地级别的划分

根据要求的评价单元总作用分值划分土地级别，至于土地级别数目，由城镇性质、规模、复杂程度等特点而定，大城市5~10级，中等城市4~7级，小城市及镇3~5级。

土地级别的划分方法如下：

（1）数轴法。将各评价单元总分值点在数轴上，选择点数稀少处的分值作为土地级别的分界值。

（2）频率曲线法。根据评价单元总分值绘制频率直方图，选择频率曲线突变处的分值作为土地级别分界值。

（3）剖面分析法。在评价作业范围内，选择几条穿越评价单元总分值由大到小变化较均匀的直线，以单元编号为横坐标，以单元总分值为纵坐标，绘制一定范围内的单元总分变化剖面图，以剖面线的突变处分值作为土地等级的分界值。

选择土地级别划分方法时，可以从以上三种方法选择两种，通过对比以后确定一种；根据土地优劣的特点予以适当调整，即做出定性分析和实地较核。

二、 实训目的和任务

在以前实训的基础上，对所学知识进一步升华，通过相关指标的分析操作，懂得栅格运算的原理，并能够运用栅格计算器制作相关地图。

三、 实训内容

通过空间缓冲区分析和再分类，熟悉城镇土地评价理论知识和实际操作知识，制作城镇土地商业价值定级图。

四、 实训要求

各小组自主选择定级指标，指标权重采用层次分析法，制作城镇土地商业价值定级图。

五、 实训步骤

城镇土地定级：以文件中确定的指标为评价因素，以“评价范围”为研究区，对该区域的土地进行定级评价，生成定级图。

各因子相关权重：

商服：0.25

公交便捷度：0.12

医疗设施：0.11

体育设施：0.08

文化设施：0.10

中学：0.11

小学：0.13

幼儿园：0.10

衰减方式：

（1）指数衰减

$f=F^{(1-r)}$

$r=di/d$

（2）线性衰减

$f=F(1-r)$

$r=di/d$

其中：f 为相应评价要素的作用分；F 为总分；r 为某点距中心点的相对距离；di 为某点距中心的实际距离；d 为最大距离。

注：该评价体系中，商服采用指数衰减方法计算作用分；其他指标采用线性衰减

计算作用分，出图名称为"乐至县城镇土地定级图"，其他出图所需的要素请同学们相互讨论

（数据路作为 C：\ gis_ ex\ 城镇土地商业定级）

六、 注意事项

需注意指数衰减模型的计算方法以及直方图的制作。

七、 实训预习与准备要求

学习城镇建设用地经济评价相关内容，特别是房地产开发中土地成本的情况，练习空间分析操作步骤。

八、 思考题

城镇建设用地经济评价最终的分级区间如何确定?

实训项目十　土地利用规划

一、 背景知识

（一）土地利用规划概述

1. 土地

土地是地球表面一定区域的垂直剖面系统，是气候、地貌、岩石、土壤、植被和水文等自然要素组成的自然综合体和人类过去、现在生产劳动的产物 。

2. 土地利用

土地利用是人们依据土地资源的特殊功能和一定的经济目的，对土地进行干预的活动。这种干预活动包括开发、利用、保护和整治四个方面。

3. 土地利用规划

不同的时期，不同学者对土地利用规划的定义有所不同。

王万茂：土地利用规划是对一定区域未来土地利用超前性的计划和安排，是依据区域社会经济发展和土地的自然历史特性在时空上进行土地资源分配和合理组织土地利用的综合技术经济措施。

董祚继：土地利用规划是国家为实现土地资源优化配置和土地可持续利用，保障社会经济的可持续发展，在一定区域、一定时期内对土地利用所作的统筹安排和制定的调控措施。

于凤桐：土地利用规划是指人们为了改变并控制土地利用方向，合理组织土地利用结构，提高土地生产力，根据社会发展要求和当地自然、经济、社会条件，对一定区域范围内的土地利用进行空间上的优化组合和在时间上实现该优化组合的安排。

总之，土地利用规划是为满足社会经济发展的要求对土地利用所做的安排；是依据自然条件和社会经济条件对土地利用所做的安排；是在空间上和时间上对土地利用所做的安排；是对土地资源的分配和合理组织；其本质是对土地利用的安排。

（二）土地利用规划的性质

土地利用规划具有自然、社会经济、技术、法律、行政等属性。其中以自然为基础，社会经济为主导，技术为手段，法律和行政为保障。

土地利用规划学的学科性质：一门应用科学，也是自然、社会经济、技术等相关学科交叉的边缘科学。

（三）土地利用规划的原则

土地利用规划的原则包括：维护社会主义公有制原则、因地制宜原则、综合效益原则、动态平衡原则、逐级控制原则。

（四）土地利用规划的理论

土地利用规划的理论包括：地租和地价理论、土地区位理论、持续利用理论、生态经济理论、人地协调理论、系统工程理论。

（五）土地利用规划的特点

土地利用规划是土地利用管理工作的"龙头"。它是协调和控制土地利用行为，促进人类经济社会活动对土地的合理配置，提高资源综合利用效益的重要举措，是国家对土地资源进行宏观调控的重要手段，是实施土地资源可持续利用的重要途径，是一项带有全局性、综合性、战略性的重要工作。

（1）总体性。规划对象是一定区域范围内的全部土地，而不是某一种土地或某一局部土地，是城乡土地统一规划。规划任务是协调各类各业用地，而不是某一部门或行业。规划内容是对土地开发、利用、整治、保护的全面规划，而不是单一的利用行为。规划目标不仅仅是提高某一用地或某一部门用地的效益，而是生态、经济、社会的整体综合效益。

（2）长期性。一定时期内对土地利用的调控，一般10年以上。

（3）战略性和权威性。战略性——研究的是总供给与总需求平衡、土地利用结构与布局、土地利用方式的重大变化等问题。权威性——一个行政区域只有一个土地利用总体规划，对其他用地规划起约束和指导作用。

（4）强制性和控制性。强制性——下级规划必须服从上级规划；建设用地总量、耕地和基本农田保护为指令性指标，不得突破；规划一经批准，必须严格按规划用途使用土地，违反规划，将严肃查处。控制性——是"龙头"和核心，一是其他用地规划要服从土地利用总体规划；二是通过规划土地用途制约土地利用。

（六）土地利用规划的任务

1. 土地供需综合平衡

（1）土地需求：主要包含有两个方面，一是农业用地（耕地、林地、牧草地及其他农用地）需求；二是非农业用地（工业用地、居民点用地、交通用地、水利设施用地、特殊用地）需求。

（2）土地供给：主要包含有两个方面，一是自然供给。实际存在于自然界中的各种土地数量，包括已利用土地和未来一段时间内可供利用土地。由于土地不能创造，位置不可移动，土地总量固定不变（数量有限性），在经济学上称为无弹性供给。二是经济供给。土地各种用途相互竞争利用，当某一用途的土地需求增加，其他用途的土地就会转做该用。某一用途的土地供给随该用途收益增加而增加的现象，为经济供给，是有弹性供给。

2. 土地利用结构优化

土地利用结构的实质是国民经济各部门用地面积的数量比例关系。土地利用结构优化一方面是经济结构变化的结果；另一方面是不同产业用地标准不同，要求合理分配土地资源，寻求最优土地利用结构，即在不增加土地投入的条件下，实现土地产出增长。土地利用规划的核心任务就是在资源约束条件下寻求最优的土地利用结构。

3. 土地利用宏观布局

（1）土地利用的存在总是立足于一定的空间，土地利用规划属于空间规划。

（2）土地利用的宏观布局和合理配置，就是结合土地质量和环境条件加以区位选择，确定各部门用地的数量与位置，确定什么时间、什么部门在什么地方使用土地的数量及分布状态，宏观调控各业用地。

4. 土地利用微观设计

宏观布局主要解决用地的数量和位置，微观设计则要在此基础上合理组织利用。土地利用微观设计即土地利用详细规划，是对不同部门、不同土地类型进行规划，如居民点用地、交通用地、农业用地（耕地、园地、林地等）规划，其目的是为了提高各单位的土地利用率。

（七）土地利用规划的内容

土地利用规划的内容包括：①土地利用现状分析与评价；②土地利用潜力分析；③土地供需预测；④土地供需平衡和土地利用结构优化；⑤土地利用分区与重点用地项目布局；⑥居民点用地规划；⑦交通运输用地规划；⑧水利工程用地规划；⑨农业用地规划；⑩生态环境建设用地规划；⑪土地利用专项规划；⑫土地利用规划实施。

（八）土地利用规划的体系

1. 按规划空间范围分

（1）国家规划和地方规划；

（2）区域性土地利用规划；

（3）用地单位土地利用规划。

2. 按规划性质（任务）分

（1）土地利用总体规划。土地利用总体规划是对一定地域范围内全部土地的开发、利用、整治、保护所做的总体的、战略的部署和安排。

（2）土地利用专项规划。土地利用专项规划是指为了解决某一特定的土地利用问题，如基本农田保护、农地整理、土地开发和复垦等而编制的一种区域性综合的或单项的土地利用规划类型。

（3）土地利用规划设计（详细规划）。土地利用规划设计（详细规划）是对国民经济各项用地进行详细具体安排的一种微观的土地利用规划 。

（4）土地利用总体规划、专项规划、详细规划三者的关系。①土地利用总体规划具有总体性、综合性、宏观指导性和行政控制性，主要解决跨部门、跨行业的土地利用问题，是土地利用管理和土地利用规划的"龙头"。②土地利用专项规划以土地资源开发、利用、整治和保护为主要规划内容，具有针对性和专一性，是土地利用总体规划的深入和补充，是土地利用总体规划的有机组成部分。③土地利用详细规划是土地利用总体规划和专项规划的继续、深入和细化，是规划实施的最终依据。

3. 按规划期限分

（1）长期规划，期限达10年以上；

（2）中期规划，期限5～10年；

（3）短期规划，期限小于5年（如土地利用年度计划）。我国现阶段编制的土地利用总体规划属于长期规划，它是编制中、短期规划和年度用地计划的依据。

（九）土地利用规划的编制和审批

1. 土地利用规划编制

各级人民政府依据国民经济和社会发展规划、国土整治和资源环境保护的要求、土地供给能力以及各项建设对土地的要求，组织编制土地利用总体规划。

2. 土地利用总体规划的级次

国家确定编制全国规划纲要，省（市）人民政府负责编制省（市）级土地利用总体规划，地（市）人民政府负责编制地（市）级土地利用总体规划，县（市）人民政府负责编制县级土地利用总体规划，乡（镇）人民政府负责编制乡镇级土地利用总体规划和落实村级规划。

下级土地利用总体规划应当依据上一级土地利用总体规划编制。地方各级土地利用总体规划中的建设用地总量不得超过上一级土地利用总体规划确定的控制指标，耕地保有量不得低于上一级土地利用总体规划确定的控制指标。

3. 土地利用总体规划编制的要求

（1）严格保护基本农田，控制非农业建设占用农用地；

（2）提高土地利用率；

（3）划分土地利用区，统筹安排各类、各区域用地；

（4）保护和改善生态环境，保障土地的可持续性利用；

（5）占用耕地与开发复垦耕地相平衡；

（6）加强土地利用计划管理，实行建设用地总量控制。

4. 土地利用总体规划的分级审批

（1）省级土地利用总体规划，报国务院批准。

（2）省会城市的土地利用总体规划，经省（市）人民政府审查同意后，报国务院批准。

（3）各县（市）、区的土地利用总体规划，经省（市）人民政府审查同意后，报省（市）人民政府批准。

（4）由省（市）人民政府指定重点发展的乡（镇）及其他一般镇，其土地利用总体规划，经省（市）人民政府审查同意后，报省（市）人民政府批准。

（十）土地利用总体规划编制工作程序

1. 基本工作程序

（1）准备工作。

①成立规划领导小组和工作班子；②拟订工作计划和技术方案，并报同级人民政府批准；③落实工作经费；④人员业务培训。

（2）调查研究。

①收集和整理规划所需的基础资料；②根据规划需要进行补充调查。

2. 规划成果

（1）规划文件包括：乡镇土地利用的总体规划文本；基本农田保护规划、土地复垦开发、整理规划等专项规划文本；规划说明等。

（2）规划图件包括：土地利用现状图、土地利用总体规划图；土地整理和复垦开发规划图、基本农田保护规划图等。

（3）规划附件包括：规划工作总结报告和阶段工作报告，规划专题研究和有关图、表等相关资料。

3. 需要收集的资料

（1）规划区域基础资料。

①自然条件：气候、地貌、土壤、水文、自然灾害等；

②资源状况：矿产资源、生物资源、景观资源等；

③人口状况：历年总人口、人口自然增长、人口机械增长、非农业人口、流动人口、暂住人口等；

④经济发展资料：历年国内生产总值、固定资产投资、产业结构；

⑤城乡建设及基础设施状况；

⑥主要产业发展状况；

⑦农业普查资料；

⑧生态环境状况；

⑨历史资料。

（2）土地资源与土地利用资料。

①土地利用现状调查资料，包括数据、图件和报告；

②土地利用变更调查资料，包括数据、图件和报告；

③历年土地统计资料；

④历次非农业建设用地清查资料；

⑤待开发土地资源调查及其他专项用地调查资料；

⑥土地分等定级、土壤分级资料。

（3）有关土地利用的规划资料。

①国民经济和社会发展规划；

②上一级土地利用总体规划资料；

③上一次土地利用总体规划资料；

④土地利用专项规划资料；

⑤区域镇域规划、村镇规划、农业区划、农业综合开发规划及林业、交通、水利等各专业部门涉及土地利用的规划资料。

二、 实训目的和任务

通过本实训项目，充分了解土地规划在生产各部门的具体应用，掌握土地利用规划编制的指导思想、编制内容、编制方法等。同时借助于Arcview软件，综合应用叠置分析、缓冲区分析、DEM分析等空间分析方法，制作土地利用总体规划图，了解土地利用规划平衡表的制作及用途。

三、 实训内容

未来几年特定区域城镇发展的空间布局的选取；未来几年特定区域城镇建设占用各类土地面积的量算；未来几年区域内耕地增加渠道、空间布局及其面积的量算；区域土地利用分区的编制；土地利用规划平衡表的制作。

四、 实训要求

要求学生初步掌握土地利用规划编制思想和编制方法，能应用Arcview或Arcgis、Mapgis等软件简单制作土地利用总体规划图，学会土地利用规划平衡表的制作。

五、 实训步骤

本实训主要指导学生进行土地利用规划并制作规划平衡表：

（一）添加要素

直接打开目录文件下的工程文件或者打开ArcView，选择with a new View（如图10－1），接着在弹出的对话框中选择"yes"，把所需要的要素添加进来，比如地类界线.shp、公路.shp、河流.shp、机耕道.shp、铁路.shp、切割面.shp等等。进入View窗口，对于想要显示的要素，就在前面的正方形框里打✔。

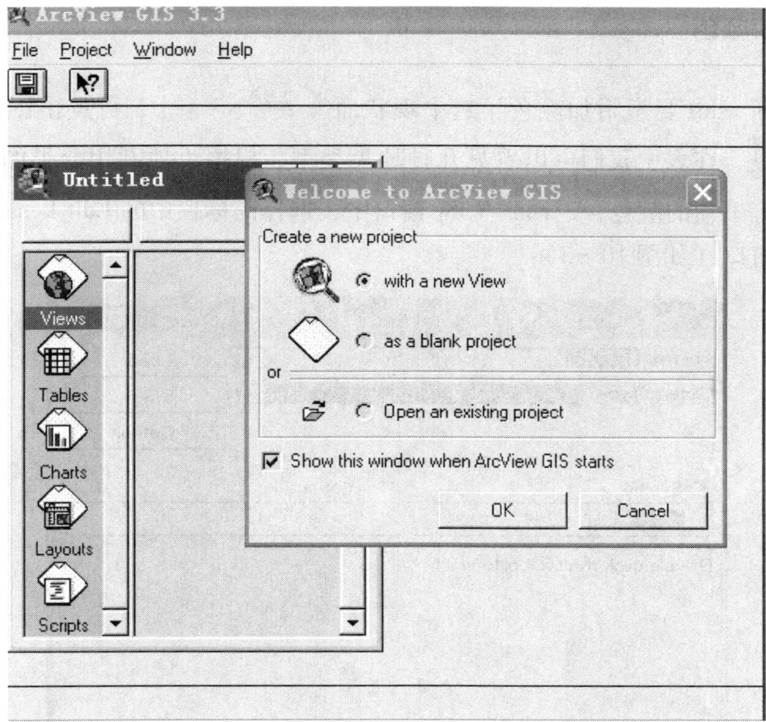

图 10－1　创建新 ArcView

（二）更改文件名

将切割面.shp 的名字改为现状面.shp。具体做法是：选中现状面.shp，Theme Properties 弹出下列对话框：将 Theme Name 改成现状面.shp（如图 10－2）。最后在菜单栏 file 命令的下拉菜单中选择 save project as…将这些要素存为工程文件，下次可以直接打开使用。

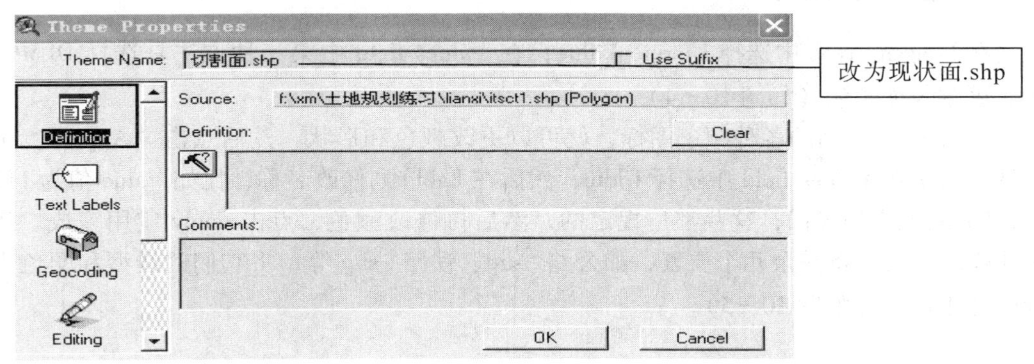

图 10－2　更改文件名

（三）调整面颜色

对现状面.shp 要素附加颜色，选中现状面 ，再点击图标栏中 open them table ，在表中我们可以看见几种地类类型，根据土地利用分类的要求，给每一种地类附上不同的颜色，返回到 View 窗口中，选择图标栏中的 Edit Lengend ，会出现如下的窗口（如图 10－3）：

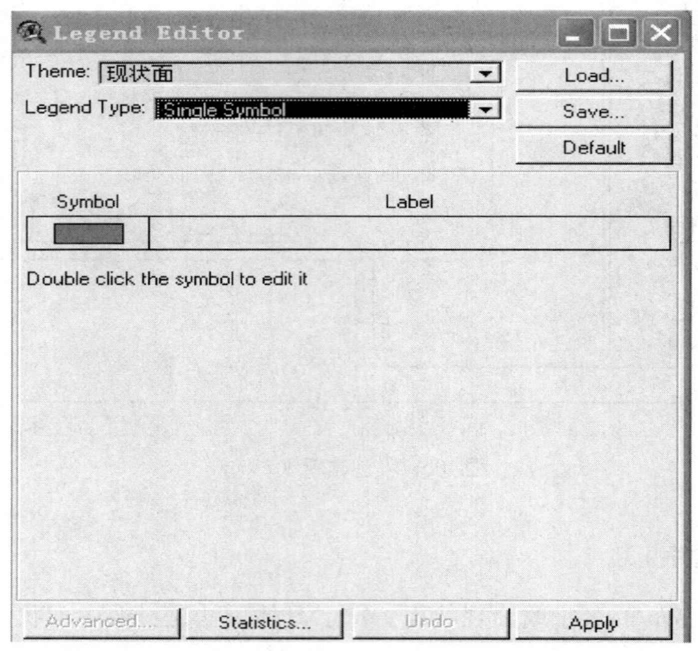

图 10－3　调整面的颜色

（四）颜色标准化处理

在 Lengend type 中选择 Unique Value，在 Values field 中第一种方法是选择 DLMC，然后更改各种颜色（如图 10－4）。

双击 Symbol 列的各种颜色图标，就可以更改颜色和形状，然后点击"Apply"。第二种方法是在 Values field 中选择 Dldm，然后在 Lable 列修改名称，比如 Value 值为 112 的，Lable 就为望天田，这些都是规定的，然后再修改颜色，点击 apply 应用完成。按照同样的方法，将其余几个要素，如公路.shp、铁路.shp 等，将它们的线型和颜色进行标准化处理（如图 10－5）。

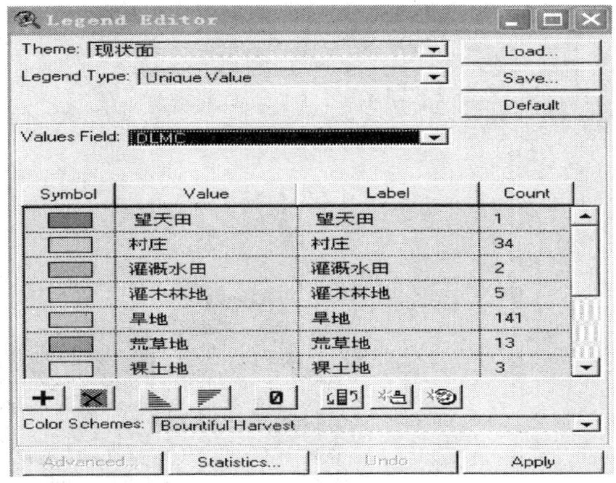

图 10－4　色彩标准化处理①

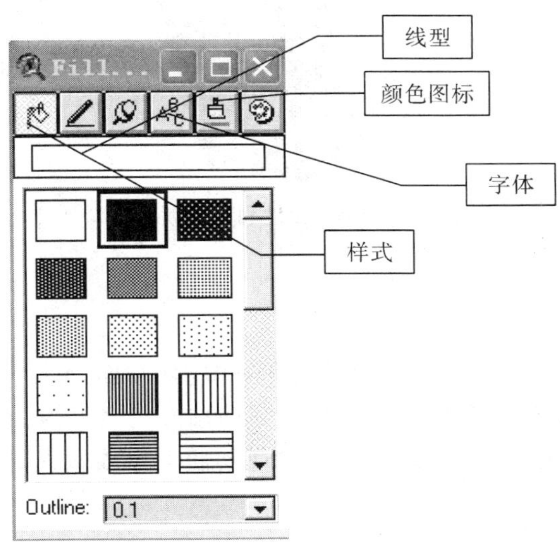

图 10－5　色彩标准化处理②

修改过后大概如图 10－6 所示，将各要素的位置适当排序，尽量让面层要素排在最下方，不然会将线要素挡住。

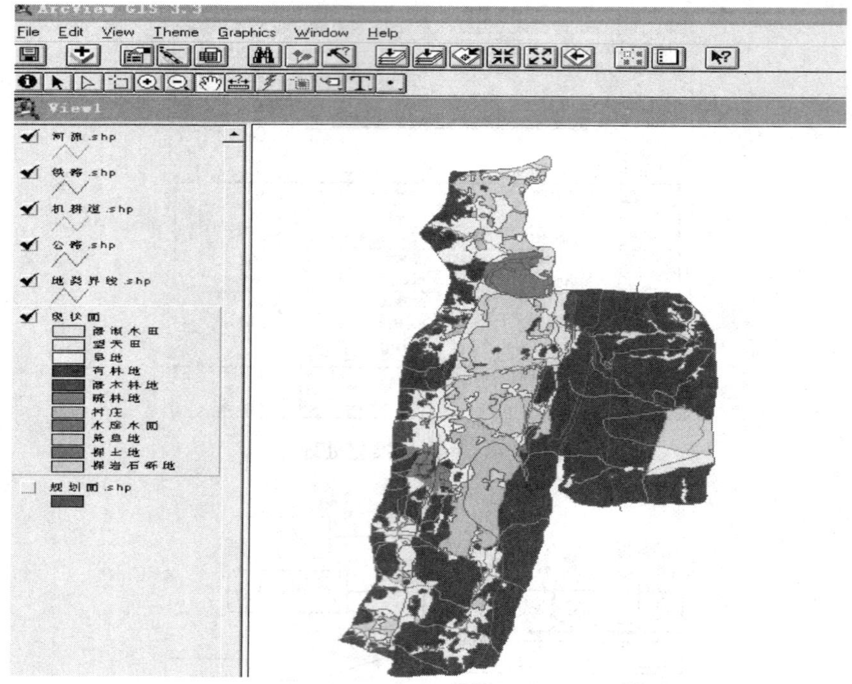

图 10－6　土地利用规划图

（五）测算面积的变化

在文件目录下找到切割面 . shp、切割面 . dbf、切割面 . sbn、切割面 . sbx、切割面 . shx、切割面 . shp. xml 这六个文件，将其复制粘贴并将名字改为规划面 . shp，目的是用与现状面相同的规划面进行规划，直接在规划面上修改，最后叠加就可以知道耕地面积是否增加或减少。

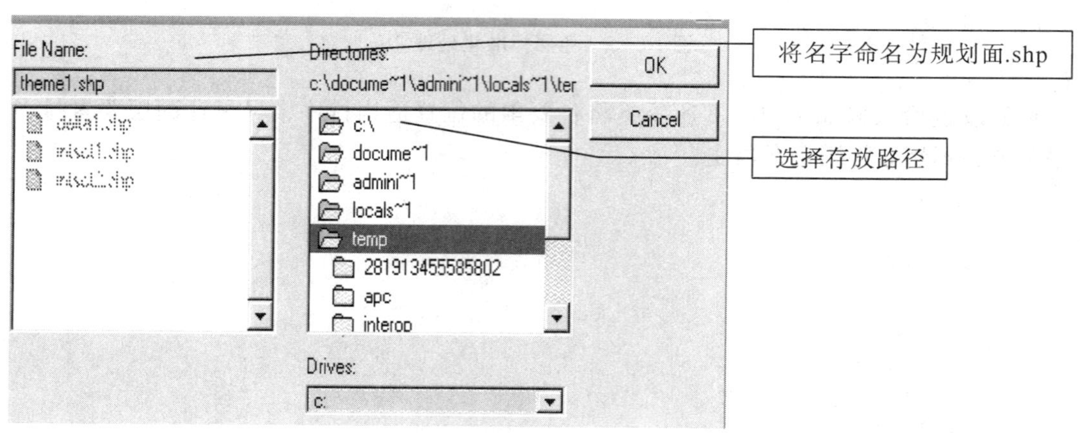

图 10－7　文件重命名

（六）土地用地趋势分析

规划分两种：一种是占用整块图斑；另一种是需要破图斑的。首先介绍第一种：

可以看出图上有很大一块村庄，村庄的南面大部分是林地，肯定不会在南方扩建，再看西北面，是一片农田（即水田、旱地），一般地势比较平缓，因此是扩建的好地方，所以可以在西北面进行新村庄的规划。

第一步，将其他无关要素前面的去掉，依次选中规划面．shp，点击打开属性表 Attribute of 现状面之后，在菜单栏 Table 的下拉菜单中选择 start editing，选中 Dldm 列，点击对其进行排序（任意点都可以）；然后返回 View 窗口，点击，在图中需要规划的地方点一下，对应属性表中会有不同的颜色来标记刚刚点击的图斑信息，如图 10－8 所示：

Attributes of 现状面

Shape	Area	Dldm	Ghsx	Shape_leng	Shape_area
Polygon	250720.88519299999	316	4	552.78828147000	17471.06723920000
Polygon	675462.46623200004	131	4	2655.05561323000	101607.88159999999
Polygon	293587.29204700002	315	4	3309.93061391000	201118.48761099999
Polygon	178011.17648500000	131	4	983.71497194500	21702.53876340000
Polygon	3558.63145652000	114	1	41.64922235610	81.21061569210
Polygon	41009.16600850000	114	1	1580.09677500000	41009.16399010000
Polygon	13595.92172430000	114	1	821.91355304500	13595.92250870000
Polygon	1870.88723606000	114	1	221.41168222000	1870.88838037000
Polygon	2458.35970597000	114	1	241.12116125700	2458.35910104000
Polygon	8134.21900488000	114	2	226.68943680900	2653.22348159000
Polygon	1495.13721602000	114	1	147.80715090600	1495.13528548000
Polygon	293587.29204700002	315	1	2367.23339722000	47202.31?74590000
Polygon	1470.36734211000	114	1	42.62037104480	90.31047050050
Polygon	3668.23800211000	131	4	246.64102524700	3668.23769723000
Polygon	3595.34293966000	114	4	246.47514625300	3595.34226333000
Polygon	6748.18084884000	114	2	611.03035343700	6748.18066015000
Polygon	14699.65989450000	114	2	164.01683494400	501.68435617200
Polygon	7607.94794607000	114	2	537.36651131200	7607.94908961000
Polygon	60881.70712320000	114	1	1316.07450508000	60881.70755030000

图 10－8　数据属性窗口

有颜色的图斑就表示你所选的；如果你想将它规划成村庄（203），则可以点击，将其的 Dldm 值改为 203，Dlmc 的值也要相应的变动为村庄；如果想规划成有林地，则把 Dldm 值改为 131，Dlmc 的值也要相应的变动为有林地；以此类推，再点击 Enter 键，然后在菜单栏 Table 的下拉菜单中选择 Save edits，yes 就可以了。

假如我们只规划一块图斑的一部分，那么就要对其进行破图斑处理。首先，选中规划面．shp，然后在菜单栏 Theme 选项的下拉菜单中选择 Start Editing，再点击图标，在你想规划的图斑上画一条线，最后双击结束（如图 10－9）。

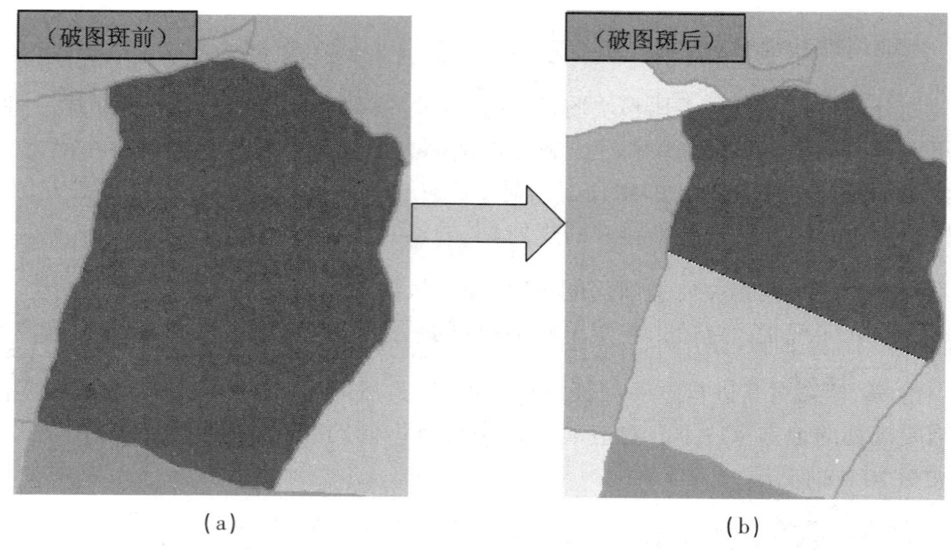

(a)　　　　(b)

图 10-9　数据破图斑处理

在做完该处理后，一块图斑会变成两块图板，查看属性表 Attribute of 规划面，另外一块图斑会自动生成，但是 Shape-area 的面积有误（如图 10-10 所示，两块图斑的面积是一样的），待做到最后的时候再统一修改面积（为了可靠）。

Shape	Area	Dldm	Ghsx	Shape_leng	Shape_area
Polygon	3015.83128317000	316	2	313.83274562700	3015.833366600
Polygon	7944.83616468000	316	1	547.63927214500	7944.834831390
Polygon	1835.51650897000	316	9	188.51887689700	1835.515398870
Polygon	92731.22303462029	316	4	1811.01460062000	200813.820809000
Polygon	108082.59777460434	316	4	1811.01460062000	200813.820809000

图 10-10　查询属性

然后再修改需要规划的那部分的 Dldm 的属性值，步骤和第一种方法相同。最后保存自己所做的修改。

将该规划的地方规划完之后，需要对规划面.shp 的面积进行统一修改，选中规划面.shp，然后打开属性表 Attribute of 规划面，选择 Table Starting；然后再点击 Edit Add field，弹出的对话框如下：

Name：Area

Type：number

Width：16

Decimals：3

一般取名为 Area，数据类型为 Number，字段长度和保留的小数点位数根据实际需要确定，激活字段 Area，选择菜单 Field / Calculate…，根据［Area］=的提示，在文本框内键入：

[Shape] . ReturnArea

系统会计算每个多边形的面积，并将数值储存在字段 Area 中，就会得出新的面积。

第二步，返回 view 窗口，选中现状面 . shp，Theme > Auto_ lable，在弹出的窗口（如图 10 - 11）中做如下设置：

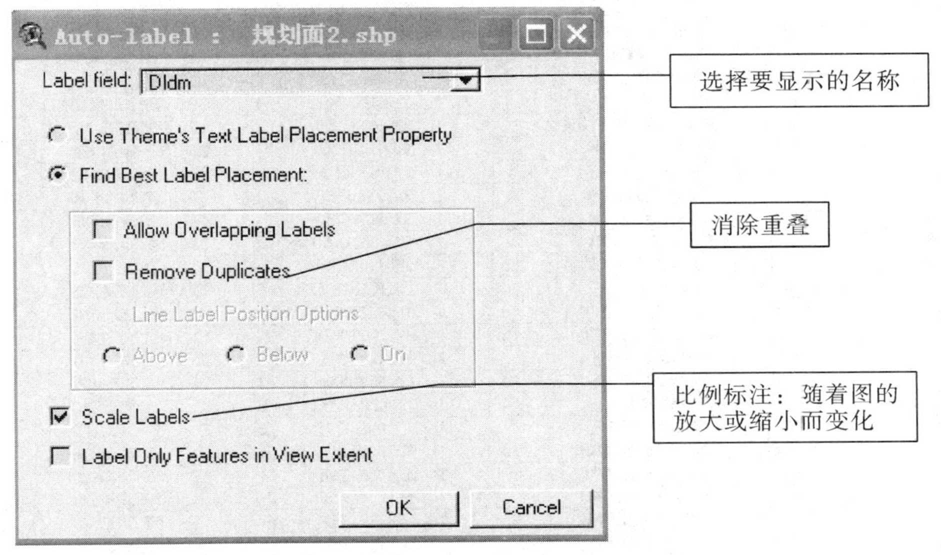

图 10 - 11　添加标准

第三步，对现状面 . shp 和规划面 . shp 进行叠加。

返回到 View 窗口，选用菜单 File / Extensions... / Geoprocessing，钩选"√"，按 OK 键确认，加载地学处理模块，选用菜单 View / Geoprocessing Wizard...，出现 Geoprocessing 对话框：

○ Dissolve features based on an attribute　按属性相同合并要素，保持空白，不选

○ Merge themes together　多个专题合并，保持空白，不选

○ Clip one theme based on another　一个专题切割另一个，保持空白，不选

○ Intersect two themes　二个专题交叉叠合，保持空白，不选

○ Union two themes　二个专题合起来叠合，点击左侧圆点，选择

○ Assign data by location (Spatial Join)　空间连接，保持空白，不选

按 Next 键继续操作，出现如下提示：

Select input theme to union：现状面　选择输入的专题名

Select polygon overlay theme to union：规划面　选择叠合的专题名

Specify the output file：（可以自己随意存放）d：\ gis_ ex \ ex09 \ temp \ union1. shp 存放输出数据的路径。

按 Finish 完成参数定义，系统产生叠合后多边形专题 intersect. shp。打开属性表 Attribute of intersect，查看属性表的变化（如图 10 - 12）：

Attributes of Intersect.shp

Shape	Shape_leng	Shape_area	DLMC	Ghsx_	Area_	Dldm_	Dldm	Area	Ghsx
Polygon	57.72454876730	146.83248928800	有林地	4	146.83248929121	131	131	146.83248929121	4
Polygon	7866.58163521000	411928.26182199997	村庄	7	411928.26182243228	203	203	411928.26182243228	7
Polygon	7866.58163521000	411928.26182199997	村庄	7	411928.26182243228	203	203	411928.26182243228	7
Polygon	7866.58163521000	411928.26182199997	村庄	7	411928.26182243228	203	203	411928.26182243228	7
Polygon	1763.56281073000	46700.17416610000	望天田	1	46700.17416619463	112	203	46700.17416619463	1
Polygon	84.03591962620	451.84878680800	村庄	7	451.84878679924	203	203	451.84878679924	7
Polygon	75.17524183410	287.40412264500	村庄	7	287.40412264434	203	203	287.40412264434	7
Polygon	247.90436056700	2077.72642856000	旱地	1	2077.72642853856	114	203	2077.72642853856	1
Polygon	261.38464198100	3298.21950465000	村庄	7	3298.21950465409	203	203	3298.21950465409	7
Polygon	1107.91769495000	50887.59689660000	灌木林地	1	50887.59689673595	132	132	50887.59689673595	1
Polygon	366.41276208500	6887.11471104000	旱地	2	6887.11471116240	114	203	6887.11471116240	2
Polygon	100.55510753900	414.05363979700	村庄	7	414.05363981146	203	203	414.05363981146	7
Polygon	344.22757642800	3775.22499959000	旱地	2	3775.22499983385	114	203	3775.22499983385	2
Polygon	273.79290642900	3962.96294948000	旱地	1	3962.96294937952	114	114	3962.96294937952	1
Polygon	351.03373359700	5017.13493804000	旱地	2	5017.13493804354	114	203	5017.13493804354	2
Polygon	70.60025675430	230.13627542900	水库水面	8	230.13627542928	271	271	230.13627542928	8
Polygon	255.42375067100	2482.24354906000	村庄	7	2482.24354907218	203	203	2482.24354907218	7
Polygon	600.04349649600	21164.92627840000	有林地	4	21164.92627845146	131	131	21164.92627845146	4
Polygon	1056.57369586000	44972.26035820000	有林地	2	44972.26035856269	131	131	44972.26035856269	2
Polygon	249.05219058600	2223.45093589000	村庄	7	2223.45093591791	203	203	2223.45093591791	7
Polygon	71.71681154750	310.22722916600	村庄	7	310.22722916678	203	203	310.22722916678	7
Polygon	85.77551551200	350.03502850500	村庄	7	350.03502850235	203	203	350.03502850235	7
Polygon	60.01537736610	227.60429715300	村庄	7	227.60429715179	203	203	227.60429715179	7
Polygon	487.82083127300	7752.70205066000	有林地	1	7752.70205060346	131	131	7752.70205060346	1
Polygon	410.38257094500	10505.73476100000	有林地	1	10505.73476106999	131	203	10505.73476106999	1
Polygon	736.92104036400	32957.15998470000	有林地	4	32957.15998465568	131	131	32957.15998465568	4
Polygon	1125.43636269000	23558.82169070000	疏林地	1	23558.82169079036	133	133	23558.82169079036	1
Polygon	235.07191740800	2428.35619281000	有林地	1	2428.35619283980	131	131	2428.35619283980	1
Polygon	2112.01158563000	45555.25774430000	旱地	2	45555.25774470344	114	203	45555.25774470344	2
Polygon	443.07235719600	7485.82387978000	有林地	4	7485.82387965545	131	131	7485.82387965545	4
Polygon	434.29303138900	10281.34587380000	疏林地	1	10281.34587385505	133	133	10281.34587385505	1
Polygon	345.96483670400	7381.16033995000	有林地	2	7381.16033995152	131	203	7381.16033995152	2
Polygon	1615.10282222000	71105.28446380000	有林地	4	71105.28446360573	131	131	71105.28446360573	4
Polygon	450.41024461000	5222.64560237000	有林地	1	5222.64560227795	131	131	5222.64560227795	1

图 10-12　地类统计数据显示

有颜色标注的都是规划后地类发生的变化，变化的面积显而易见（如图 10-13），最后我们再根据地类和面积的变化做一张占补平衡表（如表 10-1）。

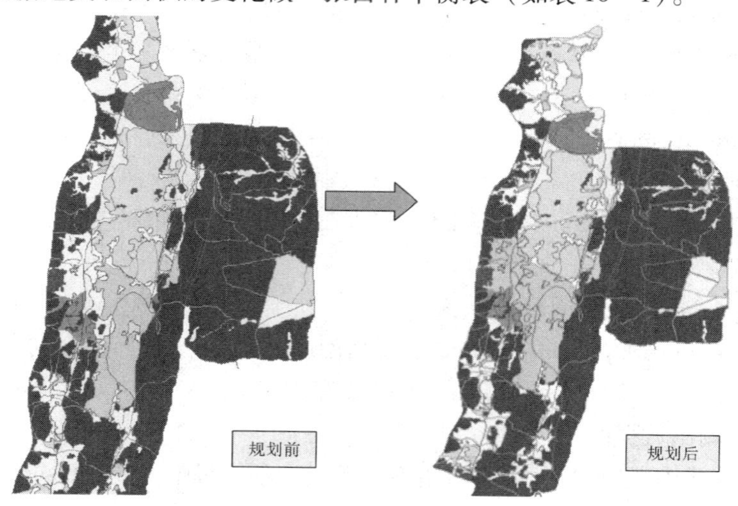

图 10-13　数据叠合分析

表 10－1 **土地占补平衡表**

		土地占补平衡表							期内减少（㎡）	期内增加（㎡）	净变化（㎡）
		耕地（㎡）	园地（㎡）	林地（㎡）	其他农用地（㎡）	农村居民点（㎡）	交通水利及其他用地（㎡）	自然保留地（㎡）			
农用地	耕地	0.0000	0.0000	11251.5491	0.0000	478958.7186	0.0000	0.0000	490210.2677	492765.5979	0.0000
	园地	0.0000	0.0000	0.0000	0.0000	0.0000	0.0000	0.0000	0.0000	0.0000	0.0000
	林地	13227.2959	0.0000	0.0000	0.0000	28787.7169	0.0000	0.0000	42015.0128	42015.0128	0.0000
	牧草地	222.3470	0.0000	0.0000	0.0000	0.0000	0.0000	0.0000	0.0000	0.0000	0.0000
	其他农用地	0.0000	0.0000	0.0000	0.0000	0.0000	0.0000	0.0000	0.0000	0.0000	0.0000
建设用地	城镇工矿用地	249894.9455	0.0000	0.0000	0.0000	0.0000	0.0000	0.0000	0.0000	0.0000	0.0000
	农村居民点	26274.2055	0.0000	1181.0073	0.0000	0.0000	0.0000	0.0000	27455.2128	537389.3613	509934.1485
	采矿用地	2332.9832	0.0000	27746.9410	0.0000	0.0000	0.0000	0.0000	27746.9410	0.0000	0.0000
	交通水利及其他用地	0.0000	0.0000	0.0000	0.0000	0.0000	0.0000	0.0000	0.0000	0.0000	0.0000
其他土地	水域	0.0000	0.0000	0.0000	0.0000	0.0000	0.0000	0.0000	0.0000	0.0000	0.0000
	自然保留地	200813.8208	0.0000	1835.5154	0.0000	29642.9258	0.0000	0.0000	232292.2620	0.0000	－232292.262

六、 注意事项

（1）城镇发展区域空间布局应注意与城市规划及其实际地形的结合。

（2）城镇建设用地总规模、基本农田保护面积等约束性指标要注意与上级下达的规划指标一致。

（3）土地开发整理空间位置的选取应切合实际。

（4）注意土地规划平衡表中各数值的实际含义。

七、 实训预习与准备要求

熟练掌握 Arcview 基本操作；预习土地利用规划理论知识；预习地理信息系统理论知识。

八、 思考题

在野外如何确定规划要素的空间布局情况。如何协调土地利用规划、城市规划、环境规划、产业规划、社会事业总体规划等多个规划的协调。如何利用 GIS 软件进行土地规划标准数据库的建设。

实训项目十一　重庆市社会经济空间统计分析

一、　背景知识

（一）地区生产总值（GDP）

地区生产总值是指本地区所有常住单位在一定时期内生产活动的最终成果。地区生产总值等于各产业增加值之和。其计算方法有三种：

（1）生产法：增加值 = 总产出 − 中间投入

国民经济各行业的增加值之和等于地区生产总值

（2）收入法：增加值 = 劳动报酬 + 生产税净额 + 固定资产折旧 + 营业盈余

（3）支出法：地区生产总值 = 最终消费支出 + 资本形成总额 + 货物和服务净支出

（二）固定资产投资

固定资产投资是建造和购置固定资产的经济活动，即固定资产再生产活动。固定资产再生产过程包括固定资产更新（局部和全部更新）、改建、扩建、新建等活动。固定资产投资是社会固定资产再生产的主要手段。固定资产投资额是以货币形式表现的建造和购置固定资产活动的工作量，它是反映固定资产投资规模、速度、比例关系和使用方向的综合性指标。

（三）物价总指数

物价总指数亦称一般物价指数、综合物价指数，是反映全部商品价格平均变动的物价指数。物价总指数根据广泛组合的商品和劳务的价格平均值计算，它反映一个国家一般物价水准的变动。我国用以考察一般物价水准变动的物价指数主要是商品零售价指数。除此之外，也可采用国民生产总值内含价格指数以及其他综合性物价指数。商品零售价格指数是通过抽样调查取得的统计平均数，即对所选的上百种典型的零售商品在不同地点的零售价格加权平均计算的结果。

（四）社会消费品零售总额

社会消费品零售总额指批发和零售业、住宿和餐饮业以及其他行业直接销售给城乡居民和社会集团的消费品零售额。其中，对居民的消费品零售额，是指售给城乡居民用于生活消费的商品金额；对社会集团的消费品零售额，是指售给机关、社会团体、部队、学校、企事业单位、居委会或村委会等，公款购买的用作非生产、非经营使用与公共消费的商品金额。

（五）对外贸易

对外贸易亦称“国外贸易”或“进出口贸易”，简称“外贸”，是指一个国家（地区）与另一个国家（地区）之间的商品、劳务和技术的交换活动。这种贸易由进口和出口两个部分组成。对运进商品或劳务输入的国家（地区）来说，就是进口；对运出商品或劳务输出的国家（地区）来说，就是出口。这在奴隶社会和封建社会就开始产生和发展，到资本主义社会，发展更加迅速，其性质和作用由不同的社会制度所决定。

二、实训目的和任务

掌握空间数据录入的方法，并进行社会经济数据空间分析。以重庆市为例，选取相应指标分析重庆市近十年来社会经济发展的时空变化。

三、实训内容

通过制作相应的专题图，熟悉社会经济相关理论知识和实际操作知识，撰写重庆市近十年来社会经济发展时空变化的研究报告。

四、实训要求

以“近十年重庆市各区县统计数据”为基础数据，参照本实训附的“重庆市10年社会经济发展空间差异分析”大纲，认真学习“实训步骤”，制作重庆市十年来社会经济发展专题图，详细分析重庆市社会经济的时空变化，从理论和实际两个层面分析产生社会经济时空变化的原因，并在报告中进行阐述。

五、实训步骤

（一）专题地图的类型

1. ArcView 的专题地图主要有六种

（1）单值图（Single Symbol）。Theme 的所有要素均用一种符号，不分类。

（2）指定值分类图（Unique Value）。按需要，以指定的属性值分类显示要素（适合要素的属性为字符型或整数型）。

（3）颜色渐变图（Graduated Color）。根据要素属性值的大小，使符号的颜色逐渐变化（主要适合面状图）。

（4）符号大小渐变图（Graduated Symbol）。用不同大小的点状符号，或不同宽度的线条表达要素，适合于点状、线状图。

（5）点密度图（Dot Density）。点密度图只适合于多边形的数值属性，例如可用一个点代表 50 个人，当多边形内的人口为 2000 时，系统随机地在该多边形内分布 40 个点符号。

（5）统计图（Chart）。统计图有圆饼图（Pie Chart）、直方图（Bar Chart）两种，适合表达点状、面状事物的多重属性。

2. 分类方法

对于颜色渐变图、符号大小渐变图，ArcView 提供五种分类法：

（1）自然分类（Natural Breaks，默认为五段）。由系统自动产生优化的分类（Jenk's Optimization），用户可按自己的需要再逐段调整。

（2）等量分类（Quartile）。每段区间内的要素个数基本相同。

（3）等距分类（Equal Distance）。每段区间的上下限之差相同。

（4）等面积分类（Equal Area）。每段区间内面状要素的面积之和大致相同。

（5）标准差分类（Standard Deviation）。以均值为中心，两侧以统计标准差决定区间。

3. 符号选择与控制

在 Legend Editor 的符号、分类值、说明对照表中，双击 Symbol 字段名下任一种符号式样，系统将弹出符号选择窗口（Symbol Window）。其中有六个图标式按钮，从左至右分别代表六种操作：①选择多边形填充图案，②选择线型，③选择点状符号，④选择字体，⑤选择颜色，⑥自定义符号集。

用户在该窗口选择了符号、并点击 Legend Editor 菜单的 Apply 按钮后，地图上对应要素的表达符号随之变化。

（二）专题图制作

1. 人口空间分布

第一步，启动 ArcView。用鼠标点击：Windows 开始/程序/ Esri/ArcView GIS Version3. x/ArcView GIS 3. x（因软件安装的原因，上述提示可能会有差异）。首先出现的是 ArcView 的项目窗口（Project Window），系统默认的项目名称为 Untitled，如果系统出现欢迎对话框，可选 as a blank Project（一个空项目）。

第二步，新建一个 View。在 Project Window（项目窗口）的五种 Document（子系统）中，选 Views 为当前的 Document（多数情况下 Views 是默认的选择），用鼠标点击 New 按钮，表示新建一个 View，系统会打开一个空的 View Window，一般起默认名为 View1。

第三步，增加专题。点击按钮（Add Theme，增加专题），表示向View窗口中增加专题，系统出现选择空间数据源（Add Theme）的对话框，对话框的右侧为存放空间数据的路径窗口（磁盘符号、目录、文件夹），左侧为被选路径下可使用的空间数据的目录，左下侧选项为数据类型，一般情况下Feature Data Source为默认。把准备好的空间数据存放在f：\cqland\路径下，该目录中有一个数据源：xbj. shp，用鼠标双击xbj. shp前的图标，就为当前的View增加了一个多边形专题（如图11－1和图11－2）。

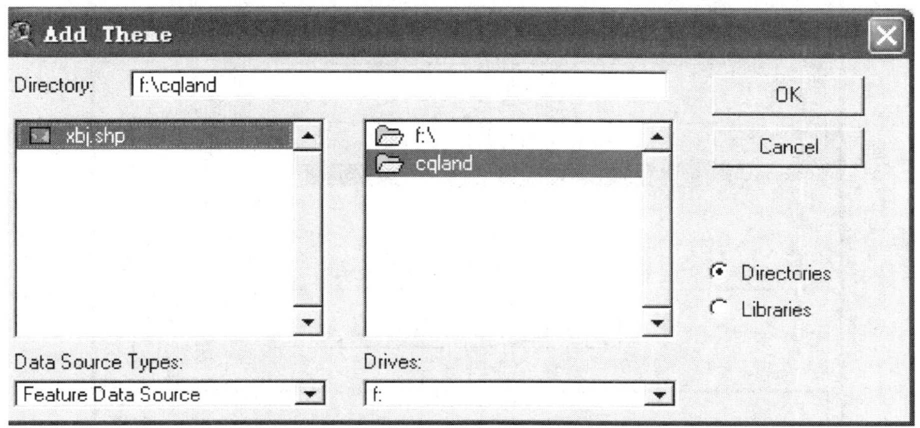

图11－1　添加分析数据

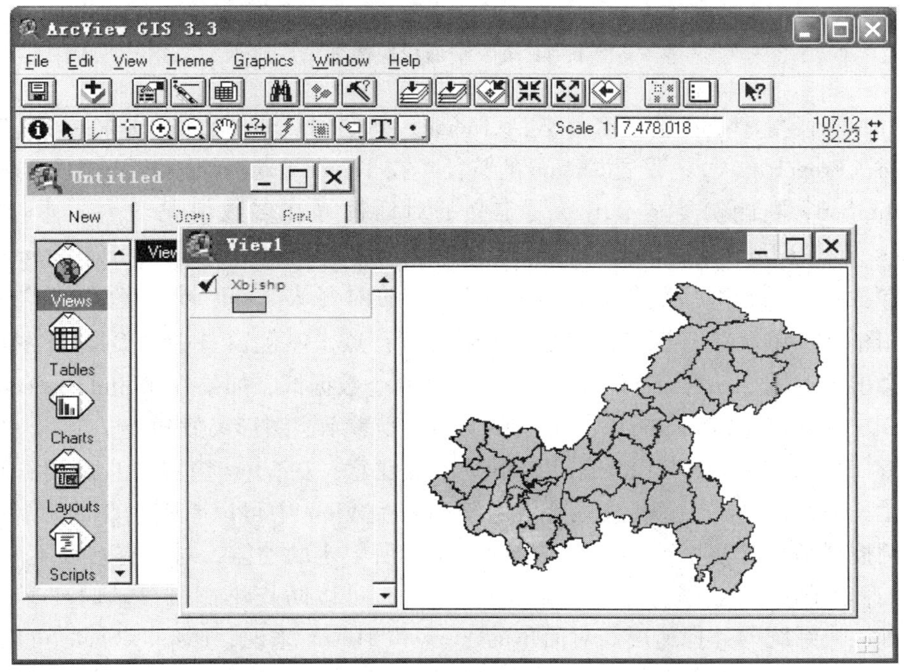

图11－2　添加分析数据

第四步，设置View的特征。在View菜单里选择Properties...，表示改变View的特征，出现 View Properties 对话框。用户可将数据框 Name 的内容，即 View 的名字改成中文（如"视图 1"），将地图单位（Map Units）改成 Kilometers（千米），将距离单位（Distance Units）也设为千米（Kilometers），按 OK 键退出（如图 11－3）。如果地图单位设置不当，会带来随后的视图显示比例不当。

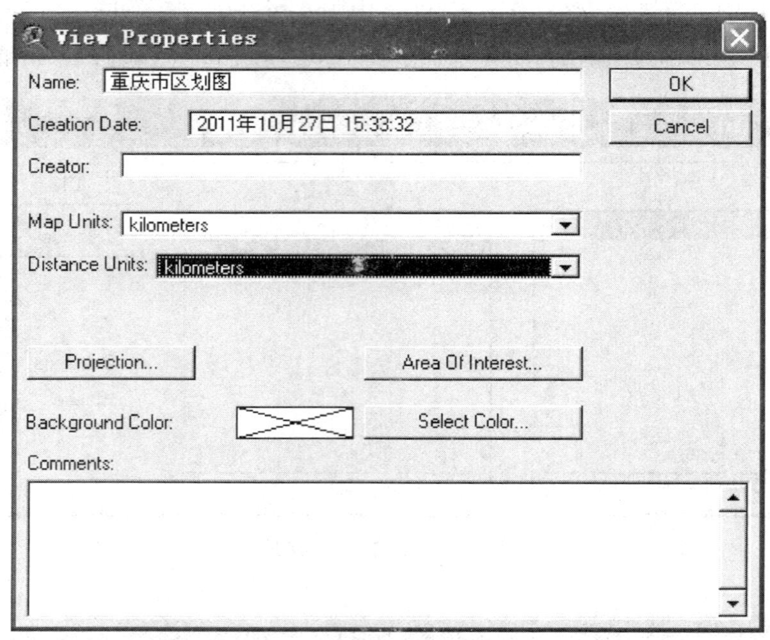

图 11－3　查看投影信息

第五步，设置 Theme 的特征。激活 Theme，确定 xbj. Shp 为 Active Theme，选用菜单 Theme / Properties...，设置 Theme 的特征，在 Theme Properties 对话框中，点击左侧图标 Definition，右侧就会显示出专题定义的对话框（在多数情况下，一进入 Theme Properties...，Definition 对话框自动选择，这时，该对话框中还有一个 Definition：数据框，初学者容易混淆），将数据框 Theme Name 的内容从"xbj. Shp"改名为"人口分布"（如图 11－4）。还可改变显示的上下限比例：点击左侧窗口中的 Display 图标，对话框中会出现 Minimum Scale 和 Maximum Scale 两个数据框，如果在 Minimum Scale 中填入50 000，在 Maximum Scale 中填入 1 000 000，则表示当图形缩放到小于 1∶1 000 000 或大于 1∶50 000 时，该专题会自动地不显示（注意，在 View 窗口工具条的右侧有一个属性栏 Scale，是当前比例的提示）。由于同一个 View 中可以有多个 Theme，各自的显示比例控制是相互独立的，这种对显示比例有所限定的功能，对于有多种不同比例，不同详细程度的空间数据组合在一个 View 中时，可以防止小比例显示时要素过于密集，也可加快系统的处理速度。对简单的 View 和 Theme 来说，Display Scale 可以不设。点击 OK 键，退出专题特征定义对话框。地图单位的设置、专题的显示比例、显示窗口对显示器像素点的利用率、显示器的分辨率有密切关系，如果比例的上下限设置不当，会造成显示不正常；如果该显示的地图看不见了，可参照 View 窗口的右上角对当前比例的提示（Scale 栏），缩放地图到合适的比例，也可以返回调整或者删除 Minimum Scale 和 Maximum Scale 这两个参数。

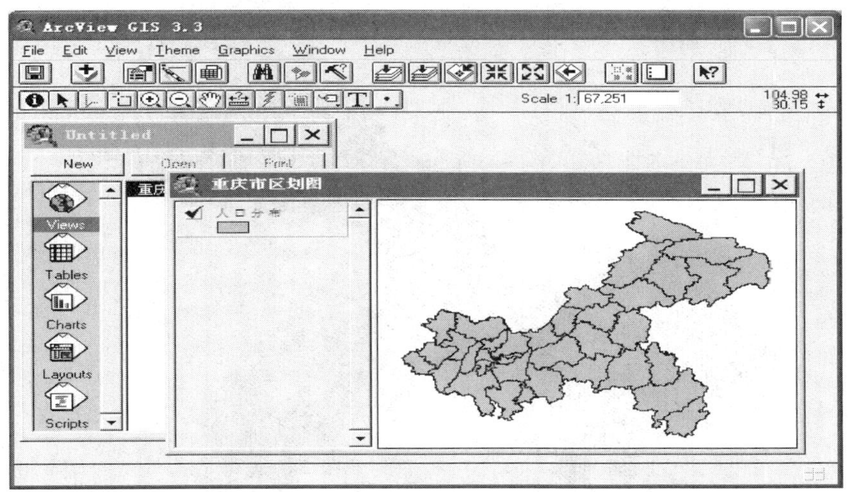

图 11－4　修改名称后

第六步，将要素的属性注记到地图上。激活专题“人口分布”，选用菜单 Theme/Auto_ label...，弹出 Auto_ label 对话框（如图 11－5）：

图 11－5　标注区县名称

Label field:	选择 Xm，将该字段的属性值注记到地图上
● Find Best Label Placement	选择，自动确定最佳注记位置
√ Scale Labels	钩选，注记的比例可缩放

按 OK 键继续。可以看到各区县的区县名已被注记到地图上（如图 11－6）。如果对字体、大小、颜色不满意，可选用菜单 Window / Show Symbol Window...，弹出符号选择窗口，在符号选择窗口中选择字体、大小、颜色，选定后关闭窗口。重新定义注记：激活专题“人口分布”，适当地缩放图形的比例，选用菜单 Theme / Remove Labels，取消属性注记，再到菜单 Theme 中选择 Auto_ label...，弹出 Auto_ label 对话

框，点击 OK 按钮退出，区县名将按新选的字体、大小、颜色注记在图上。

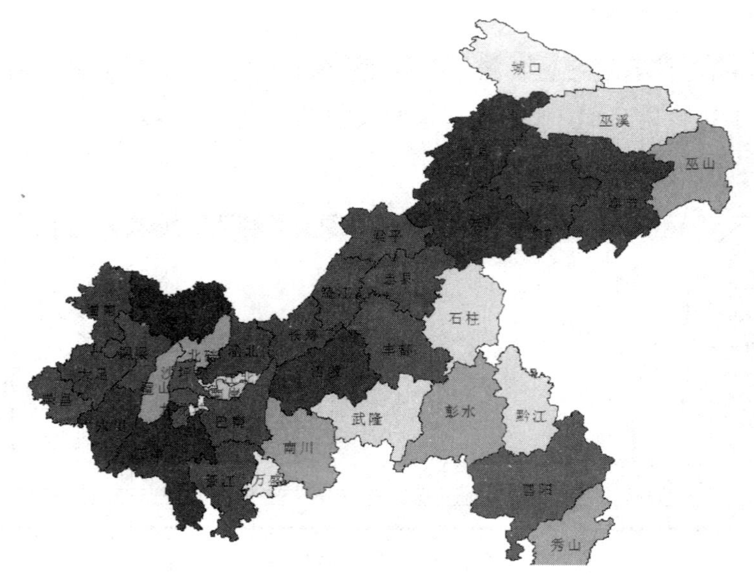

图 11－6　区县行政区划图

第七步，在 ArcView 中，专题的符号由图例来说明，调整图例，同时就改变了专题的表达符号。用户在 View 窗口左侧的专题目录表（Table of Contents）内双击专题的名字，就启动了图例编辑器（Legend Editor），在对话框中（如图 11－7），字段 Theme 表示当前的专题用什么名称。字段 Legend Type 是一个下拉表，表示该专题图例（即符号）的类型，在此选择 Graduated Color（颜色渐变），如果选择成功，对话框下侧就出现符号、分类值、注释对照表和选项。选项 Classification Field 表示按要素属性表中哪个属性项（字段）进行分类，选择"人口"，Normalized by 选项暂时不管，用默认值 <None>。

在符号、分类值、注释对照表中，字段 Symbol 列为专题显示符号的式样，字段 Value 列为分类的控制值，字段 Label 为图例中每个符号的文字说明，改变图例的符号式样、控制值或文字说明，就改变了 View 窗口左侧目录框中的内容和形式，同时也改变了专题地图的表达形式。系统默认的分类方法是自然分类法，默认的文字说明和分类的控制值（Value）一致（点击字段 Label 可按自己要求修改）。可以点击 Classify 来改变系统默认的分类方法和控制值（本图设置为 10 个控制段）。系统默认的符号显示在分类表的 Symbol 字段列下，双击对话框左侧的 Symbol 字段名可修改符号。系统默认的符号分类显示在下侧的选项 Color Ramps 字段里，多数情况下，Red monochromatic 为默认。单击 Apply 按钮，使图例和专题地图按修改的方式重新显示，以便检查修改的效果。确认对图例的修改完成后，按 Windows 的习惯，用窗口右上角的图标☒关闭 Legend Editor 对话框，返回 View 窗口，就可以观察到人口分布专题图的效果。

第八步，紧按 View 窗口工具条中的　按钮，出现下拉式菜单，提示用户可在菜单中选择点、直线、折线、矩形、圆、多边形等，在地图上注记一些简单的图形(Graph)，包括字符：

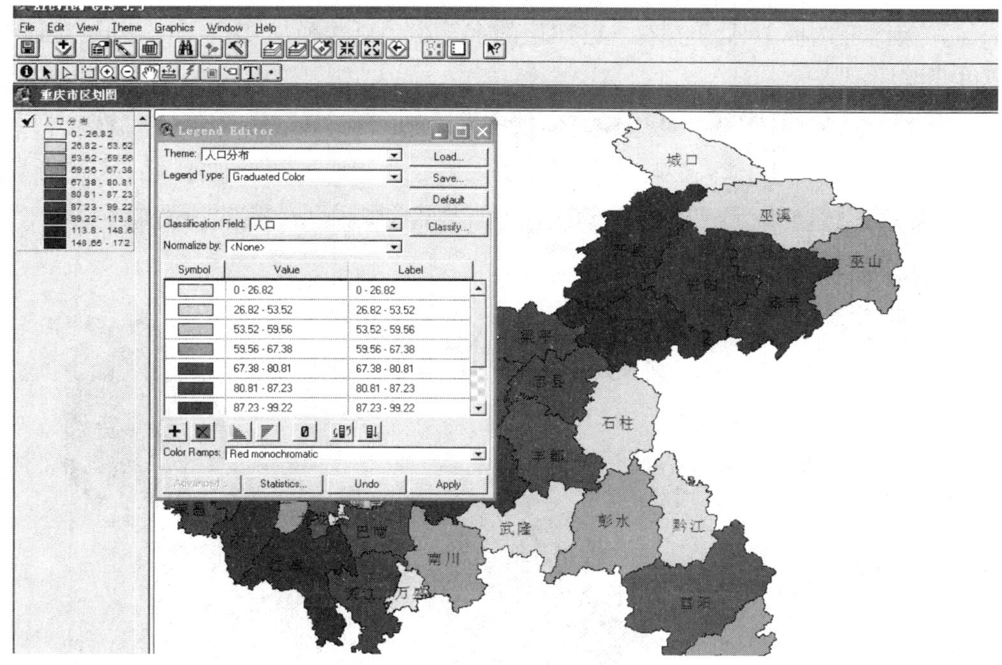

图 11－7　Symboc 编辑窗口

（1）点击 注记字符工具。

（2）在地图上点击将要注记的位置。

（3）在随之出现的字符特征（Text Properties）对话框中输入需要注记的字符串（如图 11－8），并可选择字符串的对齐方式、行间距、倾斜角度，点击 OK 键后，地图上将出现所注记的字符串（如图 11－9）。

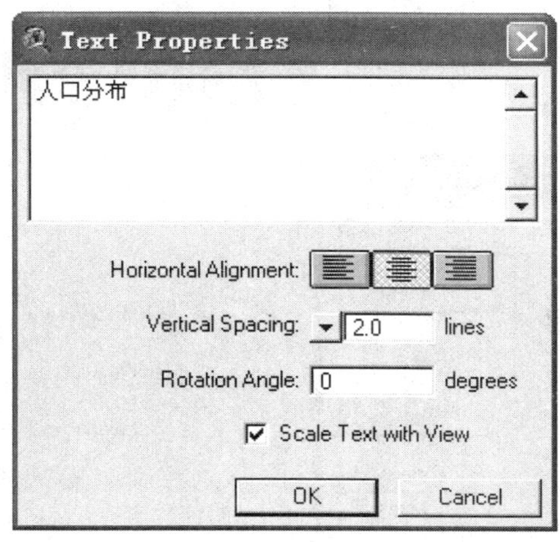

图 11－8　添加图名

（4）用图形选择工具双击已注记的字符串，再次弹出 Text Properties 对话框，用户可修改注记。

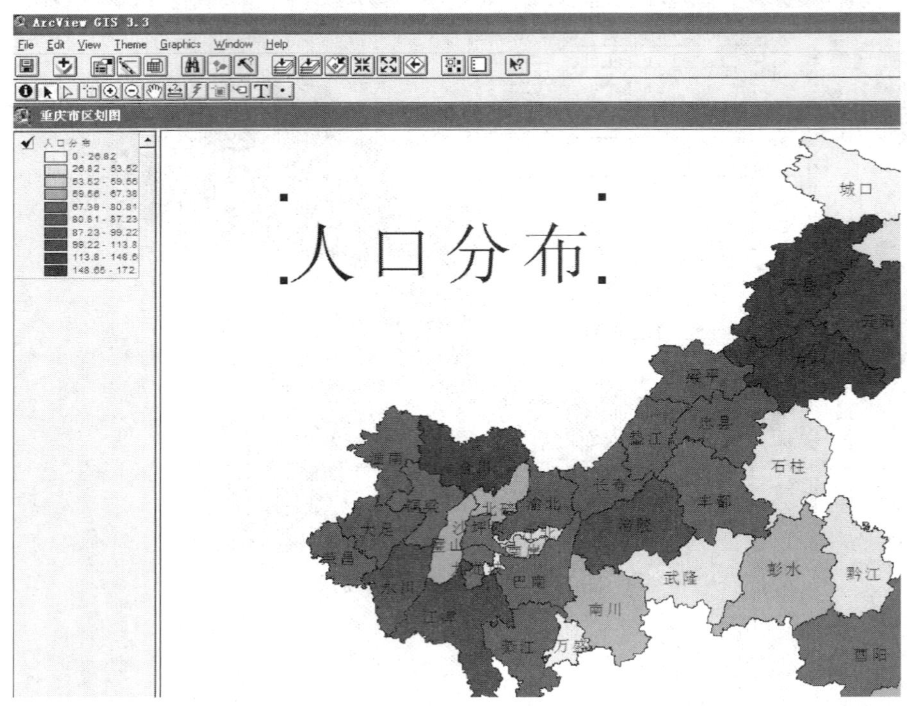

图 11－9　图名显示

第九步，选择 view/layout 出图，添加图名（如图 11－10），选择指北针（如图 11－11），出图（如图 11－12）等相关信息，然后得到："重庆市人口分布专题图"（如图 11－13）。选择 file/export，输出图片。

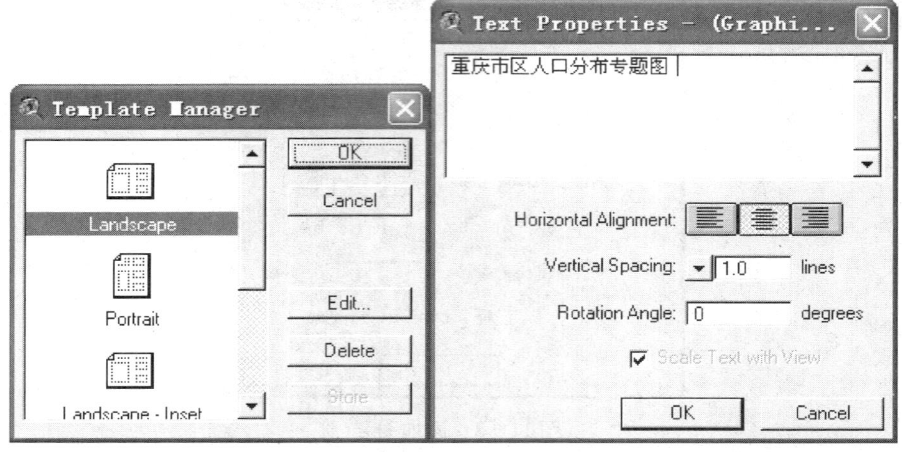

图 11－10　添加专题图名

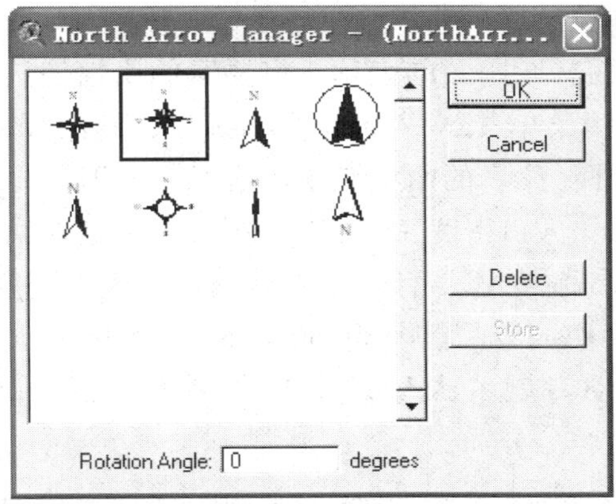

图 11－11　添加指北针

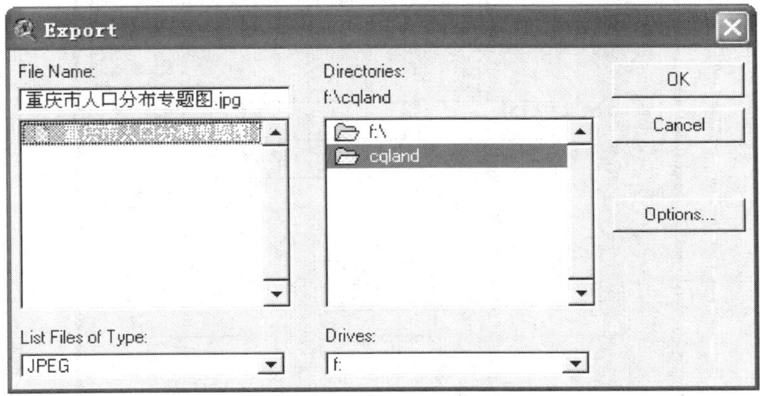

图 11－12　输出图片

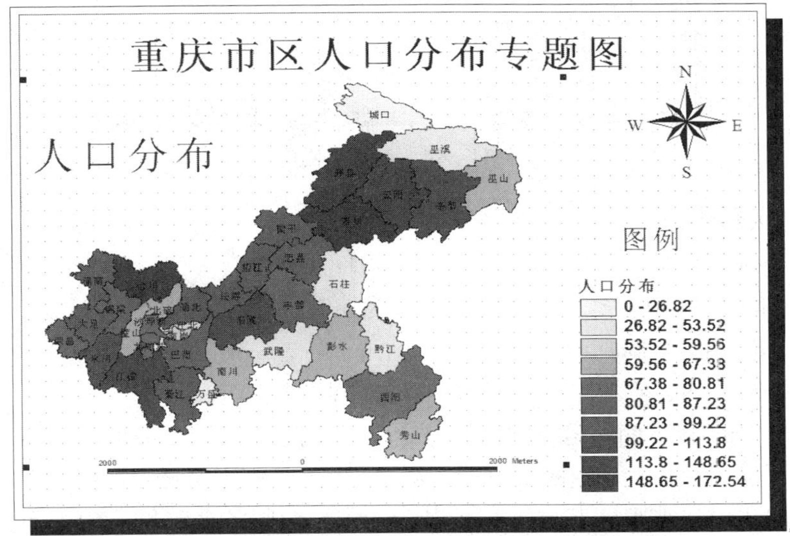

图 11－13　专题图窗口

2. 人口密度图制作

点密度图是专用于面状专题图的表达，将要素的属性值按一定比例用点状符号随机布置在多边形内。选用菜单 View / Add Theme...，到路径 f：\ cqland 下再次选择 xbj. shp，为视图中增加了一个新的面状专题。选用菜单 Theme / Properties...，将专题名（Theme Name）改为"人口密度"，关闭专题特征定义对话框，返回视图窗口。在专题目录表中双击专题名称"人口密度"，激活专题"人口密度"，选用菜单 Theme / Properties...，点击图标 Display，删除 Minimum Scale 和 Maximum Scale 两个数据框内的值，按 OK 键返回，启动专题"人口密度"图例编辑器，调整其中的参数（如图 11-14）：

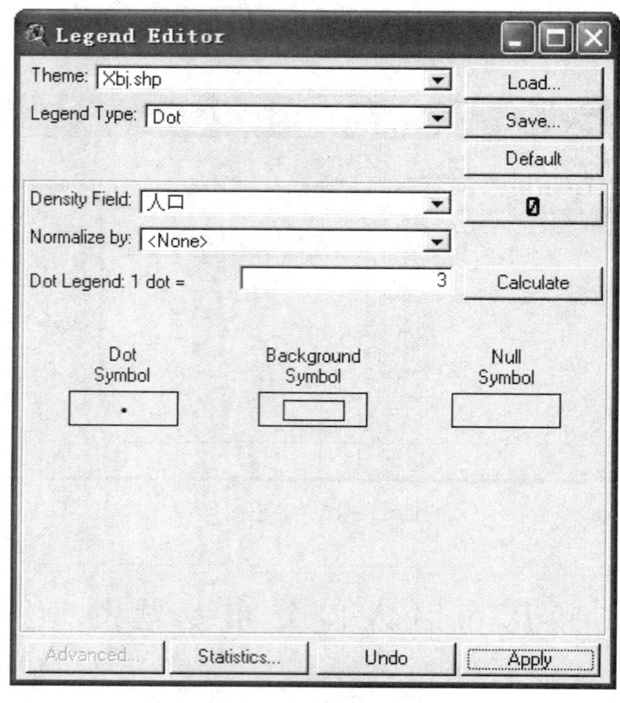

图 11-14　设置点密度

Theme：人口密度

Legend Type：Dot　　　　点密度图

Density Field：人口　　　　人口为控制密度的字段

Normalized by：<None>

Dot Legend：1 dot = 3　　　　每点代表 3 万居民

双击 Dot Symbol 下的符号，弹出符号定义对话框，将点状符号的大小（Size 选项）设置为 4（如图 11-15），点击 Apply 按钮，产生人口密度统计专题图。

随后添加注记，并通过 View layout 出图，将专题图的名称修改为"重庆市各区县人口密度专题图"，设置专题图的比例尺和图例，调整图的大小，将各要素设置完整后，方可通过 file/export 出图（如图 11-16）。

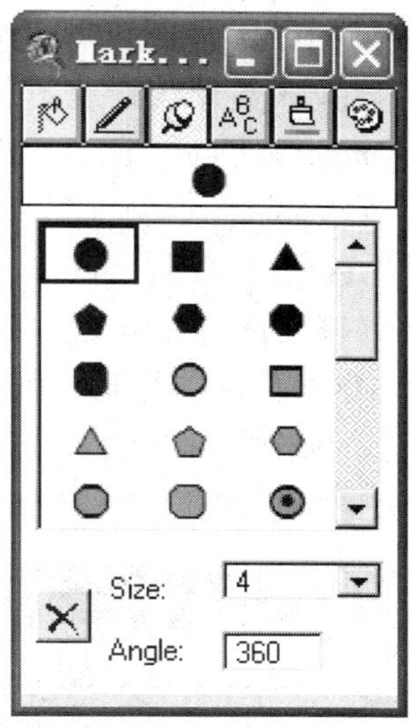

图 11－15　修改点样式

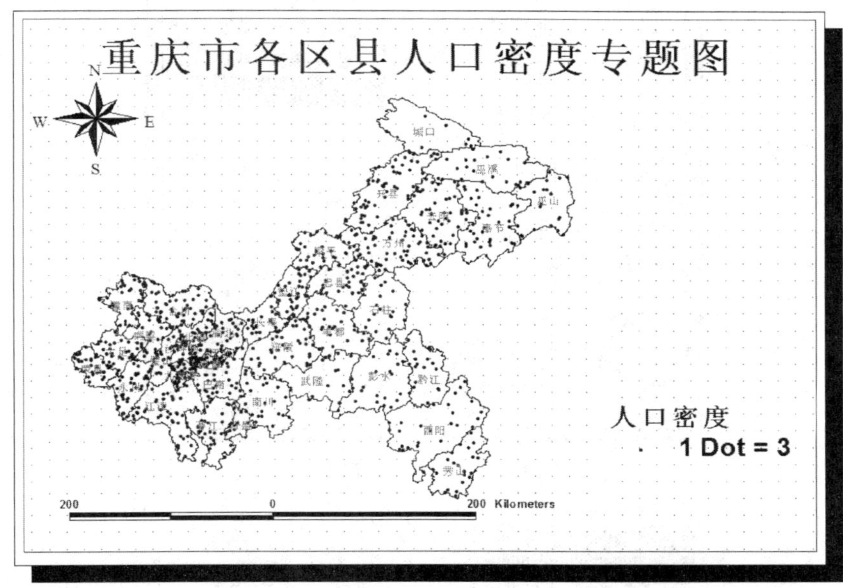

图 11－16　点密度图

3. 就业分布图

ArcView 可对属性数据作简单统计后将结果显示到地图上（地图专业术语称为统计地图）。选用菜单 View / Add Theme...，到路径 F：\ \ cqland \ 下再次选择 xbj. shp，为视图中增加了一个新的面状专题。选用菜单 Theme / Properties...，将专题名（Theme Name）改为“就业分布”，关闭专题特征定义对话框，返回视图窗口。在专题目录表中双击专题名称“就业分布”，打开图例编辑器（Legend Editor）（如图 11－17），在 Legend Type 下拉列表中选择 Chart（统计圆饼图），这时，图例编辑器对话框的内容改变。到该对话框左边的字段表（Fields）中依次点击字段名第一产业就业人数和按钮 Add，第二产业就业人数和按钮 Add，第三产业就业人数和按钮 Add，表示按各区县的第一、第二、第三产业的就业人数作统计地图，在对话框右侧，三个字段、三项随机产生的填充颜色出现在 Symbols，Fields 表中，按个人喜好，修改表达这三种产业的填充颜色。检查对话框左下角的统计图类型（Chart Type）是否为圆饼图，若不是则用鼠标选择。再调整背景符号的颜色（Background），然后点击右下角的按钮 Properties...，弹出 Pie Chart Properties（圆饼图特征定义）对话框（如图 11 - 18）：

Size Field：Area　　用各区县的人口控制圆饼的大小

Minimum Size：4　　最小的圆饼占 4 个绘图单位

Maximum Size：12　　最大的圆饼占 12 个绘图单位

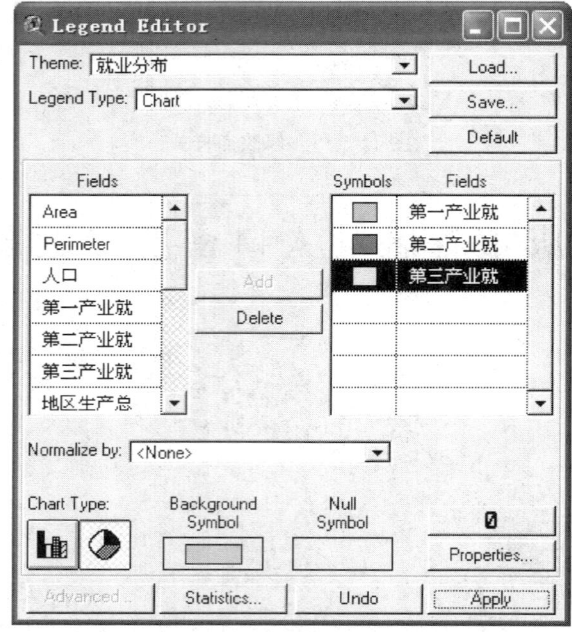

图 11 - 17　修改字段名称

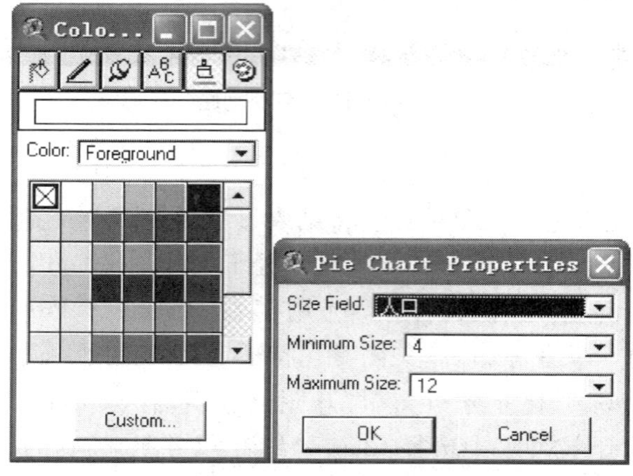

图 11 - 18　设置饼图大小尺寸

按 OK 键返回，点击右下角按钮 Apply，观察“就业分布”专题图的效果（如图 11－19），可以看出，在每个乡镇多边形中，按三次产业就业的比重产生一个统计圆饼，最小的为 4 个绘图单位，最大的为 12 个绘图单位。ArcView 统计圆饼图的大小，不随地图的显示缩放而变化，而受计算机显示器分辨率的影响，若用户觉得圆饼的大小不合适，须到图例编辑器的 Pie Chart Properties 对话框中调整 Minimum Size 和 Maximum Size 的参数。

ArcView GIS 3.3
File
Edit
View
Theme
Graphics
Window
Help
重庆市区划图
巴南
黔江
秀山

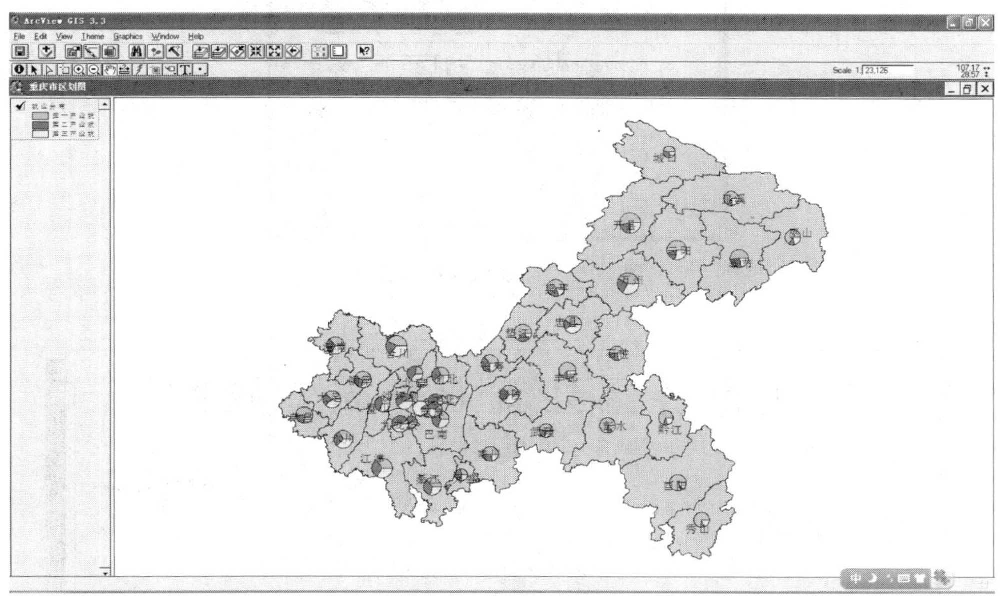

图 11－19　一、二、三产业就业分布图

随后添加注记，并通过 view/layout 出图，将专题图的名称修改为“重庆市各区县就业分布专题图”，设置专题图的比例尺和图例，调整图的大小（如图 11－20、图 11－21），将各要素设置齐全后，方可通过 file/export 出图（如图 11－22）。

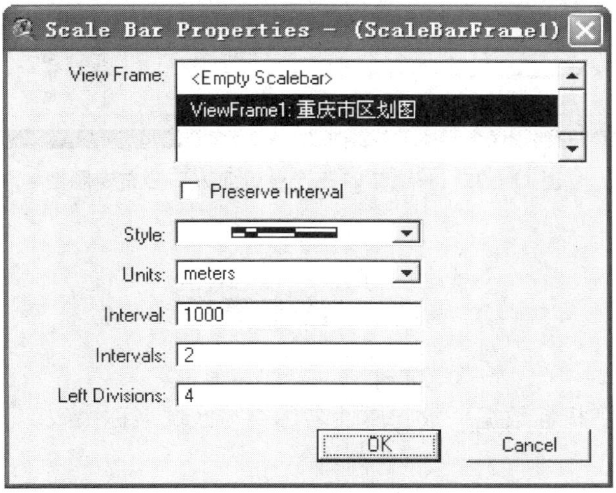

Scale Bar Properties - (ScaleBarFrame1)
View Frame:
<Empty Scalebar>
ViewFrame1: 重庆市区划图
Preserve Interval
Style:
Units:
meters
Interval:
1000
Intervals:
2
Left Divisions:
4
OK
Cancel

图 11－20　添加比例尺

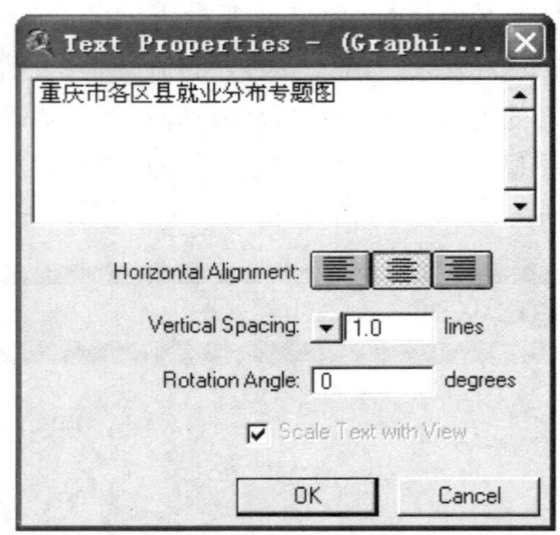

图 11-21 添加专题图名称

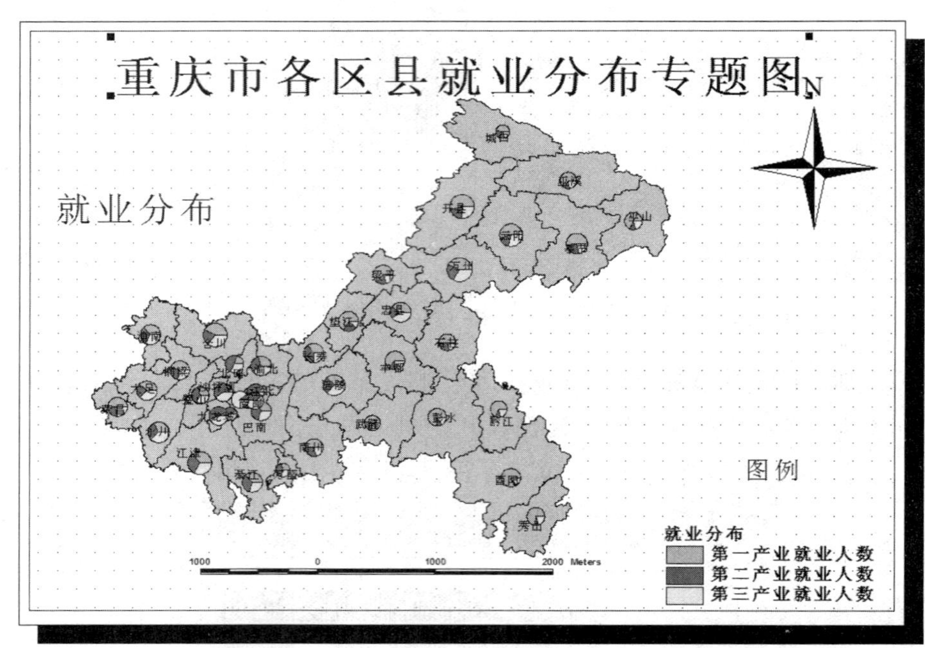

图 11-22 一、二、三产业就业人口分布专题图

六、 注意事项

选择的社会经济指标数据一致，属性名称要与区域名称一致。

七、 实训预习与准备要求

了解社会经济指标内涵，熟悉 GDP、人口集相关社会经济数据的获得途径；熟悉社会经济专题图的制作。

八、 思考题

选择的社会经济指标在空间的分布产生差异的原因是什么，不同因素为什么具有不同的空间分布规律?

附： 重庆市10年社会经济发展空间差异分析

一、社会经济指标选择

根据研究和分析的需要，选择相应指标，分析指标的内涵。

二、社会经济空间分析

应用不同方法，分析不同指标在空间上的分布规律，一方面可以分析规模上的差异，也可以分析质上面的差异，质是单位人口、单位面积或其他社会经济在单位量上的表现。

三、空间分布类型划分

在社会经济空间分析的基础上，对某一指标在空间上的表征进行分类，对不同类型用颜色或图纹进行表示。要科学确定分类依据，注意不同类型间的临界值或临界点的选择。

四、空间分异的原因分析

分析影响或导致相关社会经济指标在空间的分异的各因素，及这些因素对空间分布的作用规律。

五、优化空间分布的思考与建议

结合专业知识学习，提出某一指标或某几个指标优化空间布局、调整空间结构的思考和建议。

参考文献

[1] 汤国安，赵牡丹，杨昕等．地理信息系统 [M]．北京：科学出版社，2010.

[2] 范文义，周洪泽．资源环境地理信息系统 [M]．北京：科学出版社，2007.

[3] 刘南，刘仁义．Web GIS 原理及其应用 [M]．北京：科学出版社，2005.

[4] 宋小冬，钮心毅．地理信息系统实习教程 [M]．北京：科学出版社，2005.

[5] 张新长，曾广鸿，张青年．城市地理信息系统 [M]．北京：科学出版社，2008.

[6] 张新长，曾广鸿，张青年．城市地理信息系统 [M]．北京：科学出版社，2008.

[7] Elliott d. kaplan/Christopher J. Hegarty. GPS 原理与应用 [M]．寇艳红，译．北京：电子工业出版社，2007.

[8] 宋小冬，叶嘉安，钮心毅．地理信息系统及其在城市规划与管理中的应用 [M]．北京：科学工业出版社，2010.

[9] 韦娟．地理信息系统及 3S 空间信息技术 [M]．西安：西安电子科技大学出版社，2010.

[10] 向云波，张勇，袁开国，赵会丽．湘江流域县域发展水平的综合评价及特征分析 [J]．经济地理，2011，31（7）．

[11] 张淑源，任志远．西部大开发 10 年来四川省经济差异时空变化分析 [J]．经济地理，2011，31（6）．

[12] 乔家君，赵威．河南省农区经济的时空演化研究 [J]．经济地理，2011，31（6）．

[13] 陈培阳，朱喜钢．福建省区域经济差异演化及其动力机制的空间分析 [J]．经济地理，2011，31（8）．

[14] 孙在宏，陈惠明，乔伟峰，等．土地管理信息系统 [M]．北京：科学出版社，2008.

[15] 边馥苓．GIS 地理信息系统原理和方法 [M]．北京：测绘出版社，1996.

[16] 秦昆．GIS 空间分析理论与方法 [M]．武汉：武汉大学出版社，2010.

[17] Roger Tomlinson. 地理信息系统规划与实施 [M]．蒋波涛，译．北京：测绘出版社，2010.

[18] 陈述彭．地理信息系统导论 [M]．北京：科学出版社，1999.

[19] 郑新奇，韩荣青，刘金花．土地管理地理信息系统 [M]．武汉：武汉大学出版社，2008.

[20] 宋其友．土地信息学［M］．北京：测绘出版社，1997.

[21] 孔祥元，郭际明，刘宗泉．大地测量学基础［M］．武汉：武汉大学出版社，2010.

[22] 肯尼迪（Michael Kennedy），Michael F. Goodchild. ArcGIS 地理信息系统基础与实训［M］．蒋波涛，袁娅娅，译．北京：清华大学出版社，2011.

[23] 张新长，马林兵，张青年．地理信息系统数据库［M］．北京：科学出版社，2010.

[24] 赵荣，王恩涌，张小林．人文地理学［M］．北京：高等教育出版社，2006.

[25] 王光霞．地图设计与编绘［M］．北京：测绘出版社，2011.

[26] 朱述龙，朱宝山，王红卫．遥感图像处理与应用［M］．北京：科学出版社，2006.

[27] 魏二虎，黄劲松．GPS 测量操作与数据处理［M］．武汉：武汉大学出版社，2004.

[28] 伍光和，王乃昂，胡双熙．自然地理学［M］．第 4 版．北京：高等教育出版社，2008.

[29] 汤国安，陈正江，赵牡丹．ArcView 地理信息系统空间分析方法［M］．北京：科学出版社，2002.

[30] 刘湘南，黄方，王平．GIS 空间分析原理与方法［M］．第 2 版．北京：科学出版社，2008.

[31] 李莉，商瑶玲，张元杰，韦德（Tasha Wade），萨默（Shelly Sommer）．GIS 图解词典［M］．北京：科学出版社，2011.

[32] 王万茂．土地利用规划学［M］．北京：科学出版社，2011.

[33] 刘双良．土地整治规划［M］．天津：天津大学出版社，2011.

图书在版编目(CIP)数据

3S与区域经济综合实训教程/骆东奇主编.—成都:西南财经大学出版社,2012.4(2014.12重印)

ISBN 978-7-5504-0530-1

Ⅰ.①3… Ⅱ.①骆… Ⅲ.①遥感技术—应用—区域经济—经济管理—中国—高等学校—教材 Ⅳ.①F127-39

中国版本图书馆CIP数据核字(2011)第277049号

"3S"与区域经济综合实训教程

主 编:骆东奇

副主编:赵 伟 石永明

责任编辑:李 雪

助理编辑:雷 彬

封面设计:杨红鹰

责任印制:封俊川

出版发行	西南财经大学出版社(四川省成都市光华村街55号)
网 址	http://www.bookcj.com
电子邮件	bookcj@foxmail.com
邮政编码	610074
电 话	028-87353785 87352368
照 排	四川胜翔数码印务设计有限公司
印 刷	四川森林印务有限责任公司
成品尺寸	185mm×260mm
印 张	11.5
字 数	255千字
版 次	2012年4月第1版
印 次	2014年12月第2次印刷
印 数	2001—3000册
书 号	ISBN 978-7-5504-0530-1
定 价	23.00元